JN314395

MINERVA
社会学叢書
㊲

国際移民と
市民権ガバナンス

日英比較の国際社会学

樽本英樹 著

ミネルヴァ書房

国際移民と市民権ガバナンス
日英比較の国際社会学

目　次

序　章　国際移民時代における市民権の問題 …………………………1
　　　1　国際社会学の21世紀的課題　1
　　　2　「国民国家に対する挑戦」　3
　　　3　「挑戦」に関わる3つの要因　8
　　　4　提案されている市民権モデルの検討　15
　　　5　国際社会学的想像力の必要性　19
　　　6　本書の射程と構成　22

第Ⅰ部　理論的アプローチ

第1章　市民権の変遷と「国民国家に対する挑戦」……………………27
　　　1　市民権変容へのまなざし　27
　　　2　市民権の歴史的変遷　27
　　　3　「国民国家に対する挑戦」の構造　34
　　　4　批判の検討　41

第2章　ポストナショナル市民権は可能か ………………………………47
　　　1　「市民権に対する挑戦」という問い　47
　　　2　ふたつの事例の含意　47
　　　3　アイデンティティとしての市民権　51
　　　4　国民国家というアイデンティティ供給装置　55
　　　5　先験的選択と市民権モデルの正統性　61
　　　6　アイデンティティ選択の先験性を超えて　69

第Ⅱ部　多文化市民権と社会秩序の親和性と相克性──英国の事例

第3章　英国の多文化化過程と市民権制度の変遷…………………………75
　　　1　英国における国際移民と市民権　75
　　　2　移民の流入過程　76

3　「帝国」の時代　78

　　　4　「国民国家」への接近　80

　　　5　「ヨーロッパ」への「遠心力」　91

　　　6　国際移民のグローバル化への対応　94

　　　7　「帝国」解体の矛盾と移民　98

第4章　英国「人種暴動」と市民権 …………………………… 101

　　　1　多文化社会と「人種暴動」　101

　　　2　「人種暴動」の具体的様相　103

　　　3　「人種暴動」の国際社会学的問題性　112

　　　4　多文化市民権の不安定性　118

　　　5　「人種暴動」の社会学的射程　122

第5章　多文化市民権のローカル・ガバナンス ………………… 125

　　　1　実質的市民権のローカルな展開　125

　　　2　ローカル政府から多文化ガバナンスへ　127

　　　3　調査デザイン　131

　　　4　多文化主義的挑戦　134

　　　5　実質的市民権のための3つの政策戦略　138

　　　6　実質的市民権制度の変動　144

　　　7　多文化ガバナンスモデルへの変動の論理　150

第Ⅲ部　ナショナル市民権への固執とその変容──日本の事例

第6章　日本の移民政策と市民権制度の変遷 ……………………… 155

　　　1　欧米の外部へ　155

　　　2　市民権概念　157

　　　3　日本における市民権の起源──第二次大戦以前　159

　　　4　国民国家への変動とその安定化

　　　　　──第二次大戦後から石油危機まで　167

5 国際移民の転換点——1970年代終わりから80年代にかけて 171
   6 移民管理政策の転換点 175
   7 世紀の変わり目において 182
   8 市民権の日本モデルか？ 189

第7章 日本における多文化ガバナンスの不在 ………………………… 191
   1 多文化社会のガバナンスという研究課題 191
   2 3つの多文化主義 192
   3 人口的多文化主義の進展 195
   4 移民・外国人に対する市民権政策 200
   5 多文化ロジックの内在性 204
   6 「改善」のロジック 207
   7 非多文化ロジックの展開メカニズム 212

第8章 国家主権の衰退か？ ………………………………………………… 217
       ——日本における難民政策の展開
   1 国家主権と難民との緊張関係 217
   2 国際難民レジームとその効果 218
   3 国家と国内的制限 223
   4 日本の反庇護態度 226
   5 反難民政策からの転換？ 230
   6 国家主権の堅持と難民レジーム 239

終 章 国際移民と市民権の新たなガバナンスを求めて ……………… 241
   1 20世紀システムへの疑問 241
   2 「国民国家に対する挑戦」の理論的含意 242
   3 移民市民権ゲームの差異 244
   4 移民市民権ゲームの社会的構築メカニズム 248
   5 今後の課題 255

目　次

参照文献　259
あとがき
索　引

序　章

国際移民時代における市民権の問題

1　国際社会学の21世紀的課題

「国際社会学」は，21世紀に何を課題にするよう迫られているのであろうか。思考のきっかけとして，20世紀末の1，2年に先進諸国で生じた国際移民を巡るいくつかの事件を概観しよう[1]。

第一に，英国の中国人密航事件である。2000年6月英国南東部の港町ドーバーで，フェリーで上陸した野菜運搬用大型冷凍トラックのコンテナから中国人密航者と見られる58人の遺体が発見された。彼らは中国沿海部から陸路モスクワを抜けてベルギーを経由し，英国への不法入国を目指したと見られる。国際密航組織が存在すること，58人もの人が冷凍コンテナに詰め込まれて死亡したことからこの事件は，西欧諸国の人々に衝撃を与えた（『朝日新聞』2000年6月22日朝刊）。

第二に，合衆国におけるエリアン・ゴンザレス君事件である。キューバから合衆国へと不法入国をもくろむ人を乗せた船が1999年11月フロリダ沖で難破し，6歳の少年エリアン・ゴンザレス君だけが漁船に救出された。一緒だった母親は死亡した。エリアン君の難民としての入国・居住を許可すべきかどうかに関して，次期大統領選の党候補選出の時期とも重なり，政府・司法当局，

---
[1]　本章では，問題性をはらみ人々の注目を集めた出来事のことを「事件」と呼ぶ。ただし，関与者の責任を追及すべきだという含意は込められてないことに留意されたい。

キューバ系住民,そして一般大衆との間に大きな議論が起こった。司法省は,エリアン君の母親とは既に離婚していたキューバにいる父親と生活すべきだと判断し,エリアン君をキューバに送還する決定を下した(『朝日新聞』2000年4月8日朝刊)。

　第三に,日本の非合法滞在者集団出頭事件である。バブル経済の時期に日本に入国し,ビザの有効期限が切れた後も非合法に滞在し労働していたイラン,バングラデシュ,ミャンマーの出身者が,1999年9月「在留特別許可」を求めて東京入国管理局に出頭した。学校に通う子どもがいる等すでに日本でしか家族が生活できないこと,非合法滞在では生活上の不安があること等を理由に,国外退去を覚悟の上で出頭したという。法務省入国管理局は,いくつかの家族の滞在を認める決定を下した。しかし,滞在許可の基準は公開されなかった(『朝日新聞』1999年9月2日朝刊;『朝日新聞』2000年2月3日朝刊;駒井・渡戸・山脇編 2000)。

　第四に,英国のスティーブン・ローレンス事件である。1993年4月,カリブ系男子学生スティーブン・ローレンスがロンドン南東部のルイシャム行政区で白人系少年5人にナイフで刺され死亡した。警察は容疑者を逮捕したけれども,証拠不十分として不起訴とした。この殺人自体が人種差別的動機で引き起こされたことだけでなく,警察の捜査が人種差別的であるかどうかが問題となった。ブレア労働党政権下の調査委員会が,1999年2月下旬最終報告書を下院に提出した。報告書は警察が「制度的人種差別」[2]を行ったと指摘し,大きな影響を英国社会に与えた。ネガティヴな反応は,「釘爆弾」によるロンドン3か所の爆破事件として現れた。爆破されたのは,カリブ系が多くかつて「人種暴動」の舞台となったブリクストン,バングラデシュ系が多いイーストエンド,ソーホー地区のゲイバーである(『朝日新聞』1999年3月12日朝刊)。

　第五に,オーストリア自由党の連合政権参加事件である。オーストリア自由党はEU拡大反対や移民排斥を主張してきた右翼政党で,特にイェルク・ハイ

---

[2] 制度的人種差別とは,ルール,規制,習慣などで構成された制度に起因した人種差別のことである。制度的人種差別を含む現代的人種差別の展開については,樽本(2009a:28-31)を参照。

ダー党首は，過去にナチス支配を容認する発言をしたこともあった。2000年2月，その自由党が保守系の国民党と連合政権を樹立したのだ。EU諸国は，連合政権発足前からオーストリアに対して懸念を伝えてきた。だが政権発足後，政治的接触の中止，会議での記念撮影の中止等，公式・非公式に移民・外国人への「制裁」を発動した。移民・外国人の排斥を推進しようという発言を繰り返してきた政党が西欧の1国で政権を担当することになったのである（『朝日新聞』2000年2月2日朝刊，2000年2月4日朝刊，2000年2月6日朝刊）。

これらの事件が世紀が変わった現在の先進諸社会でもいまだ解決されておらず，かつ解決が最優先で望まれる問題のひとつの現れであることに，異論は出ないであろう。では果たして，以上の諸事件の核心は何であろうか。

本書全体の課題の提示を目指す本章では，第一に，諸事件の核心が「国民国家に対する挑戦」であることを示す。すなわち，20世紀末から21世紀にかけて噴出している国際移民の問題は「市民権の国民国家モデルに対する『挑戦』」を示しているのである。第二に，国民国家に代わる市民権の新たなモデルを提示することが，21世紀における国際社会学の最重要課題のひとつであると主張する。最後に，社会に暮らす当事者たちが市民権の新たなモデルを探索する際，困難を生じさせる原理的制約について考察する。すなわち，現在提出されているモデルがどのような限界を抱えているのか。どのような探究が望まれるのかを示す。[3]

2 「国民国家に対する挑戦」

市民権概念と準拠共同社会

前述した諸事件の核心は何なのだろうか。本章では，核心が「国民国家に対

---

[3] 本章は，樽本（2000）（以下，前稿と呼ぶ）と論点および記述が重なっている。しかし本章は，次の点で前稿とは異なる研究課題を対象としている。第一に，前稿が比較移民政策論という比較的狭い領域の現状と課題に関する論稿であったのに対して，本章は国際社会学というより広い学問領域の課題の提示を目的としている。第二に，前稿が先進諸国の移民政策の共通性や相違性を「説明」するための課題の提示を意図していたのに対して，本章は「国民国家」に代わる市民権モデルの提出という「提言」をするための考察である。

する挑戦」であると主張する。しかしそのためには，市民権（citizenship）概念の導入が必要である。社会学に本格的に市民権の問題を導入したT.H.マーシャル（T. H. Marshall）は，市民権概念を以下のように定義している(4)。

　まず内包的な定義は，「ある共同社会（community）の完全な成員に与えられる法的地位」である。この地位を持つ人々はすべて，その地位身分に付与された権利と義務に関して平等であるとされる（Marshall［1950］1992＝1994：37）。

　さらに外延的な定義は，「諸権利および諸義務の構成体」である。諸権利には，公民的権利（civil rights），政治的権利（political rights），社会的権利（social rights）が属する。公民的権利とは，国家に対抗して個人的自由を確保しようという権利であり，通常裁判所等の司法制度によって保証される。政治的権利とは，政治的自由を確保しようという権利であり，個々人の政治参加によって行使される。社会的権利は幅広い概念であり，経済的福祉や安全から，社会的遺産や文化的生活の享受までをも含むとされる（Marshall［1950］1992＝1994：15-6）。

　マーシャルの主な研究対象は，18世紀から第二次大戦が終わって間もない時期までの英国社会であった。彼の問いは，天然資源や生産性といった経済的コストの限界とは別に，「社会的平等への現代の推進力には越えることのできない，または越えられそうにない原理的な限界があるのか」という原理内在的なものである（Marshall［1950］1992＝1994：13-4）。そして，市民権は18世紀に公民的権利，19世紀に政治的権利，20世紀，特に1945年以降になって社会的権利を備えるようになり，階級という社会的不平等に対抗する力を持ってきた，と考察していく。彼の答えは，「経済的不平等を保持することは，市民権という地位の内容充実によって困難になってきた」というものであった（Marshall［1950］1992＝1994：99）。

　マーシャルによる市民権の概念化を堅すぎるといって批判することは，あまりにも容易である。むしろこの概念化の堅実さを積極的に評価しつつ，微調整

---

(4) "citizenship"の訳語には，「シティズンシップ」「市民権」「市民資格」が使われている。そのうち本書では，訳語の歴史を重んじ「市民権」を用いる。

を施して以下の分析に利用することにしよう。第一に，国際移民にとって受け入れ諸国への入国と居住の権利は欠かせないものである。そこで，マーシャルの外延的定義の公民的諸権利の中に含めて考察を行う。第二に，内包的定義に見られる「完全な成員」は国際移民の問題を見えにくくしてしまう。そこで「完全な」という語を取り除き，「成員」とだけしておこう。第三に，内包的定義における重要な語が未定義のまま残されている。それは「共同社会」(community) である。共同社会の規定の仕方が変われば，市民権を付与すべき対象も変わってしまう。マーシャルが排除されているとして注目していたのは労働者階級であった。他にも例えば，女性，高齢者，障害者等も歴史的・社会的に見れば共同社会に含められない場合が多くある。そして後述するように，移民・外国人と共同社会との関係が 20 世紀終わりから 21 世紀にかけて先鋭的な問題になっているのである。そこで，市民権付与の「準拠」となる「共同社会」を「準拠共同社会」と概念化しておこう。

国民国家のメンバーシップとしての市民権

前述した諸事件の前提は，様々な論理に基づいて設定されうる市民権が国民国家と一致する形で設定されていることである。すなわち，市民権に関する戦後の「世界的標準」は，市民権付与のための準拠共同社会を「国民国家」とすることである。その結果，市民権は国民国家のメンバーシップを意味することになった。

しかし，「市民権が国民国家のメンバーシップを意味する」という言明は，何を意味するのであろうか。ウィリアム・ロジャーズ・ブルーベイカー (Brubaker 1989) に従えば，国民国家は，政治的・社会的メンバーシップの「事実」を示すと共に，「理念」や「理想」をも示す。さらに，「どのようになっているのか」という事実以上に，「どのようになっているのが望ましいか」

---

(5) ただし，本書はマーシャルの発展段階説的性格をも受け継ぐものではない。
(6) トム・ボットモアも，戦後 40 年の間に，マーシャルの問題設定がジェンダー，環境等に並んで，エスニシティをも含みこんできたと指摘している（Bottomore 1992＝1994）。

という理念・理想が重要である。理念・理想を設定することで初めて国民国家の外部を設定することが可能となり，モデルからはずれたメンバーシップを「逸脱である」と指摘できるようになるからである。そして，制度構築や実践のための正統性を供給しうるようになる。

国民国家の理念・理想とは，どのような原則に基づくものなのであろうか。ブルーベイカー（Brubaker 1989: 3-4）は次の6つが基本的な原則であるという。ここでは社会契約的原則と情緒的原則に分けて議論を進めていこう。[7]

まず，社会契約的原則とは，国家と個人の権利義務関係に関する原則のことである。具体的には，メンバーが「平等」「民主性」「単一帰属」「恩恵」といった原則に従うことを，国民国家は前提としている。

すなわち，権利・義務に関してメンバーは平等でなければならないのであって，二流市民は認められない（「平等」）。また，メンバーは統治，すなわち社会の意思決定に参加しなくてはならないし，統治のメンバーシップは開放的でなければならない。社会の居住者はすべて，統治のメンバーになることが望ましい（「民主性」）。さらに，どの人もただひとつだけ国家に帰属すべきである（「単一帰属」）。最後に，メンバーシップには恩恵が伴わなければならない。例えば，メンバーであるがゆえに福祉給付が受けられる等の利得がなければならない（「恩恵」）。

ところが，国民国家は純粋な社会契約に基づいて成立しているのではない。つまり権利義務関係のみを基礎としているのではなく，社会契約以外の原則によっても構成されている。その社会契約以外の原則とは，「ネーションへの帰属」にまつわる情緒的原則である。情緒的原則には，「神聖」「政治体と文化体の一致」がある。

すなわち，メンバーシップは「侵すべからず」という観念を随伴している。メンバーシップを容易に変えてはならない。極端な例として，国家のために犠牲になる用意がなければならない（「神聖」）。また，国家の政治的メンバーシップは，文化的メンバーシップを基礎にして構成されるべきである（「政治体と文

---

[7] 伊藤るり（1991: 88-9）も同様の分類でブルーベイカーによる国民国家の原則を紹介している。

化体の一致」)。

したがって，国民国家という準拠共同社会は社会契約的原則だけに基づいて，いわば「理性的に」構成されるのではない。そこに情緒的原則も絡み合って存立しているのである。

逸脱したメンバーシップの登場

社会契約的原則と情緒的原則という2種類の原則の共存が，理念・理想としての国民国家という準拠共同社会を強固にし，また変容を難しくしている。第二次大戦直後までしか視野におさめていなかったマーシャルにとっても，国民国家が準拠共同社会であることは自明であった。しかし現実には，次のような現象が生じた（Brubaker 1989 : 4-5）。

社会内に，権利・義務のセットが完全に揃っていないメンバーシップが発達してきた。具体的には，永住外国人が長期にわたって政治参加から排除されたり，二重市民権・二重国籍を持つ者も急増した。マジョリティとは文化の異なる人々が政治的権利を含む完全な諸権利を要求することも生じた。他方で，市民権の価値が下がってしまった。損得勘定をして別の国の国民になろうとするような，メンバーシップの脱神聖化も生じた。すなわち，国民国家モデルから逸脱したメンバーシップを持つ人々が，先進諸国内で増大してしまったのである。

前述した諸事件は，このような逸脱したメンバーシップをめぐって起こっている。中国人密航事件とエリアン・ゴンザレス君事件は，受け入れ社会にとって準拠共同社会の外部の者が，「損得勘定」で入国と居住をもくろんだものだと解釈されうる。[8]

日本の非合法滞在者集団出頭事件は，既に事実上入国・居住している人々が

---

[8] 「国民国家に対する挑戦」を「国家主権に対する挑戦」と「市民権への挑戦」とに分ける考え方も存在する（Joppke 1998 a）。この考え方によれば，中国人密航事件およびエリアン・ゴンザレス君事件は「国家主権への挑戦」であり，「市民権への挑戦」ではないということになりうる。しかし，前述の市民権の定義を参照すると，「入国・居住する権利」は公民的権利の一部を構成するととりあえず考えられる。すると，「国家主権への挑戦」も「市民権への挑戦」の一部と概念化される。

市民権付与を要求したものである。もし出頭し要求しなかったら，彼らは受け入れ社会内で居住しつつも準拠共同社会の外部の人々と見なされ続ける。

英国のスティーブン・ローレンス事件は，市民権を所持しているにもかかわらず，権利を十分行使できず差別を受けかねない人々の存在を示す。そのような人々は形式的には準拠共同社会の一員であるけれども，実質的には準拠共同社会の外部に位置づけられている。

最後に，オーストリアの自由党連合政権参加事件は，移民・外国人を準拠共同社会から積極的に排除する施策が政権党によって政治の公式的過程を通じて実施されかねないという恐れに基づいている。すなわち，移民・外国人は準拠共同社会への包摂を否定されやすい存在なのである。

このような新しい現実に対して，社会学はこれまで十分関心を払ってこなかった。社会学における研究の枠組みは国民国家であり，それは自明のものだったからである。この自明性をうち破り，国民国家という枠組みを超える現象に挑戦することが，国際社会学の存在理由となった（梶田 1996：1-3）。したがって，上記のような「国民国家に対する挑戦」に関わる現象は国際社会学の中心課題に設定されざるをえない。

次に問題になるのは，以下の問いであろう。なぜ「国民国家に対する挑戦」が起こったのだろうか。なぜ市民権の国民国家モデルは「挑戦」を受けることになったのだろうか。

3　「挑戦」に関わる3つの要因

ひとつの解答？──国際移民の増加・多様化

マーシャルにならい，本章では市民権を巡る原理内在的要因に絞り解答案を考察していこう。ひとつの解答案は，「国際移民が増加・多様化した」というものであろう。

表序-1は，1983年から2009年にかけてOECD諸国における外国人居住者の割合の変遷を示したものである。ほとんどの社会で外国人居住者の割合が増

表序 - 1　主要 OECD 諸国における外国人人口 (1)

	1983	1989	1995	1997	1999	2005	2009	(千人, 2009年現在)
オーストリア	3.9	5.1	9.0	9.1	9.2	9.7	10.7	(892.2)
ベルギー	9.0	8.9	9.0	8.9	8.8	8.6	9.8	(1057.5)
デンマーク	2.0	2.9	4.2	4.7	4.9	5.0	6.0	(329.9)
フィンランド	0.3	0.4	1.3	1.6	1.7	2.2	2.9	(155.7)
フランス	n.a.	6.3 (2)	n.a.	n.a.	5.6	5.7 (3)	n.a.	(n.a.)
ドイツ	7.4	7.7	8.8	9.0	8.9	8.2	8.2	(6694.4)
アイルランド	2.4	2.3	2.7	3.1	3.1	9.7 (3)	n.a.	(n.a.)
イタリア	0.7	0.9	1.7	2.1	2.2	4.6	7.1	(4235.1)
日本	0.7	0.8	1.1	1.2	1.2	1.6	1.7	(2184.7)
ルクセンブルグ	26.3	27.9	33.4	34.9	36.0	41.5	43.8	(216.3)
オランダ	3.8	4.3	5.0	4.3	4.1	4.2	4.4	(735.2)
ノルウェー	2.3	3.3	3.7	3.6	4.0	4.8	6.9	(333.9)
ポルトガル	n.a.	1.0	1.7	1.8	1.9	4.1	4.3	(457.3)
スペイン	0.5	0.6	1.2	1.6	2.0	9.5	12.4	(5708.9)
スウェーデン	4.8	5.3	5.2	6.0	5.5	5.1	6.4	(595.1)
スイス	14.4	15.6	18.9	19.0	19.2	20.3	21.7	(1680.2)
イギリス	3.1 (4)	3.2	3.4	3.6	3.8	5.1	7.1	(4348.0)

注：(1) 全人口に対する割合（パーセント）。帰化した人々および当該国の市民権を持っている者は除外されてる。以上は，人口登録または外国人登録からのデータである。ただし，フランス（センサス）ポルトガル（居住許可），アイルランドと英国（労働力調査）を除く。
(2) 1990年のデータ。
(3) 2006年のデータ。
(4) 1985年のデータ。
出所：OECD（1995：194；1997：218；2001：282；2011：403-4）

加していることがわかる。さらに，この増加傾向は現実にはより大きい可能性が高い。表序 - 1 の値の中からは，帰化した人々は除外されている。また，受け入れ国の市民権を所持した植民地および旧植民地からの移民は除外されている。したがって，移民・外国人という観点では，例えばフランス，オランダ，英国，スウェーデンの実際の値はより大きいと解釈すべきである。

さらに国際移民は増加しただけではなく，多様化していった。第二次大戦後の国際移民の流れを概観すると，1970年代初期を転換点とした2段階が区別される（Castles and Miller 1993＝1996：6, 71-106）。第一段階である70年代初期までは，労働移民が主要な形態であった。すなわち，人々は労働することを目的に国境を越えていったのである。この時期を労働移動期と呼ぶことができる。

しかし，70年代中期以降は異なる様相を示し，多目的移動期と呼びうる。

労働目的で国境を越える労働移民以外に，受け入れ国において家族と一緒に暮らすという目的で被扶養者が移動する「家族呼び寄せ」や政治的迫害からの庇護を目的とした難民という形態の移民が増加していったのである。また，経済構造の変動に伴い，非熟練労働者だけでなく高度な技能を持つ人々も多く移民として移動するようになった。

また，送り出し国と受け入れ国の組み合わせも多様化していった。1970年代初期までの労働移動期においては，ヨーロッパへ向かう人の移動と，ヨーロッパから新大陸へ向かう人の移動のふたつが主要な動きであった。しかし，70年代半ば以降の多目的移動期では，ラテンアメリカから北アメリカへ，中東周辺国から中東産油諸国へ，アジア諸国から日本へといった移動が現れた。人の移動元と移動先が多様化していったのである。

このような，70年代半ば以降の移民の目的の多様化，移動量の増大，そして送り出し国・受け入れ国の組み合わせの多様化は，国際移民を巡る問題を原理的に変容させていった。移動の目的がほとんど労働のみであった段階から，受け入れ国において定住者として生活を送るという段階に移行したことで，移民たちは様々な義務を果たし，様々な権利を必要とするようになる。地域的な多様化も，諸権利を伴ったよりよい生活を追求できる場の選択肢を豊かにした。こうして，移民・外国人といった国民国家のメンバーでない人々，またはメンバーと見なされにくい人々が増大し，かつ諸権利を必要とする人々になっていった。多くの先進諸国における産業構造が工業セクター型からサービスセクター型へと変容していったことも後押しし，移民問題は生産領域だけに留まらず再生産領域へも拡大していった。

ここに，「国民国家」対「国際移民の増大・多様化」という対立図式が現出したのである。

「国民国家」対「普遍的人権」

「国民国家に対する挑戦」を引き起こした要因は，単に国際移民の増大・多様化にとどまらない。準拠共同社会の設定に関わる新たな理念が登場したこと

も，大きな影響をもたらしたとよく主張される。その理念とは，「普遍的人権」である。各国の移民政策や移民の権利を研究している論者たちは，普遍的人権との関係で「国民国家に対する挑戦」を捉えている。

ウェイン・A・コーネリアスらは編著の中で，各国政府は移民管理を強固に行うわけにはいかなくなったと主張する（Cornelius et al. 2004）。その理由は，彼らの言葉を用いれば，「権利を基礎とした政治」（rights-based politics）が登場したことである。移民・外国人に関する権利の擁護，特に人権の擁護を主張する様々な団体・集団が政府に圧力を加えたり，移民・外国人の権利擁護の規定が国内法に備わることで，移民の入国・居住をむげに拒否することができなくなってしまったという。

ヤスミン・ニュホル・ソイサル（Yasemin Nuhoğlu Soysal）は，メンバーシップが国民国家という領域に従って排他的に付与されていることは確かだが，それが唯一ではないと主張する。メンバーシップはまた，領域に関係のない普遍的人権に従って包括的にも組織化されている。すなわちソイサルは，「国民であること」（nationhood）を根拠としたナショナル市民権（national citizenship）に対して，「人であること」（personhood）を正統性の基礎としたポストナショナル・メンバーシップ（post-national membership）が西欧諸国に登場したという。ここに「国民国家の排他性」対「普遍的人権の包括性」という対立図式が生まれるのである（Soysal 1994）。

サスキア・サッセン（Saskia Sassen）は，アメリカ合衆国をはじめとする先進諸国による移民への対応を比較検討する中で，国民国家のメンバーでない移民でも，メンバー並みの権利を「人権」として保証せよという要求が出てきたとする。その最も典型的な例が，合衆国における非合法移民の処遇である（Sassen 1996=1999）。

「文書を持たない移民たち」（undocumented immigrants）は非合法に滞在し労働している。ところが国家は移民たちを簡単に追放できない。安価な労働力が必要だという合衆国の経済的事情はひとつの理由である。しかしそれ以上に，普遍的人権に基づいた処遇をすべきだという主張が国際的に受容されるように

なったことがより重要である。サッセンの概念を用いれば,「国民国家レジーム」対「国際人権レジーム」という対立が生じてきたのである。

以上の論者たちによれば,「国民国家に対する挑戦」は,普遍的人権によって引き起こされている。すなわち,「国民国家」対「普遍的人権」という対立図式が浮かび上がってきたのである。

「国民国家」対「社会統合への不安」

「国民国家に対する挑戦」を引き起こしている要因として,国際移民の増大・多様化,普遍的人権の台頭を見てきた。これらは,国民国家を「脅かす」要因として,いわば国民国家に対立する要因であった。しかし逆に,国民国家をそれへの「挑戦」から守り擁護しようと働きかける要因もある。それは「社会統合への不安」とも言うべき要因である。

「社会統合への不安」はどの先進諸国にでも存在する要因である。しかしその特徴を浮きだたせるために,多くが市民権を構成する諸権利を既に付与されている英国における移民の事例から考えていこう。

戦後英国へ渡った移民たちの多くは,カリブ諸島,インド,パキスタン,バングラデシュ等,旧植民地の出身者であった。旧大英帝国の一員であったことから,移民たちには英国の市民権が付与されていたため,1950年代から80年代初頭にかけて多くの移民たちは英国に入国し居住することができた。英国の準拠共同社会は「帝国」だったのである(樽本 1997b)。

ところが,ふたつの問題が60年代半ばまでに認識された(樽本 2000:7-8)。ひとつめは,労働市場等で移民との競争を強いられる白人系マジョリティの不満。もうひとつは,労働,教育,住宅などに関する諸機会から排除されているという移民たちの不満である。これら諸問題に対するマジョリティの反応は,既に入国し居住している移民たちを社会に統合するための「移民ストック政策」を模索する動きとなった(9)。そしてその特徴は,特に公教育において典型的に現れた。第一に,ESL教育政策の推進である。ESLとは「第二言語としての英語」(English as a Second Language)のことであり,英語の不自由な国内滞

在者を対象とする学習プログラムである。第二に，通学分散政策の実施である。通学分散とは，大都市インナーシティの学校における移民の子どもたちの割合を低く抑えるため，その子どもたちを別の学校へバス通学させようとするものである。これらの政策は，移民をマジョリティの中に混在させることで，英国文化へと同化させ社会統合を実現することを目指した。その政策的根拠は「文化仮説」に求められた。移民問題は，移民たちの所持する文化が白人系にとって「なじみのない」こと，そして白人系の不合理な偏見と不寛容に基づいた個人的な「差別」によって引き起こされる。社会統合のためには，社会の構造や制度よりもむしろ，人々の文化や偏見・不寛容を正せばよい。移民たちがマジョリティと混在し英国文化を所持すれば，問題は解決するだろうと。この文化仮説の追求は，次のことを意味する。すなわち英国は，移民問題に直面して「政治体と文化体の一致」を目指す「国民国家」を準拠共同社会として採用しようとしたのである。

ところが，移民にまつわる「社会統合への不安」は解消されることなく，いわゆる「人種暴動」(race riot) への恐れという形態に発展していった。[10]何度かの「暴動」の結果，「国民国家」は両極端の評価を受けることになる。第一に，「国民国家」では社会統合の保持は不可能だという評価である（樽本 2000：8-10）。移民ストック政策は，十分機能していないと批判されることで，「政治体と文化体の一致」という政策目標を失ってしまった。こうして1976年人種関係法以降の展開において，文化仮説に基づいた「国民国家」という準拠共同社会は棚上げにされ，より「特別なニーズ」(spacial needs) を持つ者を政策対象にすべきだと主張された。具体的には，例えば，カリブ系青年の職業訓練を充実させ，「社会的時限爆弾」(social time-bomb) の爆発を防ぐべきだと言われたのである。その結果，英国の準拠共同社会は曖昧になり，移民ストック政策の効果は不十分にとどまった。

---

(9) 「移民ストック政策」に対して，国境で人の流れを管理する移民政策を「移民フロー政策」と呼ぶ（樽本 2000：1-2）。
(10) 英国における「人種暴動」とその国際社会学的含意については，本書第4章を参照。

そこで第二に,「国民国家」でしか社会統合を実現できないのではないかという評価が大衆の中から現れた。何度かの「人種暴動」は「社会統合の崩壊」であるとマジョリティの目には映ってしまう。そこから連想は次のように進む。「暴動」を防ぐためにはもともと「文化」を同じくする者同士で社会を構成するしかないのではないか。すなわち,「暴動」を防ぐためには「国民国家」を守るしかないのではないかと。マジョリティにとっては,「国民国家」と「社会統合」が等価に見えてくるのである。その典型例が,極右政治勢力の台頭である。例えば,英国国民党(British National Party, BNP)は「白人への差別と戦う」("Fighting anti-white racism")というスローガンで「移民との敵対」をあからさまに打ち出した政党で,政治のメインストリームには入り込むことができないでいた。ところが,1993年9月ロンドンのミルウォール・カウンシル(Millwall council)の地方補欠選挙で勝利したのは,まさにその英国国民党のデレク・ビーコン(Derek Beackon)であった(Kushner 1996)。さらに2001年の「人種暴動」後,バーンリー(Burnley)の地方選挙で英国国民党は3議席を獲得した(*Guardian* 2002 a)。同党はデレク・ビーコン以降しばらくロンドンで議席をとっていなかったけれども,2004年9月ロンドン東部のバーキング・アンド・ダゲナム区議会(Barking and Dagenham council)でダニエル・ケリー(Daniel Kelley)がそれまでの労働党の議席を奪取した(*Guardian* 2004)。他の西欧諸社会と比べて,政治のメインストリームに極右的な勢力と言説が現れていない英国で,地方政治の場とはいえ極右勢力が議席を獲得してしまったのである。[11]

このように,完全な市民権を付与されているはずの英国の移民に対してでさえ「社会統合への不安」が表明され,「国民国家」と「社会統合」が等値されていく。すなわち「国民国家」対「社会統合への不安」という対立図式が現れてくるのである。[12]

---

[11] 2009年6月,英国国民党はヨーロッパ議会で2議席を獲得した(*Guardian* 8 June 2009)。また,2009年10月20日には党首のニック・グリフィン(Nick Gri.n)がBBCの討論番組Question Timeに出演し,初めてテレビ番組で保守党,労働党,自由民主党といった政治のメインストリームの政党の代表と肩を並べた。グリフィンの出演の是非および発言に関しては大きな議論がわき起こった(BBC 2009)。

4 提案されている市民権モデルの検討

情緒的原則の緩和

「国民国家に対する挑戦」を巡る以上の対立図式の中で,国民国家に代わる市民権の新しいモデルをいかにして提示するか。これこそが21世紀,国際社会学が背負う最重要課題のひとつである。これまで,いくつかの代替モデルまたはそれらモデルの併用が提唱されている。しかし,いずれも決定的なモデルにはなっていない。

国民国家モデルからの変容を少なく抑えるためには,まず国民国家モデルの情緒的原則を緩めることが考えられる。すなわち,「神聖」や「政治体と文化体の一致」を緩和しようと次のようなモデルが出されている。

第一に,多文化モデルである。憲法や法律等で規定される政治的共同体を国民と定義し,新規移民でも政治的秩序を尊重すれば新しいメンバーとする,そして,文化的差異を容認しエスニック・コミュニティの形成も受け入れるというモデルである (Castles and Miller 1993＝1996：43)。オーストラリア,カナダ,スウェーデンではこのモデルが根付いており,オランダ,合衆国,英国でも導入されているとされる。この多文化モデルは,同化主義的側面を和らげることで国民国家モデルを存続させるために採用される。しかし,「政治体と文化体の一致」を変更することになるため,原理的には国民国家モデルを変容させてしまう。多文化をもたらす存在として許容されるのは,既に合法的に居住している移民・外国人であり,新規移民のもたらす文化は許容の対象とならない場合がある。居住者の中でも西欧社会におけるイスラム教徒に見られるように文

⑿　以上の3つの要因ではない別の要因を強調する考え方も提出されている。例えば,Joppke ed. (1998a) 所収の諸論文参照。もちろん,国内政治過程や国民的遺産は「国民国家に対する挑戦」に関わっているし,司法制度や移民団体も「挑戦」に関わるアクターであろう。しかし,それら要因の強調は,説明のレベルの違いである可能性が高い。すなわち,代替案として提出されている諸要因は,国際移民の増加・多様化,普遍的人権の台頭,社会統合の模索といった「原理的な」諸要因が,いかに各国内で作用するかを決めるのであり,それら要因の作用を無にしたり,逆の作用を起こしたりするわけではない。この意味で,本章で取り上げた3つの要因に「代わる」要因にはなりえないのである。

化的差異が大きい移民・外国人に対しては文化的配慮がなされない場合もあり，「国際移民の増加・多様化」に十分対応できているとは言えない。また，英国の事例で見たように，「社会統合への不安」に対する有効な解決策を提示しえていないという強い懸念も表明されている。

　第二に，帰化モデルである。帰化の条件を大幅に緩和し，移民・外国人を「国民」にしようとするのである。例えばドイツは，1991年から1993年までの時限立法で外国人法が改正され，同法85条および86条で，ドイツ育ちの若年層と15年以上の合法的滞在者に簡易的な帰化申請権を一時期認めた（Hammar 1990＝1999：161）。1991年には外国人法を修正して長期滞在外国人とドイツに生まれ育った外国人が帰化を申請できるようにし，1993年の修正では帰化手続きの行政裁量的性格を緩和してその外国人たちに帰化の権利を与えた（Feldblum 1998：247-9）。また2000年には，8年以上の滞在者に帰化申請権を認め始めた（久保山 2003：139-41）。このようにドイツは，これまでの国籍付与の血縁主義を緩めることになった。この帰化モデルも，すぐ後に見る二重国籍を容認しない限り，国民国家モデルの存続を狙って採用されたものと解釈される。しかし，多文化モデルと同じように「政治体と文化体の一致」には反している。受け入れ社会の文化を十分体得しないまま，外国人・移民が国民になることが想定されるからである。さらに，「侵すべからず」という「神聖」の意味合いは，例えば「5年間滞在すれば帰化を許可する」といった大幅に緩和された条件からは見えてこない。誰を帰化させるかを決定する権限を，国家は放棄することにもなる（Hammar 1990＝1999：239）。さらに，移民・外国人自身が国民になることを拒否する可能性も高い。彼らの中には出身国の市民権や国籍を捨てることで，アイデンティティ喪失等，様々なコストがかかると考える者が多いのである。

社会契約的原則の緩和

　もしも情緒的原則に加えて，「平等」「民主性」「単一帰属」「恩恵」といった社会契約的原則をも緩和すると，国民国家モデルからさらに離れたモデルがで

きあがる。

　第一に，二重国籍モデルである。帰化に抵抗感を持つ移民・外国人も，出身国の国籍を保持できれば，受け入れ国の国籍を持ってもよいと考える可能性がある。ヨーロッパでは，ヨーロッパ評議会 (Council of Europe) が1963年「重国籍の場合の減少および重国籍の場合の兵役義務に関する条約」（ストラスブール条約）を採択し，二重国籍を可能な限り防止しようとしていた。しかし，1997年に「ヨーロッパ国籍条約」では出生や婚姻による二重国籍を認め，帰化等による場合は締約国が定めるとした。この条約の見直しはヨーロッパ諸国の動きを反映している。例えばドイツでは，トルコ政府が200万人を超えるドイツ在住のトルコ系移民に二重国籍を認めるよう要求しており，また1998年に成立した社会民主党 (SPD) と緑の党の連立政権が，外国人の社会統合の観点から二重国籍を許容しようとした。しかし，地方選挙などで根強い反対が出て実現しなかった。スウェーデンは2001年新国籍法で出生と帰化による二重国籍を認め，ポルトガルは海外に居住する国民の二重国籍に関する制限を1981年に緩めた。フランスは，出生による二重国籍は認めており，フランスへ帰化する際には現国籍離脱要件を課していない。目を転じて，アメリカ大陸に位置するメキシコは，1997年合衆国に居住する自国民を念頭に置き，二重国籍を許容するようになった (Feldblum 1998 : 237 ; 小井土 2002 : 186-90 ; Martin 2004 : 245-8 ; 岡村 2003)。二重国籍モデルは，情緒的原則を構成する「神聖」「政治と文化の一致」に反するだけではない。複数の国への帰属を容認することは，社会契約的原則の「単一帰属」にも反する。さらなる流入者が増え，「国際移民の増加・多様化」を加速させるという懸念もある。

　第二に，参政権モデルである。受け入れ国の国籍を持たない移民・外国人居住者に対して政治的権利を付与しようというモデルである。参政権モデルにはふたつのタイプがありうる。

　ひとつめは，地方参政権のみを与えるモデルである。例えば日本でも，2000年1月に当時自民党と連立政権を組んでいた新公明党と自由党が外国人地方参政権法案を国会に提出した。また2009年に自民党から政権を奪取した民主党

が，同年度の通常国会で同法案の提出をもくろんだ。1960年代という早期にこの地方参政権モデルが提案されたのは，スウェーデンである。スウェーデンでは，3年間合法的に居住している外国人には地方参政権と国民投票権が与えられることになり，1976年に移民参加の最初の選挙が行われた（Hammar 1990 = 1999: 169-177, 196-205）。地方参政権モデルは，移民・外国人の「居住者」としての側面を考慮しようというものである。しかし，「神聖」「政治と文化の一致」といった情緒的原則に変更を迫るだけでなく，社会契約的原則の「単一帰属」に齟齬をきたす。メンバーシップの開放性を示す「民主性」の原則には合致する一方，たとえ国政レベルではなく地方参政権だけに付与を限ったとしても，マジョリティたちの「社会統合への不安」はなかなか解消できない。また，スウェーデンの例で見られるように，外国人有権者の投票率が予想より低いことも問題のひとつと捉えられる（Hammar 1990 = 1999: 196-205）。

　第二に，国政レベルの参政権まで移民・外国人に与えるモデルである。トマス・ハマー（Hammar 1990 = 1999: 240-2）は，国政参政権モデルの実現は困難だろうけれども，帰化モデルが採用されない限り，その代替として導入すべきだと論じている。この国政参政権モデルは，地方参政権モデル以上に「民主性」を体現していると言える。しかしその結果，情緒的原則に強く反することになり，「この社会を乗っ取られるのではないか」などの言説に代表されるマジョリティたちの「社会統合への不安」が増加しかねない。移民・外国人への地方参政権付与について寛容であったスウェーデンの各政党でさえ，国政参政権の付与に関しては消極的であるとも言われる（近藤 1996: 74）。

　最後に，人権モデルである。「人であること」を根拠に移民・外国人の市民権を認めるというモデルであり，参政権モデルとの相違は，その含意に従うならば「入国・居住の権利」を含むすべての権利を認める，あるいは認めざるをえないとする点である。例えば，EUの域内自由化は人権モデルを目指しているとも解釈されうる。ソイサル（Soysal 1994）のいうポストナショナル・メンバーシップは，その含意を忠実に受けとれば人権モデルに極めて近いと解釈もできる。

人権モデルは，国民国家を完全に破壊することになる。社会契約的原則で言えば，まず，メンバーを限定しない社会において「平等」はありえない。さらに最大の問題は，市民権を構成する諸権利をいったい誰が保証してくれるのか，すなわち，社会契約的原則の「恩恵」を誰が満たすのかという問いであろう。ヨーロッパ統合の動きでも，現時点で市民権の諸権利を直接保証してくれる主体は，国民国家でしかない。人権モデルを完全に採用すると，新たに現れる「国家」を支える「市民」が存在しなくなってしまう。

5　国際社会学的想像力の必要性

新たな正統性の追求——出生・血縁対居住

　以上のような困難の中で，市民権の新しいモデルはどこへ行き着くのか。21世紀初めの現時点でその行き先を明確に見定めることは難しい。原理上の問題に絞った場合，国際社会学はどのように探究を行えばよいのか。前述の考察を踏まえ，市民権の新しいモデルを探究するための予備的考察を行おう。

　市民権のモデル選択には，まずは市民権付与のための準拠共同社会の範囲の確定という問題がある。準拠共同社会の正統性を確保できるモデルが，新たに国民国家モデルにとってかわることになる。国民国家モデルは，社会契約的原則と情緒的原則がそろうことで存立していた。準拠共同社会の観点からいうと，国民国家モデルは社会契約的原則の及ぶ範囲を情緒的原則によって決定していたのである。

　ところが，国民国家モデルの情緒的原則を構成する「神聖」や「政治体と文化体の一致」を確証する究極的な手段は存在しない。すなわち，人々が確かに市民権を「神聖」だと思っているか，「同一の文化」を持っているか，究極的には誰にもわからないのである。そこで，国民国家モデルでは，「国籍＝市民権」取得の際，出生や血縁を指標としてきた。当該国民国家の領土内で出生したことないしは，親などが「国民」であることによって，「神聖」や「政治体と文化体の一致」といった原則が満たされていると仮定してきたのである。

この場合，帰化は例外的な場合となる。すなわち，帰化による「国籍＝市民権」の取得は，当該社会の「文化」を体得し，当該社会の市民権を「神聖」なものと考えている場合に限ると想定された。また，二重国籍も国際移動が頻繁でない限り，例外的事例として処理できた。
　一方，現在提案されている諸モデルの検討でわかったのは，血縁や出生に代わる原理として，「居住」や「人であること」が準拠共同社会の正統化の基礎として提唱されているということである。
　「人であること」は，既に検討したようにかなり難しい問題をはらんでいる。人権モデルは，その理念が忠実に実現されれば「国家」という統治システムを完全に破壊するからである。一方「居住」は，今日まで現実的な政策対応の中で正統性の根拠として用いられてきた面がある。上で見たモデルの中で，帰化モデル，二重国籍モデル，参政権モデルは，「居住」を少なくとも部分的に原理として採用しなければ存立しえないのである。
　そこで問題は，「居住」がマジョリティおよび移民・外国人に権利・義務関係に見合う情緒的原則を供給できるかどうかにかかっている。新たな市民権モデルのもたらす効果として，移民・外国人へのアイデンティティの供給や，マジョリティの抱く「社会統合への不安」の解消ができるとよい。さらに，設定される準拠共同社会は，マジョリティと移民・外国人の両者による承認を受けなくてはならない。

新たな想像力を求めて

　「居住」が市民権モデルに正統性を十分備給できないままに，国際移民は事実上，多文化社会を次々と生み出し，多文化の度合いを深化させている。果たして国際社会学は，以上の問題構成の中でどのような貢献をなすことができるのだろうか。
　「居住」とは，法律的な要件によって決定される「住むこと」，すなわち法的事実ではない。ある場所で人々が日々共同で何らかの営為に携わっているという意味での「住むこと」であり，社会学的事実である。いわば，現実に「場所

序章　国際移民時代における市民権の問題

に根ざしている」ことを意味する。「居住」がある種の「共同性」を生み出すかどうか，その「共同性」が「公共性」の正統性の根拠となっていくかどうか。この問いと論理は，社会学的想像力の得意とするところであり，都市社会学，地域社会学を初めとして，様々な領域で用いられている。[13]市民権の新しいモデルの考察過程にも同型の問いと論理が現れている。

　ところが，通常の社会学的想像力の下では，準拠共同社会の正統性を「居住」に完全に委ねることには限界があるように見える。「居住」が含意する人々の関係性は，対面的関係に近いローカルな関係性である。それに対して，市民権のモデルが照準を合わせる国家レベルもしくは超国家レベルは「想像の共同体」，すなわち対面的関係性を超えた「超対面的関係性」である。超対面的関係性が対面的関係性によって，いかにして生み出されてくるのか。例えば，ハマー（Hammar 1990＝1999）のようにデニズン（永住市民）への市民権付与の根拠として持ち出せるほど，「居住」は力を持っているのか。市民権付与のための準拠共同社会の正統性は，ローカルな「居住」から一直線には現れてこない。

　「居住」から準拠共同社会の正統性までの論理を詰めるには，上述のような一般的な社会学的想像力では不十分である。国際社会学は新たな社会学的想像力の獲得に挑戦しなくてはならない。それではどのように挑戦していけばよいのだろうか。

　新しい市民権モデルの探究の背後には，簡潔かつ重要な事実が見え隠れしている。社会学はその創立当初から，近代化およびその後の社会変動の進展と共に個人の孤立化が生じるとし，それに伴う弊害を議論してきた。弊害を取り除くために，個人は「共同社会」を構成しなくてはならないと。しかし，「共同社会」を構成するためには，個人は「自由」をある程度手放す必要がある。国民国家モデルの情緒的原則が示すように，個人の「自由」がある程度「拘束」されないと，準拠共同社会は設定されえない。問題は，「自由」と「拘束」の

---

[13]　「居住」に基づいた公共性の創出に関する優れた分析は，町内会研究において見られる。例えば，吉原直樹（2000）を参照。

バランスをどこでとるかである。

　「自由」な個人は「均質」ではない。特に，意図的かどうか，望ましいかどうかにかかわらず，政治的・経済的・社会的・文化的「国境」によって「区分」されてしまう存在なのである。市民権の国民国家モデルでは，この「国境」に一致する形で，準拠共同社会が設定されてきた。このような「国境化」された個人を「居住」という根拠で準拠共同社会の中に包摂できるのか。否，「居住」という社会学的事実が，「国境」をいかに無化し，人々の間の「共同社会」をつくる基礎になりうるのか。

　国際社会学における新たな市民権モデルの提示という課題は，諸個人一般の「自由」をできるだけ「拘束」せず，いかにして新たな公共性を生み出すか，という社会学的想像力が焦点を合わせてきた問題の一部である。しかし一方で，外国人・移民の包摂という課題を遂行するためには，諸個人間の「国境」の存在・作用に敏感になる必要がある。「国境」，特に国民国家との関連で社会現象を見ること。換言すれば，準拠共同社会の正統性を，「国境化」される個人の「自由」と「拘束」との「均衡点」を探るという視点で考察すること，「国境」を超えて「人々が共感できる論理」を構築するという視点で「均衡点」を探究すること。これこそ国際社会学が獲得すべき想像力，すなわち国際社会学的想像力なのである。ここで，「想像力」で公共性の創出ができるのかという現実主義的な疑問が提出されよう。確かに公共的な制度や実践を伴わない限り「想像力」は絵空事にすぎないのかもしれない。しかし，「想像力」がない限り，市民権モデルの設定はありえないし，そのモデルに伴う公共的な制度や実践もありえない。そして，国際移民の増加が各社会を事実上の多文化社会へと変容させている現在，国際社会学的想像力の探究と活用は，極めて緊要な社会学的課題なのである。

6　本書の射程と構成

　本書は以上のような問題関心の下，国際移民に関する市民権の問題について

その射程を確定しながら探究していく。本書で取り上げられる問いは次のようなものである。

第一に，国民国家を基底としたナショナルな市民権制度は理論的に変容可能なのか。この理論的問いを探究しているのは，第Ⅰ部にあたる第1章と第2章である。第2章では，「国民国家に対する挑戦」をめぐる学術的な論争を検討することを通じて，序章で素描した問題設定をさらに精緻化する。すなわち「ナショナルな市民権は変容したのか」という疑問がどのように学術的に形式化されてきたかを概観する。第2章では，その第一の問いに対してアイデンティティの観点から理論的にアプローチしていく。ナショナルな市民権の変容結果として想定されている「ポストナショナル市民権」は存立可能なのであろうか。存立に関わる困難さが論じられる。

次に，第Ⅰ部での理論的考察を受けて，ポストナショナル市民権の代わりに「現実的な選択肢」として実践的に使用されている多文化市民権を考察の中心に置き，各社会における市民権の現れ方の違いを見ていく。そこで本書の第二の問いは，なぜある社会では多文化市民権は社会秩序の機能を果たすと期待されているのかである。この問いを探究するため，第Ⅱ部を構成する第3章から第5章では多文化市民権に社会秩序機能を期待している英国をとりあげる。第3章では20世紀以降，特に第二次大戦後の英国市民権の変遷を国際移民の観点から概観する。次に第5章で社会秩序が崩壊した例としていわゆる「人種暴動」をとりあげ，「暴動」の勃発後，社会秩序の回復をはかるため多文化市民権が利用されていく政治社会学的過程を追尾していく。第5章では，ローカル社会におけるエスニック・ガバナンスをとりあげる。エスニック・マイノリティの市民権の確保を志向する地方自治体の政策とそれを補完しているボランタリーセクターとの関係性を探究する。

英国においては多文化市民権が無秩序からの社会秩序回復の機能を期待され，社会内生的要因で変容しているのに対して，他の社会では社会秩序維持への期待のような社会内生的要因が希薄であるため，移民・外国人に対する市民権の拡大・変容が常に抵抗に見まわれる。そのような状況は，非欧米社会において

よく見られる。その場合，どのような要因で移民市民権は拡大するのか。これが本書の第三の問いである。第Ⅲ部を構成する第6章から第8章では，このような非欧米的事例として外国人・移民に対する格差的扱い（differential treatment）の傾向を持つ日本を取り上げる。第6章では，明治期の近代国家誕生から現在に至るまでの日本の移民制度と市民権制度の変遷を概観する。第7章では，移民・外国人に対する日本の市民権政策が多文化主義の性質である内在的契機ではなく，社会外生的契機から展開してきたことを示す。第8章では，移民・外国人の特殊ケースである難民に対する政策が，1990年代終わりに若干ではあれ寛容になったことを，国際人権規範など社会外在的要因と国内政治要因のような社会内在的要因から説明していく。

最後に終章では，国際移民と市民権の関係性がなぜ異なる様態へと構築されたのか，英国と日本との相違を踏まえつつガバナンスの観点から考察され，今後の課題が提示される。

以上のような3つの問題設定は限定的なものである。そのため，国際移民と市民権を巡るいくつかの論点が射程外に置かれることになる。第一に，アメリカ合衆国，オーストラリア，カナダ等の移民国は本書では主たる対象としては扱われないため，国際移民自体が国家形成の基礎となっているような社会における市民権の様態は考察の焦点からはずれることになる。第二に，英国と日本はどちらも植民地を抱えた旧宗主国であった。それゆえ，植民地を持った経験のない社会における市民権の様態は本書では扱われないことになる。第三に，英国と日本は産業が高度化し成熟した民主主義国である。したがって，現在，ナショナルな市民権制度の確立が課題になっているような後発国は議論の射程外となる。

以上のような射程の限定がありながらも，本書は，ナショナルな市民権制度からの変動，社会秩序機能の期待，社会の外生因や内生因による移民権利拡大といった，国際移民と市民権の関係性における重要なテーマに対して学術的に貢献することを目指すものである。

第I部

理論的アプローチ

第1章

市民権の変遷と「国民国家に対する挑戦」

1　市民権変容へのまなざし

　国民国家を基底としたナショナルな市民権制度は変容したのか。本章の目的は，この問いに理論的フォーマットを施し，対立点を明確化することにある。具体的には，マクロ分析的志向を持つ国際移民論・エスニシティ論研究者の間で，国際移民による「国民国家に対する挑戦」論争として知られている理論的対立を検討していくことになる。

　しかし，近代的なナショナル市民権制度の特徴と動態を考察するためには，市民権の歴史的変遷を理解しておく必要がある。国民国家が初めて市民権を生み出したのではない。市民権概念は古代から存在し，その内容を変化させつつ現代まで生きながらえている（Gosewinkel 2001）。その今日的な帰結として，「国民国家に対する挑戦」が生じているのである。

2　市民権の歴史的変遷

古代市民権

　まず，古代の市民権から確認していこう。市民権が生まれたのは，古代ギリシアのアテネだとよく言われる。当時，アテネは3つの課題に直面していた。第一に，いかにして混沌から平和と秩序を実現するか。第二に，いかにして

人々を統一し，法の前の平等を確立するか。第三に，いかにして軍事を整備し法の支配を保持するか（Castles and Davidson 2000 : 26-31）。そこでアテネの人々は市民権を創りあげた。アリストテレスが定義したような市民，すなわち「支配しかつ支配される存在」によって社会を構成しようとしたのである。

市民は，個人的利益ではなく非功利的な公共的目標を追求すべき存在となる（Arendt 1958＝1994）。古代ギリシアのコミュニティはポリス（polis）と呼ばれる小規模な都市国家であった。神話的な言説の中では，市民は全員広場に集まり直接投票し集合的な意思決定を行うと描かれた。そしてコミュニティ内部では法の支配によって平和と秩序を実現しようとする一方，コミュニティの外部からの敵と戦うことが市民権を構成する最も重要な義務のひとつとなったのである。

このようにギリシア型の古典的市民権は，家族や部族の原初的絆を超えた，「治者でありかつ被治者」である市民を設定したことで，民主主義と深く関連することになった。ところが同時に，構造的な不平等と排除をも備えることにもなった。市民となりうるのは家族（oikos）の家長のみであり，女性，子ども，奴隷，そして外国人は市民とはなりえなかったのである。ふたつの理由がこれを正当化した。第一に，市民とは認められないそれらの人々は国家を守るために戦うことができないこと。第二に，それらの人々は社会の価値を共有せず無秩序を表していること。この不平等で排他的な市民権は，アリストテレスが正当化したように，親族，すなわち血縁を通じて継承されていったのである（Castles and Davidson 2000 : 28-31）。

古代ギリシアが血縁主義（*jus sanguinis*）に基づく排他的で不平等な形式のメンバーシップを編み出したのに対して，古代ローマ帝国は，市民権にまったく異なる意味を付与した（Castles and Davidson 2000 : 31-3）。

ローマは都市国家から帝国へと拡大する過程で，イタリア半島にいたエトルリア人，続いてギリシャ人，ゴール人など様々な文化的出自の人々を併合し，忠誠心を見返りとして市民権を付与した。また，解放された奴隷や戦争捕虜に対してでさえ，市民権を与えた（Schnapper 1994 : 86-7）。

ギリシアの市民権が，共通の歴史や文化や血縁を基礎とした小規模なコミュニティへの所属を意味したのに対して，ローマの市民権は，法的に定義された政治共同体におけるメンバーシップを意味するようになった。世界で初めて市民は権利を持った法的主体となったのである。こうして出自にかかわらない普遍主義的な原理に基づいたため，外国人の包摂にも道を開いた（Schnapper 1994：87-8）。

このようにローマの古典的市民権は，法的な国家メンバーシップとなったという意味で近代的な市民権の前兆となった。しかし，近代的な市民権が持ちうるいくつかの性質は持っていなかった。

第一に，文化多元主義の観念が伴っていなかった。それぞれの地域の習慣や言語を放棄するようには迫りはしなかったものの，共通の法や言語を用いることが社会統合につながると理解されていた。帝国の西部で用いられていたラテン語が，東側で用いられていたギリシャ語とアラム語を駆逐して広まり，多くの近代西欧諸国の言語の源泉となった。当初，宗教的に開放的だったことは征服した人々の統合に役立った。多神教は，ギリシア，シリア，ゲルマンの神をローマの神々の並びに付け加えた。しかし，ユダヤ教など一神教の人々が帝国に加わると軋轢が生じた。皇帝コンスタンティヌスが312年に改宗する等，ローマ帝国のキリスト教化が進むと，社会統合を促進した宗教的寛容の原理は衰え，帝国は分裂へと向かっていった。

第二に，ローマの古典的市民権は平等性と公的生活への参加を含意していなかった。ローマは，共通の歴史，文化，血縁を基準とすることなく，包括的な法的・政治的コミュニティを作り上げることができた。しかし，選挙による民主制といった近代的原理はまだ現れてはいなかった。代わりに，経済的・軍事的権力に基づいた寡頭政治によってローマは支配され，裕福な者だけが行政官や議員になることができた。すなわち，ローマの市民権は政治的諸権利を持った能動的市民（active citizens）を含意してはおらず，一定の権利と義務を持ちつつも政治への参画を許されない受動的市民（passive citizens）を前提にしていただけだった。対面的行為の及ぶ小規模コミュニティに基づく古代ギリシアの

第Ⅰ部　理論的アプローチ

市民権と比べて包含性の点では前進したけれども，民主制の点では後退したとも見なすことができるのである。

中世市民権

　ローマ帝国の崩壊後，古典的市民権の伝統は衰退していった。時代は中世となり，市民権を行使することで社会的な名誉を追求するという行いは，個人的な救済の追求へと変わってしまった。キリスト教が，人々のメンバーシップの枠組みを「地の国」から「神の国」へと移行させたのである。聖アウグスティヌは『神の国』(*De Civitate Deicontra Paganos*) の中で説いた。「神の国」の平和が生きとし生けるものの真の平和である。このとき命ある者は永遠の命を与えられ，もはや動物の身体ではなく精霊の身体を得ることができるのだと (Clarke 1994 : 62-3)。つまり，忠誠心と道徳の基盤が政治共同体から教会へと代わったのである。「地の国」においては，市民権が基本的に含意する普遍主義や平等主義は退き，個別主義的な主人－従者関係に基づく封建制が広まっていった (Faulks 2000 : 20-1; Poggi 1978 : 16-35)。

　しかし，中世において市民権の実践がまったく消えてしまったわけではない。市民権は，フィレンツェやベニス等の都市国家において自由な都市住民の地位として生き残った。マックス・ヴェーバー (Max Weber) は，これらの都市国家を「要塞と市場」と呼び，近代市民権の基礎をつくる重要な役割を果たしたと主張した。まず市場という側面に関して言えば，12 世紀以来中世都市では貨幣経済と産業構造が発展して，市民権の経済的基盤が整えられた。これは 18 世紀や 19 世紀にも共通する特徴である。次に要塞という側面に関しては，都市国家の市民軍は都市という社会空間を外敵から守ることで，アメリカ独立戦争やフランス革命の際のように，義務とアイデンティティの感覚を市民にもたらす。都市国家はこの時期，他の政治共同体が持っていなかった参加の倫理を持っていたのである。このような「要塞と市場」における都市住民たちは，権威を宗教的で神聖なものには求めず，政治的なものと捉えた。すなわち，市民権を本質的には世俗的なものだと見なした (Faulks 2000 : 20-1; Weber [1981]

1998：43-9）。「都市の空気は自由にする」(Stadtluft macht frei) と言われる独特の市民権空間が封建社会の中に飛び地のようにできあがったのである。

　このような中世都市国家の政治経済的発達は，独立した司法制度，原初的絆には基づかない結社，騎士や貴族の目指す非生産的価値から商人の追求する経済的・商業的な生産的価値への移行をもたらし，封建制を徐々に解体していった。ただし上で述べたように，これらの都市は例外であった。大部分の地域においては封建制が広まっており，王政，階統制，個別主義的主従関係が圧倒的に優位となっていた。市民権の普遍主義や平等主義の論理が広まるためには，近代の登場を待たねばならなかったのである (Faulks 2000：21)。

近代市民権の成立へ
　近代市民権の成立に大きな役割を担ったのは絶対王政である。権力は国家を体現する君主に集権化され，領域に属するすべての臣下に忠誠を要求した。国家間の戦争も国ごとにメンバーシップを確定するよう迫った。個人による宗教的自由の追求や英国で生じた市民革命は，人々を基礎に政府をつくる契機を準備したという意味で市民権の権利や参加の側面を拡充したと言える。しかしこの時代に実現したのは，市民権の原義である「市民としての資格」(citizenship) ではなく，君主と臣下が忠誠の絆で結びつき権利義務関係をつくる「臣民としての資格」(subjectship) であった。権利や参加の側面も，地方政府に関するものや特権的集団に対してのものに限られ，民主制というよりは寡頭制の様相を示した。ただし，次の点で近代市民権の基礎ができあがったと言ってよい。第一に，中世都市国家の地域限定的メンバーシップが領域全体に広がり，国家のメンバーシップとなった。第二に，多様な主人に対する従者という関係で規定された，領土内に点在する個別主義的かつ不平等な封建制のメンバーシップは消し去られ，単一の君主に対する臣下という意味で平等な諸個人による均質的なメンバーシップが現れた。この結果，国内的には旧荘園の自律性や特権は奪われ，領域内に一律の法支配が広まった。また国外的には，居住ではなく出生に基づいて国家の一員を規定するメンバーシップが創りあげられたので

ある (Heater 1990; Tocqueville 1952＝1998)。

　18世紀になると，法の前の平等，信教の自由，政治的権利の拡張などを求めて封建的な旧体制 (ancien régime) と闘うため，「市民」(英語のcitizen，フランス語のcitoyen) が闘いを正統化するための旗印として用いられるようになった。まず合衆国で，英国王室の支配からの離脱をもくろんでアメリカ独立革命が起こり，「市民」に法的な保証が与えられた。1787年アメリカ合衆国憲法の制定に先立つ数年前，「臣民」(subject) や「住民」(inhabitant) に代わり「市民」が憲法の文面に採用されたのである。「市民」や「市民権」といった共和主義的な概念の法的採用は，封建制との決別を含意し，民主制および立憲制を基礎として国家の秩序を追求しようという宣言となった (Gosewinkel 2001：1853-4)。

　しかし，中世都市のメンバーシップから国家という抽象的な政治体のメンバーシップへと変化したことで，市民権の正統性は揺るぎかねなかった。そこに民主制と国民の観点から新たな正統性の根拠を与えたのがフランス革命である。革命とその後の過程で，「市民権」(citoyenneté) は4つの特徴の組み合わせを獲得した。第一に，封建制に反するような，メンバー間の平等主義。第二に，「市民権」が憲法の基本概念であることの確認。第三に，市民権と個人的諸権利との関連づけ。最後に，市民と国民の同一視。フランス革命の結果，絶対王政下の平等な臣民権は平等な市民権へと変容した。

　フランス革命へと至る市民権発展の動きには，思想的な基礎が準備されていた。16世紀にジャン・ボーダン (Jean Bodin) が市民権をローカルなレベルではなく国家レベルの個人と主権者との直接的な関係であると概念化し，フランス革命で見られたような平等主義的な見解に道を開いた (Gosewinkel 2001：1855)。その後，トマス・ホッブズ (Thomas Hobbes) が，国家と個人に関する近代的な考えを打ち立てた。第一に，個人は他者や集団を介することなく国家と直接的な関係をつくることができる。第二に，諸個人は平等である。第三に，君主制における君主と国家は不可分ではなく，国家が「市民の忠誠の唯一の適切な対象」である。第四に，暴力的手段を国家に集中するべきである。以上のようにホッブズは，合意としての市民権と秩序の強制者としての国家という矛

盾を抱えながらも，合意に基づいて統治を行う近代的な方法に道を開いた（Faulks 2000：22-3）。その後，ホッブズの考えを発展させたのはジョン・ロック（John Locke）である。ロックは，個人と国家が平等主義的な関係を直接形成すべきだという考えを提出し，権利を基礎とした市民権の理論を打ち立てた。ホッブズ的な国家による秩序の追求と，個人の生命，自由，所有の権利の保護とのバランスを模索したのである（Faulks 2000：23-4）。

このように，ボーダンやホッブズが政治と宗教を分離しようとし，ロックは市民と国家の関係を世俗化した。歴史上かつてなかったほどの市場経済の発達と幾度かの政治革命を経て，社会秩序の源を神に求めることはもはや許されなくなった。代わりに源は平等で自律的で合理的な諸個人の集まりに求めざるをえなくなった。そこで社会秩序形成のため「市民社会」（civil society）という観念が定着していった。

市民社会を諸個人の権利と義務のシステムと見るロックの考えを受けて，イマニュエル・カント（Immanuel Kant）は市民社会を市民間の法的な平等の公的空間として捉えた。一方，ゲオルク・ヴィルヘルム・フリードリヒ・ヘーゲル（Georg Wilhelm Friedrich Hegel）やカール・マルクス（Karl Marx）は市民社会を人々の諸利益のぶつかる場として捉えた。さらに，ホッブズと同じようにヘーゲルやマルクスも，人々の忠誠と権利拡張要求の対象を神から国家へと置き換えた（Faulks 2000：24-5）。このように市民権は社会思想史上，地域コミュニティではなく国家と，個人の従属ではなく自律と，特権ではなく法的平等と結びつけられるようになったのである（Gosewinkel 2001：1855）。

市民社会という普遍主義的かつ平等主義的な概念に反して，実践的には19世紀から20世紀に至ると市民権のナショナル化が推し進められた。各国はこぞって国民を確定するための国籍法および帰化法を制定し整備した。そして市民権とは，国民国家のメンバーとしての地位と共に，憲法に従いそのメンバー，すなわち国民の間だけに限定して権利配分を行う制度を意味するようになった。アメリカ独立革命やフランス革命の持っていた人権の普遍主義的な勢いは後景に退いてしまったのである。

第Ⅰ部　理論的アプローチ

　市民権がナショナル化し権利配分の制度となると，女性や先住民など領域内の「新たなメンバー」を市民権の枠組みへといかに包摂するかが課題となった。「新たなメンバー」たちは国民でありながらも，エスニシティ，出自国，宗教，ジェンダーなどの理由で差別的な待遇を受けていたのである。「新たなメンバー」の平等と権利の要求は，市民権の包摂性を広げる原動力となった（Gosewinkel 2001 : 1854-6）。

　しかし第一次大戦から第二次大戦にかけて，そうした包摂的な傾向は退潮していった。ナショナリズム，人種主義，全体主義が広がり，各国のリベラルな政治体制は弱体化し，近代市民権の持つ平等主義は損なわれていった。ようやく近代市民権が完成したのは第二次大戦後のことである。欧米諸国がリベラルな政治体制を再建し，市民権は再び平等主義を志向できるようになった。しかし同時に，権利配分を国民という地位枠組み内部のみに限定するという排他性は残存することになったのである（Gosewinkel 2001 : 1854）。

　ところが，各国が戦後復興をとげ石油危機に直面した1970年代あたりからこのナショナル市民権への挑戦が始まったのではないかというように議論されるようになった。国際移民が国民国家に対して「挑戦」をしているというのである。

3　「国民国家に対する挑戦」の構造

国家主権と市民権

　国際移民は「国民国家に対する挑戦」を引き起こしているのだろうか。クリスチャン・ヨプケ（Christian Joppke）によれば，国際移民による「国民国家に対する挑戦」はふたつの側面で構成される。第一に，移民の出入国管理に関わる主権への挑戦（「国家主権に対する挑戦」）。すなわち，グローバル化が出入国管理に関する国家の能力を無力化しているのではないか，という問いである。第二に，単一均質なメンバーシップとしてのナショナル市民権に対する挑戦（「市民権に対する挑戦」）。すなわち，市民権の国民国家モデルに対して，市民権

第1章　市民権の変遷と「国民国家に対する挑戦」

の新しいモデルが安定的な代替案として出現してきたのではないか，という問いである（Joppke ed. 1998 a : 1）。

確かに，「国民国家に対する挑戦」は国家主権の側面と市民権の側面に分けられる。そして両側面のうち，本書は市民権に照準を合わせる。しかし「国民国家に対する挑戦」は，両側面が関係性を持つがゆえに問題化するのである。

国家主権（state sovereignty）は，近代国民国家と関連づけられることで，「限定された領土内で正統な武力を独占的に行使する資格」を意味するようになった。「国民国家に対する挑戦」という文脈での，国家主権の最も重要な側面のひとつは，国境を管理する権限を国家が持っているということである。国境を越えて移動する要素には，モノ，カネ，人，情報・文化がある。特に人の移動に関して国家は，領土内に入国したり滞在する人々の人数，国籍，技能，入国・滞在条件等を決定する権限を持っているのである。ところが国際移民の大規模化は，この権限を国家から奪っていくように見える。その典型的な例が，アメリカ合衆国における「文書を持たない移民」（undocumented immigrants）を国家が簡単に国外追放できないという例である。大規模な移民が流入することで，極右政党の台頭，暴力・「暴動」の勃発，制限的な移民政策の要請といった組織的な反移民の動きが大衆の中から生じることも例として挙げられる（Sassen 1996＝1999；Freeman 1998）。

それでは国家主権と市民権は，どのように関連しているのであろうか。ステファン・クラズナー（Stephen Krasner）によれば，市民権は主権の持つ制度的深さ（institutional depth）の一例である。制度的深さとは，制度の構造が個別の行為者を定義する程度であるとされる。具体的には，所有権という形式での能力（endowments），選好という意味での効用，物質的・象徴的・制度的資源という形式での能力，制度構造内の位置によって影響され決定されるアイデンティティといった要素がある。市民権はこれらの要素によって個人を定義づける。そして国家によって授けられるという性格上，近代における市民権の観念は主権国家の存在と連結している。主権国家のような政治的実体が存在しなければ，市民権は意味を持たないというのである（Krasner 1988：74-5）。

以上のように,「国家主権に対する挑戦か」という問いは,まずは国際移民の出入国管理能力を国家が失ってしまったかどうか,という意味内容を持つ。例えば上で見た「文章を持たない移民」の国外追放に関する事例は,この出入国管理能力という観点における「国家主権に対する挑戦」を端的に示している。しかし同時に,国家主権は市民権付与の権限とも深く関連している。国家は市民権を付与する客体として,個人を定義してきたのである。

逆に市民権の側から考えてみよう。「国民国家に対する挑戦」が「国家主権に対する挑戦」と「市民権に対する挑戦」に分けられるという見解は,市民権概念の意味内容に依存する面もある。すなわち,出入国や在留の権利まで市民権概念に含めるとするならば,「国家主権に対する挑戦」という議論は「市民権に対する挑戦」に重なるのである。

以上のように考えるならば,「国民国家に対する挑戦」と「市民権に対する挑戦」を頑なに分けることにはあまり意味がないとわかる。「国家主権に対する挑戦」が国家の視点からのアプローチを主に意味するのに対して,「市民権に対する挑戦」は主に国際移民の視点から同じ現象を探究する傾向にある。そこで本書では,両者が重なることを認めつつ,探究を進めていくことにしよう。

「市民権に対する挑戦」──革新派の見解

「国家主権に対する挑戦」との関係性を踏まえて,本書は「市民権に対する挑戦」に絞って「国民国家に対する挑戦か」という問いを検討する。「市民権に対する挑戦か」という問いを言い換えると,「新しい市民権」は市民権の国民国家モデルの安定的な代替案であるのか,それとも一時的な逸脱なのかという二項対立となる。この二項対立に即して,「市民権に対する挑戦」に関する立場はふたつのタイプに要約することができる。

第一に,国際移民が国民国家の根本的な変容を促しているという意味で「挑戦」が起きているという革新派の立場である。ライナー・ボウバック(Rainer Bauböck)は,イマニュエル・カントなどによる政治哲学・道徳哲学に依拠しつつ,経済的グローバリゼーションの動きによって,新たな市民権が必要不可

欠になり出現してきたと主張する(1)(Bauböck 1994)。ヨーロッパへの国際移民の増加やECおよびEUの経験から，国際移民は経済発展と経済統合に必ず付随する現象である。ボウバックは必要となった新たな市民権を「トランスナショナル市民権」(transnational citizenship)と呼んでいる(2)。しかしボウバックは，トランスナショナル市民権を正統化する原理について十分考察を加えているとは言えない。

「新しい市民権」の正統化原理を明示している革新派は二派に分かれる。革新派のある立場は「居住」を重視する。トマス・ハマー（Hammar 1990 = 1999）は，単一均質なメンバーシップであった市民権が変わったのだ，または変わるべきだと主張している。そして，西欧諸国で長期間居住し実質的な権利や特権を持つ外国人を，新たなカテゴリー，「デニズン」(denizen)と呼ぶ。デニズンは，受け入れ国内で居住し続けつつも，当該国の国籍を取得することなく諸権利を享受できている。このときハマーは，単一均質なナショナル市民権が想定している「市民／外国人」という対立カテゴリーが崩れ，「市民／デニズン／外国人」という三項のカテゴリーが現れてきたのだという。そして市民(citizen)が市民権(citizenship)を持つのに対して，デニズン(denizen)はデニズンシップ(denizenship)を持つようになったのだというのである。このように革新派の第一派の特色は，「新しい市民権」が「居住」に基づいている，または基づくべきであると主張している点である。

第二に，革新派のもう一派は「人権」を強調している。代表的な論者は，デヴィッド・ヤコブソン（David Jacobson）とヤスミン・ニュホル・ソイサル

---

(1) ボウバックは次のように市民権を定義する。「市民権は，ある政治体系の特性を明らかにすると同様，個人の政治的地位をも示す。規範概念としての市民権は，政治的コミュニティおよび各種の権利を保証する諸制度の下で，平等にすべての市民に与えられるもので，権利行使を認められている人々にとって行使される一連の権利を意味する」(Bauböck 1994：28)。ところが，すべての市民がそのように平等に権利を与えられるのではない。少なくとも国際移民に対しては，この定義とは異なる状況が生じているのである。

(2) ボウバック(Bauböck 1994)は，他の論者と若干，用語の意味合いが異なる。「ポストナショナル」概念は国民国家の制度が完全に無視されてしまったり，重要でなくなったりする現象のために用いられている。それに対して，「トランスナショナル」概念は国民国家を超えてはいても，まだ国民国家を前提としているような現象を指すために用いられている。

第Ⅰ部　理論的アプローチ

(Yasemin Nuhoğlu Soysal) である。すぐ後で保守派として触れるブルーベイカーが「新しい市民権」を「正常化されるべき逸脱」と見なしているのに対して，ヤコブソン (Jacobson 1996) とソイサル (Soysal 1994) はお互い類似した流れで議論を組み立て，「新しい市民権」を正統な新しい形態のメンバーシップと見なす。例えば，「（北米や西欧の）国家正統性の基礎が主権および国民による自己決定 (national self-determination) の諸原理から国際人権に変化してきた」とヤコブソン (Jacobson 1996:2) は主張している。

ヤコブソンの言う「国家正統性の変化」よりも穏やかな言い回しで，ソイサル (Soysal 1994:136-62) は主張する。「グローバルなシステム」が国民主権と普遍的人権の「制度的二重性」(institutional duality) によって構造化されるようになったと。ソイサルにとっての主たる経験的レファレントは，西欧諸国へと戦後になって移民したゲストワーカーたちである。ドイツに居住するトルコ系移民を典型例とするゲストワーカーは，帰化することなく永住可能な地位を得ることができた。そのゲストワーカーたちの経験から推定することで，ソイサルは，人権に関する国際的な言説が作用し，市民権の諸権利は国籍から離れ，「人であること」(personhood) を根拠に付与される普遍的な権利へと形を変えた，すなわちポストナショナル・メンバーシップ (postnational membership) が誕生したという。例えば，ドイツに居住しているトルコ系の諸権利は，ドイツ国籍の有無にかかわらず与えられていると。市民権を付与するか否かの判断は，国民国家という領域と関連しなくなった，すなわち脱領域化したというのである。しかし同時にソイサルは，「人であること」が根拠になったとしても，諸権利を現実化するための組織として国民国家が存続するとも明言している。「普遍主義的諸権利の行使は，特定の国家やその諸制度と結びついている」と (Soysal 1994:157)。このようにソイサルは，市民権のシステムを国民国家と普遍的人権の「制度的二重性」という概念によって特徴づけている。

革新派を二分する「居住」と「人権」はその原理的含意を異にしている。「居住」がデニゾンの増加という国内的な観点から「新たな市民権」を評価する基準であるのに対して，「人権」は超国家的組織や国家間レジームのような

国民国家の外部が「新しい市民権」の付与根拠となっていく点を強調する原理である。しかし，「市民権に対する挑戦か」という問いに肯定的に答えるという観点では機能的に等価である。近年の市民権の発展が伝統的な理解・作動に反するものであり，「ポストナショナル市民権」という代替案の出現を示していると主張している点では同じなのである。

「市民権に対する挑戦」——保守派の見解

　革新派に対抗する立場は「保守派」と呼ぶことができる。保守派は主張する。確かに国際移民は「挑戦」を引き起こしているかもしれない，しかしその「挑戦」は，限定的な含意しか持たないと。すなわち「挑戦」とは，代替できる政治組織化原理がないため，国際移民を国民国家の現存の枠組み内に編入しなければならない，あるいはどのように編入すればよいのかという意味に限定されると捉える立場である。ただし，その主張には「挑戦」に対する反対意見を弱くしか含意しないものから，強く含意するものまで，緩やかな違いが存在する。

　「挑戦」を弱く否定している代表的論者は，ウィリアム・ロジャーズ・ブルーベイカー（William Rogers Brubaker）である。移民が帰化しないまま受け入れ社会内で居住したり，完全ではないものの様々な権利を享受することを許す市民権の「新しいモデル」は，市民権の国民国家モデルという「通常」モデルからの「逸脱」と見なすことができるという。市民権の国民国家モデルは，積極的に受け入れられているのではない。ありうる代替案がないので受け入れられているだけなのである。しかし，特に西欧の移民受け入れ諸国は長期的には

---

(3) 市民権のモデルの分類として，例えば，帰化や二重国籍等が「通常モデル」，「居住」を原理とするモデルが「逸脱モデル」，「人権」を原理とするモデルが「代替モデル」とするものもありうる。しかし，いくつかの混乱を引き起こす可能性がある。例えば，二重国籍が「通常モデル」であるとは，いかなる意味なのか。「逸脱」と「代替」を比較したとき，前者より後者の方が市民権の「通常モデル」と同等の存在根拠があるという意味合いが生まれるのではないか。「代替モデル」は「通常モデル」に取って代わっていくのか。本章の結論で示すように，「代替モデル」は「通常モデル」を代替できないのではないか。そこで本章では混乱を避けるために，国民国家モデルとそれに反するモデルという二項対立をまず示し，後者の中身を「人権」に従うモデルと「居住」に従うモデルというように正統化原理に即して分ける。なお，「ポストナショナル（post-national）」や「トランスナショナル（trasnnational）」という観点から市民権の変化を議論している研究には，他にユルゲン・ハーバーマス（Jürgen Habermas）によるものがある（Habermas 1992）。

「移民居住者を市民に変容させる」よう促しているとする。さらに，国によって移民を編入する仕方が異なるのは，それぞれの国民国家の持つ歴史的遺産が異なることによる部分が大きいと彼は主張する（Brubaker 1989, 1992＝2005）。

　国境を超える市場の拡大と諸権利の拡張という国際的観点を強調しているのは，ジェイムズ・ホリフィールド（James Hollifield）である。彼は，なぜリベラル国家による移民の規制が困難なのかという問いを立て，経済理論，マルクス派理論，現実主義・国家主義理論のいずれも説明力に欠けるとする。そして，市場関係のグローバルな拡大と，外国人やエスニック・マイノリティへの諸権利の拡張こそが，移民の規制を難しくしているのだと結論づけるのである。戦後の自由主義経済体制は，IMFおよびGATTを中心としたブレトンウッズ体制の下，各国政府が対外的な自由主義的政策と国内的な介入主義的政策を同時併用することで維持された。すなわち各国政府は，対外的には自由貿易等リベラリズム原則を堅持しつつ，国内的には経済成長と雇用の確保のため福祉国家的政策などによる国内市場への介入を認められたのである。これを「埋め込まれたリベラリズム」（embedded liberalism）と呼ぶ（Ruggie 1998）。国際レベルにおいて，移民・外国人を巡る「権利を基礎とした政治」（rights-based politics）は，この「埋め込まれたリベラリズム」の形態をとる。この流れにのって，移民・外国人を巡る「権利を基礎とした政治」は，国内レベルにおいて法手続きの言葉で具体化され実行されていく（Hollifield 1992）。ホリフィールドは，諸権利の拡張という観点を提出しているものの，その拡張に各国民国家がどのように対処しようとしているか，そこにどのような共通性と差異性があるのかに焦点を合わせている。市民権の制度が変わったという観点ではなく，国民国家という枠組みが堅固であるという観点が前面に出ているため，保守派と呼ぶことができる。

　ブルーベイカーとホリフィールドが弱い保守派だとすれば，ヨプケは強い保守派と呼ぶことができるであろう。彼によれば，ポストナショナルな市民権はそれ自体として新たな形態のメンバーシップなのではなく，正されるべき変則的なものである。第一に，ポストナショナルな市民権はエリートのような一部

の人々に関する現象である。第二に，個人の権利擁護は国民国家に内在した要請であり，外在したものではない。第三に，先進諸国と発展途上国の差異等，地域的な違いを視野に入れていない。第四に，時期的な限定がなされておらず，適用される時期に関して曖昧な概念となっている(4)（Joppke 1998）。

さらに，ミリアム・フェルドブラム（Miriam Feldblum）は西欧諸国における動きが，「ポストナショナル市民権」のような開放性を示すのではなく，新たな基準によるメンバーシップの閉鎖性をつくろうとするものだとし，そのような動きを「ネオナショナル市民権」（neo-national citizenship）の形成であると強く主張している（Feldblum 1998）。すなわち，国民国家は依然として存在感を示しているというのである。

保守派は，「国民国家に対する挑戦」への態度表明の仕方に強弱はあれ，いかに既存の市民権図式が高い適応可能性を持っているか，いかに市民権の国民国家モデルが堅固であるかに焦点を合わせて，市民権に関する現在の動きを論じる。そして西欧諸国の政策は，国民国家モデル維持の方向へと収斂のパターンを示していると主張している。

4　批判の検討

果たして，国際移民は「市民権に対する挑戦」を引き起こしていると考えてよいのか。すなわち，「新しい市民権」はナショナル市民権の安定的な代替案なのか，それとも一時的な逸脱にすぎないのか。このような問いにわれわれはどのようにアプローチしたらよいのだろうか。ヨプケが革新派に対して提出した4つの批判は思考のきっかけを与えてくれる。また，ブロムラードらがポストナショナル市民権論への批判を紹介している（Bloemraad et al. 2008：166）。そこでそれらの批判をまとめ，規範的希望，対象者の特殊性，地域的相違，時期的曖昧さ，ローカルレベルの分析，国内内在的要請の順に検討していこう。

---

(4)　すぐ後に検討するように，これらの批判のうち有意義なものは原理的なものに限られる。

第 I 部　理論的アプローチ

規範的希望

　第一に,「新しい市民権」のうち特にポストナショナル・メンバーシップは, 単に研究者の予測や規範的な希望にすぎないという批判がある (Joppke 1998)。ブロムラードらは, その批判の根拠を, 市民でない者が権利を得ているという事実はあれ,「それ以上の経験的裏付け」がないところに求めている (Bloemraad et al. 2008 : 166)。

　確かに, 市民権の研究者の中には経験的分析の中に自らの規範的希望を滑り込ませている者がいる。「新しい市民権」論者も例外ではなく, ブロムラードらの指摘は適切である。しかし,「それ以上の経験的裏付け」とは何を指すのだろうか。国家レベルの市民権が移民の日常生活にどの程度重要なのか, グローバルな人権が移民の市民権にどのような影響を与えているかを探究するべきだという指摘 (Bloemraad et al. 2008 : 166) は正しいものの, ではどのような基準を立てるとそれらの問いに答えを出し,「それ以上の経験的裏付け」も得られることになるのだろうか。このような基準の探究を行うべきである。

対象者の特殊性

　第二に,「新しい市民権」と呼ばれる現象は限られた対象者に関する特殊なものではないかという批判を検討しよう。ヨプケは次のように言う。「ポストナショナル市民権は, 大多数の人々にとっては問題ではない。その人々にとってはナショナル市民権が有意義なままである。研究者は自らのエリートとしての経験を過度に一般化している。」(Joppke 1998 a : 25-6) すなわち, ポストナショナル市民権は一部の人々, 特にエリートだけの現象だというのである。

　しかし, 現実にはエリートとは呼びにくい多くの人々が単純労働者や技能労働者, 家族移民や難民という形で国境を越え移動し, 受け入れ社会内である程度の権利を享受できている。また, このことはエリートの間だけでなく受け入れ社会の一般大衆の間にも知れ渡った事実である。したがって,「エリートとしての経験にすぎない」という一言で否定するのは不適切である。

　さらに言えば, エリートという概念には「対象者は少数にすぎない」という

含意が込められている。「新しい市民権」が安定的代替案か一時的逸脱かという判断に関して，多数か少数かという「人数」が指標となりうるのだろうか。もしなりうるとすれば，何人または人口の何割が「国籍から離れて」市民権を享受できれば「新しい市民権」は安定的代替案となりうるのか。以上のことから考えると，「対象者の特殊性」は決定的な指標とは見なしにくい。

地域的相違

　第三に，「新しい市民権」は地域的に限られた現象ではないかという批判を見よう。次のように論じられている。「新しい市民権」を提唱する者は，西欧諸国を主な研究対象としている。その西欧諸国を見る限り，確かに「新しい市民権」が現れているように見えるかもしれない。例えば戦後ドイツは，第二次大戦とナチズムを経験し，ナショナル市民権を変容させた。東側諸国からのドイツ系ディアスポラやトルコなどからのゲストワーカー移民を包摂し統合できるようなメンバーシップモデルを模索したのである。しかしもう一方では，入国後に市民となる障壁の低い「移民国」には「ポストナショナル市民」は存在しない。出生地主義で国籍を付与しているため，移民第二世代になるとポストナショナル・メンバーシップは見られにくくなる。特にアメリカ合衆国を見る限り，ヒスパニック移民という例外はあれ[5]「新しい市民権」は観察されない，まだ帰化していない永住外国人が存在するだけだというのである[6] (Joppke 1998a：27-8)。

　しかし，「新しい市民権」が西欧諸国だけの現象だと言い切れるだろうか。かなりの程度グローバルな現象とは言えないのだろうか。合衆国など移民国においても，非合法移民や帰化していない長期滞在移民は多く存在し，一定程度の権利を享受している。さらに言えば，全世界的に生じていれば「新しい市民

---

[5] ヨプケは，特にメキシコ系移民が例外だという。その理由として，次の事柄があげられている。領土が隣接し帰国が容易で一時的移民であるという感覚を保持できること。合衆国には南部と西部に植民地的歴史があること。メキシコの財産法が制限的であること (Joppke 1998a：28)。
[6] ブロムラードらは，西欧諸国を対象とした研究がポストナショナル市民権に着目する一方，アメリカ合衆国を対象とした研究はトランスナショナリズムに注目しており，それぞれ異なる志向を持つと指摘している (Bloemraad et al. 2008)。

権」はナショナル市民権に対する安定的な代替案と見なすことが可能になるのだろうか。その全世界的状況は過渡的な「逸脱」にすぎず，何年か経ると消えてしまうかもしれない。そのとき，「新しい市民権」は安定的な代替案と見なすことができるのだろうか。このように考えると，地域性も市民権の安定性を測るひとつの指標ではあれ，唯一のものではない。

時期的曖昧さ

　第四に，「新しい市民権」の議論は時期的な限定性を見過ごしているという。戦後ヨーロッパのゲストワーカー移民は，政治的秩序原理である国民国家のメンバーシップを動揺させたかもしれない。しかし，ポストナショナル・メンバーシップへの扉を開いたわけではなかった。学問的なスタンスとは別に，現実の移民受け入れ社会はポストナショナル市民権を，耐えられない変則的なものとして取り扱っている。例えばドイツでは，第三世代の人々の帰化のハードルを下げる一方，従来の血縁に基づく市民権の配分原理は，穏健な保守から左翼リベラルまで政治的に支持されている(7) (Joppke 1998 a : 28)。

　この批判によれば，「新しい市民権」論者は，歴史限定的な移民とそれに対する国民国家の歴史限定的な対応を，これからも継続する「国民国家の根底的変容」と取り違えているという。時期はいつからいつまでの現象なのか。特に終わりが認識されていない。進化論的時間が暗黙のうちに想定されている可能性もあると。

　確かに，進化論的時間を想定して「新しい市民権」の安定性に対する判断を下すわけにはいかない。長くとも今後半世紀ほどの推移を念頭に置くことになるだろう。しかし，現時点から将来のことは観察できない。現時点でできることは，過去と現在の状況からの判断にすぎない。時間的観点を判断に取り込むためには，例えば第二次大戦から現在までといった時期的限定を設けて，その

---

(7) 血縁主義をとってきたドイツにおいても，出生地主義を導入しようという動きがある。1998年成立した社会民主党（SPD）と緑の党の連立政権は，出生地主義と二重国籍を導入しようとした（樽本 2009 a : 190-1）。このようなドイツの動きは，ヨプケの指摘に疑問符を付けることになった。

間の歴史的推移を観察することから「安定的な代替案」かどうかの判断を下すしか方法はないのである。そして,「新しい市民権」が安定的代替案か否かは,それがある程度将来にわたって「制度」として根付くような原理を身につけているかどうかを見るべきである。

ローカルレベルの分析

　第五に,ポストナショナル市民権論者はローカルレベルの分析を行っていないという批判がある。ローカルな場における移民団体や移民動員フレームなどを分析すれば,移民の政治的動員が,国際的なアクターや超国家的制度ではなく,ナショナルレベルのエスニック・ネットワークや政府を基準として行われていることが見えてくるというのである (Bloemraad et al. 2008 : 166)。

　確かに,ローカルレベルの分析が「新しい市民権」に関する何かを明らかにしてくれる可能性はある。しかし,ローカルレベルの分析で何が明らかになると,「新しい市民権」が安定的な代替案か否かを判断することができるようになるのだろうか。もし移民動員がよりナショナルな側面を持っていたとして,その事実と「新しい市民権」に関する判断とはどのような関係にあるのだろうか。この問いは,次に見る「国内内在的要請ではないか」という批判につながっていく。

国内内在的要請

　「新しい市民権」はナショナル市民権の安定的な代替案なのか,それとも一時的な逸脱にすぎないのか。上で見た「新しい市民権」論に対する批判は,それぞれ難点を抱えている。保守派と革新派の見解の対立は,「規範的希望」「対象者」「地域」「時期」「ローカルレベル」といった指標では十分吟味できないのである。もうひとつ残った6つめの批判は,「新しい市民権」なるものは,「国民国家内在的な要求」にすぎないのではないかというものである。ブロムラードらの言葉を使うと,人権という考え方は自由民主主義の政治の中にすでに存在していたのであり,それがグローバルな言説の中から「再発見」された

だけだということになる (Bloemraad et al. 2008：166)。しかし,「国民国家内在的な要求」とは何だろうか。

　第2章では,この批判の方向性を念頭に置き,原理論的に考察を進める。すなわち,「新しい市民権」に対する判断は「規範的希望」「対象者」「地域」「時期」「ローカルレベル」といった指標にすべてが回収されるわけではないため,原理論的に市民権が変容したのかという問いの観点からなされなければならない。その導き手が,「国民国家内在的な要求」かどうかという問いである。このような問いに即した原理論的考察によって初めて,「新しい市民権」の射程が明らかになるのである。[8]

---

[8] 「地域」という指標は第Ⅱ部以降の英国と日本の事例の検討で導入されることになる。

第2章

ポストナショナル市民権は可能か

1 「市民権に対する挑戦」という問い

　「新しい市民権」はナショナル市民権の安定的な代替案か，それとも一時的逸脱にすぎないのか。前章で確認したように，「国民国家に対する挑戦」論争における対立は原理論的考察を必要としている。本章では「市民権に対する挑戦」に絞って「国際移民は国民国家への挑戦をしているのか？」という問いに，原理論的アプローチのひとつを適用する。以下では次のように論述を進める。第一に，「国民国家に対する挑戦か」という問いを生じさせている現実がいかなるものかを，日本におけるふたつの事例で確認する。その確認作業で現れるのは，「国際移民問題の本質的論争性」である。第二に，その「論争性」が「国民国家への挑戦」とアイデンティティとの関わりの中から生じていることを主張する。第三に，市民権の新たなモデルの正統化原理をアイデンティティの観点から検討することで，「国民国家の挑戦」が主に保守的な意味で生じていることを示す。

2　ふたつの事例の含意

日本における外国人への地方参政権

　「国民国家に対する挑戦か」という問いは，グローバル化と呼ばれる現実の

第Ⅰ部　理論的アプローチ

急激な社会変動を踏まえた問いである。どのような事例の中にそのような社会変動の影響が現れているのだろうか。

　第一の事例は，永住外国人への地方参政権付与の議論である。2001年1月当時，自民党と連立政権を組んでいた新公明党と自由党は，与党として初めて外国人地方参政権法案を通常国会に提出した。また，2009年8月30日の衆議院総選挙で自由民主党から政権を奪取した民主党は，2010年7月時点では，与党第一党として同法案提出を主な施策のひとつと位置づけていた。

　外国人への地方参政権付与は，このように政治の表舞台に出ることで賛否両論を引き起こしている。

　「国際派」は，在日コリアンをはじめ永住外国人が日本国内に多数居住しており，彼らの「権利」を反故にすることはできないと主張している。「こうした人々は日本人と同じ立場にある。日本に永住しようという人々に選挙権を与えないというのは，いかがなものかと思う。」「グローバリゼーションの時代になって，国籍と選挙権が直接結びつくのだろうか。国籍を得る人もいれば，事情があって国籍を変えずにいる永住外国人もいるだろう。国籍に関係なく税金を等しく納めているし，法の規制も受ける。日本に長く暮らし，永住資格を得ている人たちが，少なくとも地域社会の首長や議員を選ぶ権利を持ってもいいのではないだろうか。[1]」このような意見に，「戦後補償」という色合いが加えられる。

　「国内派」は，永住外国人が参政権を得たいならば，帰化すればいいではないかと主張する。主な理由として，地方の政治でさえ国全体に影響を及ぼしかねないことがよく挙げられる。「国籍のない人間が国家の命運を左右しかねない問題について決定権を持つのは，おかしなことではないか。原子力発電にしろ，基地問題にしろ，地方の生々しい問題で，それいかんによって国の命運が左右されるものがある。」そして，「国籍がないなら，帰化（日本国籍の取得）をすればいい。」このように「国内派」は参政権と国籍を一体のものとして捉えているのである。[2]その主張の向こう側には，「それが嫌ならば自分の国へ帰

---

[1] 引用は，平松守彦大分県知事（当時）の発言（『朝日新聞』2000年11月26日朝刊）。

れ」というような排外主義的感情が見え隠れしている。

日本における非合法滞在者集団出頭

　もうひとつの事例は，すでに序章で触れた日本における非合法滞在者の集団出頭事件である。バブル経済の時期に日本に入国し，「出入国管理及び難民認定法」に違反しつつ，そのまま「不法」に超過滞在し労働していたイラン，バングラデシュ，ミャンマーの出身者が1999年9月「在留特別許可」を求めて東京入国管理局に出頭した。それまでは日本人の実子の養育者以外には，超過滞在外国人の在留特別許可は認められてこなかったけれども，法務省入国管理局は，いくつかの家族について滞在を認める決定を下した。日本の学校に通う子どもを持つ家族の滞在を認めたと推測されつつも，滞在許可の基準については公開されなかった[3]（『朝日新聞』1999年9月2日朝刊，2000年2月3日朝刊；駒井・渡戸・山脇編 2000）。

　非合法滞在者のさらなる滞在を許可するかどうかについても，前述した参政権付与と同じように「国際派」と「国内派」が構成されうる。国内派は，「不法入国した三国人，外国人が凶悪な犯罪を繰り返している」というような言説をつくり上げ，滞在者たちは自分の国ではなく他の国に来て滞在したいのだったら，他の国の法や規則を守るべきだ。法や規則に反する以上，帰国するのは当然だと主張することであろう[4]。「国際派」は，例えば非合法滞在者らの労働の仕方について，「社内で一番信用している」，「周りをよく見て勉強している。間違わないよう必死で働く。問題は，ビザがないだけなんだ。」つまり，法的地位よりも社会の現実を重視しようとする[5]。グローバル化の時代において，確かに移民・外国人の中には在留に関する法に反して滞在している者がいる。しかし，受け入れ社会内でその他の法を犯すことなく，他の人々と変わりのない

---

[2] 引用は，石原慎太郎東京都知事の発言（『朝日新聞』2000年11月26日朝刊）。
[3] その後2004年，法務省はウェブページで在留特別許可を与えた例を公表した。
[4] 引用は，石原慎太郎東京都知事の発言の要約（『朝日新聞』2000年6月8日朝刊）。
[5] 引用は，ある製紙関連会社の社長がフィリピン人の課長について語ったことである（『朝日新聞』2000年6月8日朝刊）。

日常生活を送っている以上，その滞在者らの人権に配慮した扱いが必要だというのである。

国際移民問題の本質的論争性

　外国人への参政権付与の問題も，非合法滞在者の問題も，欧米諸国では，遅くとも80年代初めにはすでに顕在化していたものである。確かに，外国人への参政権付与の問題と非合法滞在者の問題は，日本特有の問題設定のされ方をしているように見える。前者には，戦後補償をいまだ課題とした日本と韓国の二国間関係と，拉致問題が尾を引く日本と北朝鮮との二国間関係が大きな影響を及ぼしている。後者の非合法滞在者問題には，多数の非合法滞在者を一定の条件の下で一度に合法化するアムネスティ（amnesty）といった欧米諸国的な解決がなされたことはない。代わりに，厳しい条件の下で国家裁量により与えられる滞在許可，「在留特別許可」よって収拾が図られた。しかし，これらの問題に関する議論は先進諸国全体に共通する普遍的な問題性を持つ。(6)

　ある人々は，外国人への参政権付与に賛成し，また別の人々は反対する。ある人々は非合法移民への滞在許可の付与に賛成し，また別の人々は反対する。「国際派」の主張も，「国内派」の主張も，「心情に強く訴える」ものであり，論理的に否定することは難しいように思われる。どちらの主張も永遠に対立し，理解し合えないのではないか。また，どちらの立場をとるにしても，われわれの多くがその立場の「居心地の悪さ」「おさまりの悪さ」から逃れられないのではないか。すなわち，外国人への参政権付与の問題と非合法滞在者の問題は，それら自体の中に決着のつかない論争を引き起こす性質を内在しているかのようなのである。この本質的論争性が学術的な問いとして表現されたもの，それこそが「国民国家に対する挑戦か」という問いなのである。このような「本質的論争性」はどこに由来するのであろうか。

　市民権のポスト国民国家モデルは，国民国家モデルに対して「通常モデル」なのか，「逸脱モデル」なのか。国際移民問題の本質的論争性は，この問いの「答えにくさ」を端的に示す。「答えにくさ」の理由を明らかにし，問いに答え

るために，そもそも市民権とは何かを探究しておかなくてはならない。

3 アイデンティティとしての市民権

法的地位としての市民権

市民権はその存立構造上，通常モデルか逸脱モデルかという問いに答えにくくさせる性質を持っている。市民権の問題を初めて本格的に社会学に導入したT.H.マーシャル（T. H. Marshall）による概念化を，今一度思い起こしておこう。

外延的に定義すると，市民権は義務と，「公民的権利（civil rights），政治的

---

(6) 日本におけるこれらふたつの事例は，ポストナショナルな市民権の問題ではないという興味深い意見がある。簡潔であっても検討しておくべきであろう。
　第一に，外国人参政権付与問題については，現在のところ日本，韓国それぞれの「国民であること」を根拠にした参政権付与が議論になっているのであり，「ポストナショナル」ではなく「ナショナルな」問題であるという主張がなされうる。
　この意見は，非常に強い意味内容を含む。もしも日本における参政権付与問題がナショナルな市民権を基礎とすると断定するならば，ポストナショナル論者がその典型的な根拠として引き合いに出すヨーロッパ連合の市民権でさえ，二国間関係の積み重ねとしての多国間関係として解釈されることになる。すなわち，ヨーロッパ連合が典型的なポストナショナルな現象だというよく見られる見解を否定することになる。
　しかし，この見解を否定するためには，本章で展開しているような周到な準備が必要である。例えば，ナショナルな市民権を基礎とした現象とポストナショナルな市民権を基礎とした現象との違いをどこに求めるのであろうか。
　第二に，非合法滞在者問題はポストナショナル市民権のような「人権」を根拠とした滞在許可ではなく，「在留特別許可」に見られる別の根拠によるものであり，許可数も少ないので，ナショナルな現象なのではないかという意見が提出されうる。
　しかし，この意見に関しても「人権」ではないという強い主張の是非を吟味しておく必要がある。例えば，ポストナショナルな市民権を促進する国際的な人権規範等が，日本の歴史的遺産や制度等を通じて日本国内で咀嚼された結果，「在留特別許可」として現れたというような解釈を簡単に却下できるのか。
　「ふたつの事例はポストナショナルな事例ではない」という意見は，「永住」「戦後補償」「許可数」「子どもの養育義務」等の条件の表面的な部分を取り上げ，現象をナショナルかポストナショナルかに分類しようとしているように思われる。むしろふたつの事例を出現させる原理に注目し，その原理のせめぎ合いが現象を成立させると考えるべきであろう。本章での原理的な考察を先取りすれば，次のように考えられるのではないか。まず，移民・外国人の享受できる諸権利を拡大していこうという先進諸国共通に見られるポストナショナルな動きは否定できない。しかし，諸権利の拡大は，国内事情等のために無制限に認められるわけではない。上記の条件を利用して制限しようというナショナルな動きが出てくる。そのとき，何らかの正統化原理に基づいた市民権のモデルが要請される。日本におけるふたつの事例の現れ方は，諸権利の拡大とそれへの制限との間の拮抗を示したものなのである。すなわち，ポストナショナルな動きとナショナルな動きのぶつかり合いが，ふたつの事例の具体的な様態を生み出しているのである。

権利（political rights），社会的権利（social rights）で構成される諸権利の構成体」であった（Marshall［1950］1992＝1994：15-6）。内包的には，「ある共同社会（community）の完全な成員に与えられる法的地位」と市民権は定義された（Marshall［1950］1992＝1994：37）。

マーシャルの市民権概念に対して，ブルーベイカー（Brubaker 1989）は「広義の市民権概念」を定義した。移民・外国人に関する限り，市民権を構成する諸権利は，公民的権利，社会的権利，政治的権利という順に付与されることが多い。その過程で政治的権利，特に参政権の付与が最後に検討されるべき点として残るのである。この段階では，移民・外国人に対して政治的権利の主要部分を除いた「部分的な市民権」（partial citizenship）を享受可能な法的地位が付与されることになる。

以上のように，狭義であれ広義であれ「ある種の権利を伴う法的地位」が市民権の意味内容だと基本的には理解される。市民権のポスト国民国家モデルが通常モデルか逸脱モデルかという問いは，市民権が法的地位を意味するという前提にのっとったものである。

アイデンティティとしての市民権

確かに市民権は，まずは義務と権利を伴う法的地位として概念化できる。しかしマーシャルも，「法的地位としての市民権」がそれ自体では存立しえないことに気づいていた。彼は市民権を「共同社会の完全な成員に与えれられる地位」と定義しつつ，すぐ後に，「市民権は，ある種の絆，共通に所持している文明への忠誠に基づいた共同社会のメンバーシップという直接的な感覚を必要とする」と述べている（Marshall［1950］1992＝1994：52）。すなわち法的地位としての市民権は，「絆」や「共通に所持している文明への忠誠」に依存しつつ，存立しているとしたのである。

内包的定義に基づいて別の表現を用いると，法的地位としての市民権が存立するためには，誰に市民権を付与するかを決定する際に準拠となる共同社会が仮定されている必要がある。前章では，このような市民権付与の準拠となる共

第2章 ポストナショナル市民権は可能か

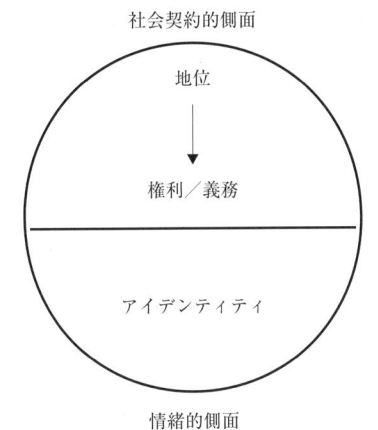

```
        社会契約的側面
           地位
            ↓
         権利／義務
    ─────────────
        アイデンティティ

        情緒的側面
```

図2-1 市民権の概念図

同社会のことを「準拠共同社会」と概念化した（樽本 1997b：275-7）。この準拠共同社会の範囲を定めているのが，「絆」や「忠誠」なのである。

マーシャルが研究対象とした戦後まもなくまでの英国に関しては（別の先進諸国においても時期は異なれ事情は同じなのだが），市民権の発展は「近代国民意識」の発展に依存していた。また同時に，「近代国民意識」の発展は市民権の発展によって強化された（Marshall［1950］1992＝1994：52-3）。この意味で，市民権は法的であるだけでなく文化的概念ともなっている。すなわち市民権は，市民が共同社会を構成するためのアイデンティティとその実践という文化的含意も持っている（図2-1）。

このように，市民権は法的地位としてのみ存立するのではない。人々の共同社会への所属，すなわちアイデンティティの供給という役割をも同時に担っているのである。[7]

---

[7] ここで，市民権観念をめぐる共和主義的伝統とリベラリズム的伝統との相違を見ていないという反論が提出されるかもしれない。例えば，アイデンティティ（そして参加）を市民権観念に含めているのは，共和主義的伝統においてであるとか，またはリベラリズム的伝統の視点からは権利と義務こそ市民権観念の中核であるというように。確かに，2つの市民権的伝統の間にはアイデンティティの扱いに関して強弱はある。しかし，市民権がアイデンティティ要素を持っていることを否定しているわけではない。デレク・ヒーター（Heater 1999＝2002）を参照。

第Ⅰ部　理論的アプローチ

アイデンティティへの「挑戦」なのか

「市民権に対する挑戦か」という問いは，市民権のポスト国民国家モデルが通常モデルか逸脱モデルかという問いであった。市民権が単なる法的地位ではなく，アイデンティティでもあることから，「市民権に対する挑戦」の考察は簡単ではなくなる。法的地位としてだけであれば，移民・外国人がどのような根拠で，どのような権利を享受し，どのような義務を果たしているのかを調べればよい。ところがそれだけでは不十分である。同時にもうひとつの側面，すなわちアイデンティティとして通常モデルか逸脱モデルかという点も考察しなくてはならない。

移民・外国人のアイデンティティは，受け入れ社会のマジョリティからも規定される。国際移民は少なくとも帰化しない限り（そして，しばしば帰化した後でさえも）受け入れ社会に対してアイデンティティを持つことを，「証明できていない」と見なされがちである。例えば，もし「人であること」等を根拠として「新しい市民権」を付与するとすれば，受け入れ社会に対するアイデンティティを持っていない人々に対して，受け入れ社会に対するアイデンティティを要素として含んだ市民権を与えることになる。これは矛盾した状態を導くのではないかと疑問視されるのである。

冒頭の事例に即すならば，日本におけるふたつの問題は単に「権利を与えるか否か」という観点でその是非が問われているのではない。「果たして移民・外国人は，市民権に見合うようなアイデンティティを日本社会に対して持っているのか」という問いを背後に持つ。市民権がアイデンティティをも含意すること，このことが参政権付与問題や非合法滞在者問題に本質的論争性を内在させるのである。

しかし，市民権がアイデンティティの側面を持つということがわかっても，ここからポスト国民国家モデルが通常モデルか逸脱モデルか即座に見極めることができるわけではない。この問いに答えるためには，アイデンティティがどのような社会的メカニズムで存立しているかを考察しなくてはならない。そのために，まずは国民国家がいかに強力なアイデンティティ供給装置であったか

を見ていくことにしよう。

4　国民国家というアイデンティティ供給装置

国民国家のメンバーシップとしての市民権

　市民権は，定義からわかるように独自の論理と根拠を持つ観念である。ところが戦後世界において，市民権は国民国家のメンバーシップと同一視されてきた。市民権に関する戦後の「世界的標準」は，市民権の準拠共同社会を「国民国家」とすることなのである。既に見たように，ブルーベイカー（Brubaker 1989）によれば，国民国家は事実であるだけではなく政治的・社会的メンバーシップに関する理念・理想でもある。そしてメンバーシップは社会契約的原則と情緒的原則に従うという（Brubaker 1989：3-4）。

　社会契約的原則とは，国家と個人の権利義務関係に関する原則のことである。具体的には，メンバーが「平等」「民主性」「単一帰属」「恩恵」といった原則に従うことを，「国民国家」は前提としていた。(8)

　ところが，国民国家は「純粋な」社会契約，すなわち権利義務関係のみを基礎としているのではない。社会契約以外の原則によっても構成されている。それが「ネーションへの帰属」にまつわる情緒的原則である。情緒的原則には，「神聖」「政治と文化の一致」があった。(9)

　重要なのは，国民国家が社会契約的原則だけではなく情緒的原則にも支えられているということである。情緒的原則を別の表現で説明するならば，メンバ

---

(8) 再び説明するならば，権利・義務に関してメンバーは平等でなければならない。二流市民は認められない（「平等」）。また，メンバーは統治，すなわち社会の意思決定に参加しなくてはならないし，統治のメンバーシップは開放的でなければならない。社会の居住者はすべて，統治のメンバーになる方が望ましい（「民主性」）。さらに，どの人もただひとつだけ国家に帰属すべきである（「単一帰属」）。最後に，メンバーシップには恩恵が伴わなければならない。例えば，メンバーであるがゆえに福祉給付が受けられる等の恩恵がなければならない（「恩恵」）。

(9) もう一度触れておこう。メンバーシップは「侵すべからず」という観念を随伴している。メンバーシップを容易に変えてはならない。極端な例として，国家のために犠牲になる用意がなければならない（「神聖」）。また，国家の政治的メンバーシップは，文化的メンバーシップを基礎にして構成されるべきである（「政治体と文化体の一致」）。

ーがある国民国家にアイデンティティを持つことである。市民権一般と同じように，国民国家も社会契約的原則が示す法的地位と，情緒的原則が示すアイデンティティとで構成された二重構造をなしていると理解できるのである。

それでは市民権の国民国家モデルは，市民権一般と比較するとどのような特徴を持っているのだろうか。

領域性の登場

第一に，国民国家モデルは領域性を随伴する。これは市民権一般には必ずしもない特徴である。

まず宗教的側面から領域性を考察しよう。国民国家は1648年のウェストファリア条約に端を発して西欧に登場した政治社会的装置である[10]。キリスト教の中でもローマ教皇を頂点としたカトリックが勢力を占めていた西欧に，キリスト教の新たな一派であるプロテスタントが登場し，宗教的権力と政治的権力の分離が始まった。英国ではヘンリ7世が，自らの離婚問題をきっかけに用いて政治に干渉してくるローマ教会と絶縁し，英国国教会という別の教会を組織した。宗教改革を巡る新旧両教会の対立と宗教戦争も，君主の権力とその政府のイニシアティブの強化につながった。ドイツでは，領邦君主の権力が拡張し，各領邦が主権国家としての位置を確保した。カトリックが優勢であったフランスにおいてさえも，教会はローマ教皇の絶対権を拒否して，フランス王国内で独立した姿勢を保持する方向を選んだ（福井 1996：91-2）。宗教と政治が分離することによって，「信仰の領域化」が生じ，国民国家の基礎となったのである。

次に，封建社会から近代社会への変動という観点から領域性の出現を考察しよう。封建社会における政治的・社会的空間の構成は，ヒエラルキー的で求心的なものであった。封建的体制では，君主がいわば神によって祝福された聖な

---

[10] ただし，ウェストファリア条約によって近代国民国家体制が確定したという定説には，疑問符も付けられている。例えばクラズナー（Krasner 1993, 2001）によれば，ウェストファリア条約を構成するオスナブリュック条約とミュンスター条約の中には神聖ローマ帝国の諸侯たちの国際条約に署名する権利に関する条項は，わずか1行しかなかった。さらにこの権利は，以前から認められていたものだった。むしろ国民国家体制の根幹である内政不干渉の考えが広まったのは，18世紀末の書物によってであったという。

る中心となる。中心となった君主は，個人的な絆によって人々との間に支配従属関係を形成する。社会の境界は，個人的な絆が基盤となっているがゆえに，穴だらけで確定されていない。それに対して国民国家は，水平的で確立した境界があるものとして企画されている。すなわち，領域とメンバーの外延が一致しメンバーの内部が均質になるよう設計され，その実現が目指されたものである。領域とメンバーは，変更不可能だという前提の下に結びつけられ，神聖化された（Jacobson 1996：127）。封建社会の特徴である君主を中心とした求心性が崩れることで，領域性が出現したのである。

　このようにして，国民国家にはふたつの観念が備わった。国家としては，国民国家は正統な暴力を独占する領域的組織となった。国民としては，統治参加資格を持ったメンバーによる結社および集合的アイデンティティの様相を示すようになった。これらふたつの観念がフランス革命を典型的なメルクマールとして融合し，国民国家は近代世界の普遍的な組織化原理となった（Joppke 1998a：7-8）。

　以上のように，市民権の国民国家モデルは領域性を持つに至ったのである。

脱領域化アイデンティティ

　国民国家モデルの持つ領域性という特徴は，移民・外国人のアイデンティティのあり方だと言われるものと比較すると，よりよく理解される。

　デヴィッド・ヤコブソン（David Jacobson）は，次のように述べる。「エスニック集団の多様性とそれらの集団の接触の欠如は，領域に基づいた自己決定の観念を明らかに不可能にする。しかしながら，そのようなエスニック集団が国際的人権を基礎に国家に要求することができる限り，それゆえ国際アリーナで行為者として認識される限り，領域性は自己決定には重要でなくなる」(Jacobson 1996：126）。すなわち彼は，国際的な人権言説が各国の司法的決定を左右するようになり，コミュニティ，政治体，そして国家の本質的関係を変容させたとする。その現れが，領域にとらわれないアイデンティティである。このようなアイデンティティをヤコブソンは「脱領域化アイデンティティ」（deterritorialized identity）と呼ぶ。

　脱領域化アイデンティティは例えば，どこにも所属する領域を持たない移動性で特徴づけられるようなディアスポラ的な変容の結果とされるであろう。また，アイデンティティの核になる文化が絶えず混ざり合っていくクレオール化によって出現するともされるであろう。移民・外国人のアイデンティティが脱領域化しているとするならば，市民権の国民国家モデルと抵触することになろう。なぜなら，市民権の国民国家モデルは，市民権の社会契約的な側面だけではなく，情緒的側面，すなわちアイデンティティの側面をも領域化して取り扱おうとしているからである。そして，ポスト国民国家モデルはそのような脱領域化アイデンティティに対応して出現してきたということになろう。したがって，市民権のモデルにおいて領域性という要素を持つか持たないかは，国際移民の処遇という観点で重要になるのである。

出生地原理と血縁原理

　第二に，国民国家モデルは準拠共同社会の範囲確定のために有効な手段を得た。

　国民国家モデルは，社会契約的原則と情緒的原則により存立しているのだった。そして，社会契約的原則の及ぶ範囲を情緒的原則によって確定していたのである。すなわち，市民権付与の準拠共同社会の範囲を当該社会にアイデンティティを持つ者に限定しようとして，情緒的原則を利用していたのである。

　ところが，国民国家モデルの持つ情緒的原則を構成する「神聖」や「政治体と文化体の一致」を確証する究極的な手段は存在しない。人々は本当に市民権

---

(11) ディアスポラやクレオールという概念で，移民・外国人の状況を把握しようとする研究は多い。しかし，それらの把握は単純になりすぎる危険がある。移民・外国人の複雑な状況を整理するために，例えば梶田孝道（1999）は「民族の混交・共存」か「民族の再分離か」という社会的参加の軸，「公式的なエスニシティ」の重視か「インフォーマルなエスニシティ」の重視かという出生・血縁についての軸，「シビック・ネイション」か「エスニック・ネイション」かという国民国家の類型の軸の3軸を提示している。また，ヤコブソンは次のように言う。脱領域化アイデンティティに適すると期待されるポストナショナル市民権は，西欧と北米においてのみ実現しつつあるのであり，東ヨーロッパはまさに反対のことを経験しつつある。それは，「コミュナル・アイデンティティの領域化」であると（Jacobson 1996:222）。

を「神聖」だと信じているのだろうか。人々は「同一の文化」を共有しているのであろうか。究極的には誰にもわからないし，判定のしようもない。ところが，国民国家モデルは情緒的原則を確認する有効な手段を装備した。その手段とは，出生地原理や血縁原理である。すなわち人々の「国籍＝市民権」取得の適切さを判断するため，出生地や血縁が指標として用いられた。当該社会内で生まれたという事実や，親などの親族が「国民」であるという事実によって，「神聖」や「政治体と文化体の一致」といった原則が満たされていると仮定してきたのである。

この場合，帰化は例外的な場合となる。すなわち，帰化による「国籍＝市民権」の取得は，当該社会の「文化」を体得し，帰化希望者が当該社会の市民権を「神聖」なものと考えている場合に限ると想定された[12]。また，多重国籍は忌避され国際移動の結果生じた事例は，例外的なものとして処理された[13]。

準拠点としての国民国家

もちろん，市民権一般に関しても出生地原理や血縁原理は利用されていた。前に論じたように，血縁原理は古代ギリシアにおいて，出生地原理は古代ローマにおいて市民権付与のために生み出された。ところが国民国家モデルが画期的だったのは，次の点にある。出生地原理および血縁原理は，市民権の国民国家モデルの情緒的原則を十分確認可能にしたように見えたのである。さらにこれら原理は，「神聖」や「政治体と文化体の一致」といった情緒的原則の確証手段となったことによって，「民主性」等の社会契約的原則の適用範囲を確定可能にし，国民を国家運営の「主人」とする政治組織化原理を完結させた。その結果，国民国家はメンバーたちにとってアイデンティティを確認するための究極的な「準拠点」となっていった。すなわち，国民国家は原初的な意味での

---

[12] 血縁原理を採用している社会に比べ，出生地主義を採用している社会では帰化は容易で件数も多い。しかし，理念・理想としての国民国家モデルとしては，帰化は例外的事態だと見なされている。
[13] ところが近年，ヨーロッパ諸国などいくつかの国で多重国籍を容認する傾向が見られている（Faist and Kivisto 2007）。ただし，この傾向が市民権の国民国家モデルを弱めることになっているのかどうかについては，慎重な検討が必要である。

「中心」となり，メンバーは国民国家に準拠して自らのアイデンティティを確証するようになったのである。

　もちろん，「市民権の深さ」は国ごとで異なるし，国の内部においても違いがある。しかし，市民権が多くの人々にとってアイデンティティの強力な源泉であることは否定しえない。多くの主体が死の危険を賭けてもよいと思うほどにまで強力である。また国家はマイケル・ウォルツァー（Michael Waltzer）のいう「正義の領分」を定義する政治的コミュニティを構成する。諸個人が「何が正義か」という観念を持つこと，正義に関して何を基本的に選好するかは，政治的コミュニティにおけるメンバーシップによって決定されているのである（Krasner 1988：74-5）。

　これらのことはまた，国民国家が当該メンバーにとって「聖なる空間」になったことも含意する。非合法移民の入国，またはゲストワーカーの一定期間以上の居住は，単に受け入れ社会の法を犯していることだけを意味しない。それは，聖なる空間に侵入することであり，原初的な中心を犯すことになるのである[14]。

　準拠点となった国民国家では，移民たちは「無害な一時滞在者」と見なされることではすまされない。移民たちは「国民国家＝共同社会」の境界を犯す「脅威」となり，国民国家という共同社会を「堕落させ」「汚す」存在と見なされてしまうのである（Jacobson 1996：131）。

　以上の観点から見ると，「国民国家に対する挑戦」を問題化すべきひとつの理由が，国際移民によるアイデンティティの準拠点への「脅威」だということがわかる。すなわち，国民国家がアイデンティティの供給元であり，国際移民はその尊厳を犯しているというのだ。

　ここで，「国家主権に対する挑戦」を構成する2側面，「国家主権に対する挑戦」と「市民権に対する挑戦」が明確に結びつけられる。国民国家は，市民権付与のための準拠共同社会である。ところが同時に，アイデンティティの準拠点でもある。このとき出入国管理などに関わる「国家主権に対する挑戦」は，

---

[14] ヤコブソン（Jacobson 1996：131）の言う「準拠点」はこのような意味に近いと思われる。

国家の持つ権能への挑戦であると同時に,「アイデンティティへの挑戦」という様相も帯びる。アイデンティティという市民権要素と関わることで,国際移民による「挑戦」は,国家主権と市民権の両者にまたがった現象となるのである。

以上のような考察に対して,次のような疑問が提出されるであろう。確かに,国民国家はアイデンティティの準拠点であろう。しかし,そもそも準拠点であるとはいかなることなのであろうか。「国民国家に対する挑戦」論争の革新派が言うように,普遍的人権などが正統化の原理となることで,「新しい市民権」が国民国家に代わる準拠点となっているのではないか。

この問いに答えるためには,市民権のモデルがアイデンティティの準拠点になるという事態の深層を理解し,次に,「人権」や「居住」と市民権のモデルとの関係を精査しなくてならない。

5 先験的選択と市民権モデルの正統性

先験的選択の否定

ポスト国民国家モデルは「正常」モデル足りうるのであろうか。この問いに答えるためには,まず市民権のモデルがアイデンティティの準拠点になるとはいかなる事態かを考察しなければならない。考察を進めるために,先験的選択という概念を導入しておこう。[15]

国民国家が,権利・義務を定めた社会契約の原則と共に,情緒的原則をも基礎とし,かつ情緒的原則の確認手段を備えた非常に強力なアイデンティティ供給装置となったこと。そしてそのアイデンティティの準拠点を脅かしていることが,国際移民による「国民国家に対する挑戦」という問題の核心であること。これまでの考察で,これらのことを導き出した。しかし,まだ疑問が残ってしまう。なぜアイデンティティを脅かされることが,それほど脅威になるのか。そもそもアイデンティティを脅かされるということは,どのようなことなのか。

---

[15] 先験的選択概念を用いた社会現象の分析は,例えば大澤真幸（2000）が行っている。

ここでいうアイデンティティは，個人を超えた集合的なものとして現出する。集合的アイデンティティは，「ある共同社会に所属することで，『私』が何者であるかを確証していること」と定義できる。共同社会が集合的アイデンティティの集合性を担保してくれるのである。ここで言う「私」とは，基本的には行為者個人のことであるけれども，状況によっては集団にも拡大されることがある。「『私』は日本社会に属しているがゆえに日本人である」「日本人であるから『私』は日本社会に属しているのだ」というような循環的な感覚がアイデンティティである。

アイデンティティは，一般の行為・態度と同じように，論理的には「他の誰でもない『私』である」という「他の可能性に対する選択」を必ず伴う。すなわち，暗黙のうちに「様々な可能性から『私』を選択した」という論理を伴わざるをえない。しかし，アイデンティティが他の様々な行為・態度の選択と異なるのは，「『私』は『私』を選択したのだけれども，この『私』しか選択できなかったのだ」という「矛盾」を抱えていることである。選択という過程は，選択しなかった可能性を想定して初めて成立する。ところがアイデンティティは，その唯一性を前提とする限り，「この『私』でしか『私』はなかった」という論理をも随伴しなければならない。自分はそのアイデンティティをいくつかの可能性の中から選択したのだけれども，その選択は逃れようのない選択だった，というように。このような「矛盾」を伴う選択を「先験的選択」と呼ぼう。先験的選択は，選択しなかった可能性が想定できなければならないにもかかわらず，その可能性は「私」にとっては「経験的には」実現しえなかったという形にならなければならないがゆえに，「先験的」なのである。

市民権の国民国家モデルは，先験的選択を巧みに可能にし，その矛盾を隠蔽したという意味で，高性能の政治社会的装置だった。国民国家モデルでは，「神聖」や「政治体と文化体の一致」の指標として，出生地や血縁が用いられてきた。出生地や血縁は，少なくとも行為者本人には「変更不可能な事実」であり，「否定しがたい事実」である。「国民国家」は，このような「経験以前」を示す指標を利用して先験的選択を構成し，アイデンティティの準拠点となる

ことができたのである。

　ただしこの選択という作業は，出生地や血縁を媒介として一回だけ行えば完了するものでは必ずしもない。「私は日本人である」というアイデンティティは，日々の生活のあらゆる場面で試され，他者からの承認にさらされている。例えば，血縁主義の観点からは「親が日本人だから子どもも日本人なのは当たり前だ」と判断されるかもしれない。しかしその子どもは，成長していく過程で自らのふるまいや態度により「確かに自分が日本人である」ことを周囲の他者から承認され続けて「日本人」であり続ける。さらに「日本人」というアイデンティティ選択肢は，「日本人」以外には開かれていない。そのような矛盾した無限の選択行為が「アイデンティティの先験的選択」なのである。

　移民・外国人への権利付与が政治的アジェンダになると，このアイデンティティ選択の先験性が問題化する。移民・外国人は，先験的選択であるはずのアイデンティティを「経験的に選択しようとしている」のではないかと。外国人への地方参政権付与や非合法移民の滞在許可は，少なくとも副作用としてこの先験的選択の否定の懸念をホスト社会のメンバーに対して与えてしまう。国際移民問題の本質的論争性は，「本来経験的に選択されるべきでないアイデンティティ」の先験性の否定が人々に引き起こす感情に基づくのである。「国民国家を守ろう」と唱える「国内派」は，この本質的論争性を国民国家モデルの維持で解消しようとする。一方，移民・外国人に参政権や滞在許可を与えようと唱える「国際派」は，国民国家を「破壊」することで，本質的論争性を解消しようとしているのである。

普遍的人権と先験的選択

　市民権のポスト国民国家モデルには，「人権」を根拠にするものと「居住」に根拠を求めるものがあった。「アイデンティティの先験的選択」という問題に対して，「人権」に根拠をおいたポスト国民国家モデルは有効に働くのであろうか。先験的選択という観点から，ソイサルの言うポストナショナル・メンバーシップを考察すると，普遍的人権が市民権モデルの正統化原理としては

「脆弱である」ことがわかる。普遍的人権とは，「人であること」（personhood）を根拠に様々な権利を移民・外国人に付与することを含意していた。それでは，普遍的人権はどのような「選択しなかった可能性」からアイデンティティを選択したことを示すのだろうか。それは，「人でないもの」に他ならない。確かに，「人でないもの」から「人」を選ぶというアイデンティティの「選択」はある種の先験的選択に他ならない。それは，「選択」する際「選択しなかった可能性」を随伴しており，かつ「選択しなかった可能性」は経験的には「選択できなかった」わけであるから。

ところが，普遍的人権がもたらす先験的選択は十分には機能しない。「選択しなかった可能性」が「人々」の内部に設定されてはいないからである。まず，「人」が「人ではないもの」にアイデンティティを設定することは，通常はできない。さらにこのアイデンティティは，共同社会への所属をも含意するものでなくてはならない。「人ではないもの」と社会契約の基礎となる共同社会を形成することもできない。権利・義務を含意する社会契約的関係を結ぶことは不可能だからである。

ここに，普遍的人権に依拠するタイプのポスト国民国家モデルが通常モデルであると判断しかねるひとつの根拠がある。市民権のモデルは，人間社会の内部においてある種の排他性を設定することでしか，適切な先験的選択の様相を帯びることができないのである。

普遍的人権型のポスト国民国家モデルの以上のような限界は，市民社会と民主主義の論理に含意を与える。一定の平等性や公正性を志向する市民社会は，現実的で具体的な広がりの限界の中でしか，そのような平等性や公正性を実現できない。これは民主主義が抱える矛盾である。市民社会の対内的な権利の平等は，対外的な閉鎖によって可能になる。メンバーの権利の伸張は，メンバーシップの制限が前提になる。これは民主主義にとっての根本的なジレンマなのである（小井土 2003：376-7；Walzer 1983＝1999）。

居住と先験的選択

　次に，「居住」に依拠したタイプのポスト国民国家モデルである。果たして，「居住」は新たな市民権モデルに正統性を供給できるのであろうか。

　市民権モデルの正統化原理として，「居住」は危うい位置にある。普遍的人権と比較しよう。前述したように，普遍的人権は「人々」の内部での排他性を原理上つくりだすことができない。一方「居住」は「人々」の内部である程度の排他性をつくりだすことができる。すなわち「居住」に基づいたアイデンティティは，「人々」の内部に「選択しなかった可能性」をつくりだすことができる。国民国家が領域性を不可欠の要素として持ち，「人権」が領域性を否定する効果を持つのに対して，「居住」という原理は「居住地」という領域に依存している。このような意味で，「居住」は脱領域化していく人々のアイデンティティを再び領域性へと回収し，市民権モデルに正統性を与えようとする原理だと言える。現在実施されている市民権的な権利付与政策には「居住」が基準となっているものがある。それらの政策が実効性を持つ背景には，以上のような「居住」の機能が関係している。

　しかし，「居住」は市民権のモデルに先験的選択の様相を与える機能を十分果たすことができるのであろうか。第一に，「居住」は「他の別の場所ではなく，ここに住む」という「他の可能性に対する選択」という要件を満たすことはできる。ところが第二に，その選択が先験的選択となるためには，「他の別の場所」を経験上選択することができないか，それが極めて困難であるということが示されなくてはならない。ところが「居住地」を変えることは，かなり容易な場合が多いように社会の当事者たちには見える。確かに，移民・外国人には国境を越えてきたという意味が付着しているものの，グローバル化が進んでいる現在，国際移動に関してでさえも「居住地」を変えることはかなり容易だと見えてしまうのである。この「居住」の「経験的な選択可能性の高さ」という性質は，出生地原理や血縁原理と比べるとより際だってしまう(16)。

　移民・外国人のアイデンティティが脱領域化していく中で，領域性を基礎とする国民国家モデルが疑問視される。しかし，「人々」の内部にある種の排他

性を実現するために,再び領域性への依存が求められる。このとき利用されているのが,「居住」のもたらす領域性である。しかし,「居住」は先験的選択をつくりだすことができない。すなわち,国民国家モデルを代替可能かどうかという観点から見ると,市民権のモデルを「正常なもの」と確証する正統化原理とはなりえないのである。

多文化主義と先験的選択

「人権」や「居住」に基づいたポスト国民国家モデルを検討するまでもなく,すでにいくつかの社会は新しい市民権のモデルを採用しているではないか。このような疑問が提出されるかもしれない。このとき想定されている市民権モデルで最も普及しているものは,「多文化モデル」と呼ばれるものであり,そのモデルを支える原理は「多文化主義」と呼ばれる。

多文化モデルは,具体的な政策を見るといくつかに分類できる。よく用いられる簡潔な分類は,「合衆国モデル」と「西欧モデル」である (Joppke 1998a: 33-6)。

合衆国モデルは,アファーマティヴ・アクションによって特徴づけられるタイプである。奴隷制度を起源とする人種差別の歴史に対する反省として,エスニック・マイノリティを雇用,教育等の社会領域で優遇しようという政策に,多文化主義が現れるのである。

それに対して西欧モデルは,歪曲した大衆の認識の是正や,「寛容の精神」の形成といった政策で特徴づけられる。西欧モデルが合衆国モデルとは異なる形に発達した理由として,西欧諸国は奴隷の輸入に深く関わらず,第二次大戦後のゲストワーカーの処遇が焦点になったこと,エスニックな含意を持つ「ネイション」(nation) を基盤とした国家形成を遂行したことが挙げられる。

---

(16) 難民は,「自分の社会のメンバーであり続けることができない」という意味で,アイデンティティ選択の先験性を構成しうると考えることができるかもしれない。しかしその先験性は,「自国で政治的迫害などを受けるため仕方がない」,「他の国家も受け入れ可能ではないか」といった消極的なものである。その結果,国家はその主権への脅威などから難民受け入れに抵抗していく。例えば,本書第8章を参照。

このような多文化主義は，その内部に多様性をはらみながらも，次のような共通の性質を持つ。憲法や法律等で規定される政治的共同体を「国民」と定義し，新規来住者でも政治的秩序を尊重すれば新しいメンバーとする，そしてメンバーの文化的相違やエスニック・コミュニティの形成も受け入れる。オーストラリア，カナダ，スウェーデンでは根付いており，オランダ，合衆国，英国でも導入されているとされる（Castles and Miller 1993 = 1996 : 43）。

多文化モデルは国民国家モデルとどのように異なるのであろうか。アイデンティティの先験的選択の観点から，次のように考えられる。多文化主義の持つ市民権的含意を最もよく定式化したのは，アイリス・マリオン・ヤング（Iris Marion Young）とウィル・キムリッカ（Will Kymlicka）であろう。ヤング（Young 1990）は，「普遍的で平等な扱い」が多くの場合優位な集団の経験に基づいているため，不利な集団は政治的意思決定から排除されるなど不利な状態から抜け出せない。そこで，「差異化した市民権」（differentiated citizenship）を導入すべきだと提唱した。キムリッカ（Kymlicka 1995 = 1998）は，リベラルな民主主義政治でさえ学校，法廷，行政の公用語や公休日の選定などの過程で，マイノリティに対して疎外感を与えたり不利で不正義な状態を起こしかねないという。そこで，エスニック文化権（polyethnic rights），特別代表権（representation rights），自治権の可能性を含む「多文化市民権」（multicultural citizenship）を実現すべきだと主張した。ヤングの言う「差異化した市民権」も，キムリッカの言う「多文化市民権」も，国家と個人との間にある種の属性に基づいた中間的な忠誠を差し込むことになる。国家と個人の間の，無媒介的な忠誠の関係は相対化され軽視されうる。その結果，市民権の国民国家モデルは相対化されてしまうのである（Joppke 1998 a : 23-4）。

またユルゲン・ハバーマス（Jürgen Habermas）は，ヨーロッパ統合において多文化的な状況が存在したとしても，共通の政治文化が人々に統合への自覚を促すと言う。「自分自身のナショナルな伝統は，それぞれの場合において，他のナショナルな文化の視点に関連づけられ，その視点によって相対化されることによって，適切なものだとされなくてはならないだろう。［そして］ナショ

ナルな伝統は，ヨーロッパ共同体における超国家的に共有された共通の政治文化という重なり合った合意に結びつくに違いない」(Habermas 1992：7)。しかし，ある種の文化が各下位文化を包摂するような上位のものとなり共同社会の基礎となるためには，その上位になるべき文化が，先験的選択の論理を身にまとう必要がある。

確かに，多文化主義を改変し市民権の国民国家モデルに合うようにする動きもあると言われる。例えば近年のオーストラリアにおいて，多文化主義がもたらすかもしれない社会的分裂を防ぐため，文化の唯一性や不変性を批判する反本質主義が提唱されている。ところが，反本質主義は文化に基づいた各集団の一体性を損ない，ネオリベラリズムに力を持たせ個人のエンパワーメントを無力にする。そして反本質主義に基づく多文化主義は，事実上多文化主義の性質を失っていくのである。その結果，多文化主義の信奉者たちは本質主義的側面を再び強調していくことになる（塩原 2005）。

すなわち，多文化主義は次のような問題を引き起こしてしまう。

第一に多文化主義は，市民権の国民国家モデルの情緒的原則のひとつである「政治体と文化体の一致」を変更することで，国民国家モデルを変容させてしまう。そして「神聖」をも危うくする。このことはアイデンティティの観点から次のように換言される。多文化主義は，国民国家より下位の単位を共同社会にすること，移民・外国人がその下位の共同社会にアイデンティティを持つことを積極的に促進する危険をはらむ。このときアイデンティティは，「様々な下位の単位への所属を選択した」という様相を帯びるわけである。エスニック集団のような「下位単位」は，アイデンティティ選択の「先験性」を言語，宗教，習慣等の様々な文化的アイテムを用いて形成しうる。しかし，そのような「下位単位」だけで共同社会の社会契約的側面を充足しきることは難しい。他の「下位単位」との間の社会統合も問題になりうる。多文化主義の下では，出生原理も血縁原理もうまく作動しない。当該社会の領域内で生まれたとしても，また父母や祖父母が「国民」であったとしても，国民国家レベルで「共通の文

---

(17) 後の英国の事例で詳説するように，これは"a community of communities"問題である。

化」が形成されるとは判断されず,「下位文化」が再生産されるだけだと捉えられてしまう。このとき,移民・外国人が「国民国家」をアイデンティティとして選択したと主張したとしても,その選択は下位単位の選択と比較すると,「先験的」なものではなく,より「経験的に」すなわち「変更可能性を保持したまま」選択したのではないかと当事者に解釈されうるのである。

第二に,多文化主義はどのような種類の「下位単位」を共同社会として許容するのかについての妥当な基準を持ち得ない。例えば英国に即して言うならば,「多文化人種関係」は人種集団間の「多文化」を涵養しようという合意の下にある。ところが,イスラム教徒を典型とする宗教集団はこの「多文化」に異議を申し立て,「宗教」を「多文化」の枠組みに組み入れるよう要求している (Favell 1998)。このように,様々な「文化」の中で新たなカテゴリーに基づく多文化的施策が要求されたとき,多文化主義は制限を課す基準を持たない。その結果,ホスト社会内の社会的緊張を高めかねないのである。

以上のような問題がありながらも,カナダ,オーストラリアはもちろんのこと英国などヨーロッパ諸国を含む多くの先進諸国が少なくとも事実上,多文化モデルに移行しているのである。先に,「人権」や「居住」のような正統化原理に依拠した市民権のポスト国民国家モデルが国民国家に対する代替モデルとなるかどうかを議論した。ポスト国民国家モデルと対比すると,多文化モデルは正統化原理を欠いたまま国際移民の流入によって「事実上の標準」となってしまった市民権のモデルのように見えてくる。各国は,多文化モデルが随伴する問題にいかにして対応しているのであろうか。

6 アイデンティティ選択の先験性を超えて

本章の問いは,「市民権に対する挑戦」という側面に関して「国民国家に対する挑戦」が生じているのか否か,すなわち,国民国家モデルに代わり出現してきたとされるポスト国民国家モデルが,通常モデルなのか,それとも逸脱モデルなのか,というものであった。これまでの考察から,次のことが明らかに

なった。

　第一に，市民権は法的地位を示すだけではなく，アイデンティティをも含意していた。そして，アイデンティティは先験的選択として実現されるべき現象であった。しかし，普遍的人権を正統化原理とするタイプのポスト国民国家モデルはアイデンティティ選択の先験性を形成することができなかった。この意味で，ポスト国民国家モデルは市民権の安定した通常モデルとは言い難いのである。

　第二に，居住原理の採用はポスト国民国家モデルの持つ先験的選択の否定を「隠蔽」する現在では有力なやり方である。「居住」によって根拠づけられることの多い帰化，二重国籍，地方参政権付与といった市民権政策は，現在のところ国民国家モデルとポスト国民国家モデルとの間に「均衡点」を形成しているように見えるかもしれない。しかし既に考察したように，「居住」は出生地原理や血縁原理ほど強固にアイデンティティ選択の先験性を形成することができなかった。すなわち，「居住」に依存している以上，この「均衡点」は「安定点」とはなりえないのである。[18]

　第三に，冒頭のふたつの事例に対する含意を述べよう。外国人への参政権付与問題や非合法滞在者問題が「国民国家に対する挑戦」と捉えられてしまう理由は，その本質的論争性にある。それらの事例が「共同社会＝アイデンティティ」の選択の先験性を否定し，選択の経験性を開示していると受け入れ社会の当事者たちに受けとめられるため生じるのである。移民・外国人はアイデンティティを先験的に選択したのかどうか。そもそも経験的に選択しようとしているのではないか。このような疑問がふたつの事例を社会問題へと社会的に構築してしまうのである。

　果たして，アイデンティティの先験的選択を乗り越えることができるような新たな市民権のモデルが形成されるのであろうか。形成されるとすれば，その

---

[18] 渡戸（2007）は「居住」に期待をよせる現実主義的な考えを述べている。本書でも繰り返し述べているように，実践上「居住」は市民権の施策の根拠として頻繁に使われている。ただし，原理上は補完的な根拠に留まるという点が本書の強調するところである。

ときの「共同社会」とはいかなる形態のものなのか。「新しい市民権」の原理的な困難にもかかわらず，ヨーロッパ統合のような現実的な動きが先験的選択を乗り越えてしまうのであろうか。いずれの選択肢が有力になろうとも，先験的選択を越えたところにこそ市民権のポスト国民国家モデルが通常モデルとなる地平が広がっているのである。以上のような原理的な困難さにもかかわらず，なぜ多文化主義的な市民権政策が世界的な「事実上の標準」となっていったのであろうか。どのような原理的，社会的緊張関係が存在するのだろうか。このような疑問を探究するため，次章からは英国と日本の経験を追尾していくことにしよう。

第II部

多文化市民権と社会秩序の親和性と相克性

―英国の事例―

第3章

英国の多文化化過程と市民権制度の変遷

1 英国における国際移民と市民権

　国際移民の増加と共に，市民権制度はどのように変容していったのであろうか。前章までは「新しい市民権」など市民権の新しいモデルの可能性と限界を理論的に考察していった。本章からは具体的な事例に即して考察していくことにする。探究のポイントは次の点に置く。「新しい市民権」が原理上の限界を抱える中，市民権の多文化モデル（以下，多文化市民権と記す）はいかにして広がってきたのか。どのような問題点を抱えているのか。これらの問いを考察するため，第Ⅱ部では3つの章にわたって英国をとりあげる。多文化市民権は，オーストラリア，カナダ，スウェーデンですでに根付いているとよく言われる。一方，オランダ，合衆国などその他の国でも盛んになってきたとも言われる(Castles and Miller 1993＝1996：43)。T. H. マーシャル（Marshall［1950］1992＝1994）が市民権論を切り開いた研究でとりあげた英国は，市民権を早期から発達させた国であり，かつ多文化市民権を制度化してきた国のひとつである。また，多くの移民を受け入れ，その対処を主要な政治的課題にしてきたことからも，国際移民と市民権の関係性を考察するために最も望ましい国のひとつと考えられる。

　まず，本章では英国に国際移民が流入する過程，およびそれに付随して「帝国」という政治的枠組みがゆるやかに解体していく過程を，市民権の準拠共同

社会の視角から概観していく。具体的には，新英連邦・パキスタン系移民と市民権との関係が主な焦点となる。

市民権を巡る移民政策には2種類が区別される。第一に狭義の移民政策であり，移民の出入国管理を対象とするものである。これを本書では移民フロー政策と呼ぶ。第二に広義の移民政策に属するものであり，既に国内に居住している移民を対象としたいわゆる社会統合政策である。「移民の社会統合とは何か」という問いに対して既存の研究は統一した解答を示してきたとは言えず，ましてや実務家など社会当事者間の1次理論においては様々な考えが錯綜している。(1) しかし，移民の統合が必要不可欠な社会的目標であることは，人々の間に共同主観化されてきた。このような移民の統合に関わる政策を，本書では移民ストック政策と呼ぶ。移民フロー政策と移民ストック政策の歴史的展開と相互の関連を追うことで，新英連邦・パキスタン系移民が市民権をどの程度行使・享受可能だったのか，さらにその可能性がどのように縮減されていったのかを見ていくことにしよう。このような作業を英国に施すことを通じて，多文化市民権の可能性と限界が明確化されるのである。

2 移民の流入過程

既に前で概観したように，1980年代から2000年代にかけて経済協力開発機構（OECD）に加盟している主な先進諸社会では，外国人が一定程度滞在しているものの，その全人口に対する割合は様々である（表序-1）。日本を基準として考えれば，ほとんどの社会がより多文化な社会のように見える。さらに，表序-1の数値の中には帰化した人々や既に市民権を保持している人々は含まれていない。特に英国には，「新英連邦およびパキスタン」からの移民が多い。その移民たちは，旧植民地に所属していたことから英国本国の市民権を既に所持しており，数値には含まれていないのである。

1999年時点で，英国の総人口約5,307万4,200人のうち約378万7,200人

---
(1) 1次理論と2次理論については，盛山（1995）を参照。

第3章　英国の多文化化過程と市民権制度の変遷

表3-1　新英連邦生まれの居住者（千人）

入国年	1955以前	1955-64	1965-74	1975-84	不明	合計	白人系（％）
カリブ諸島	18	146	52	8	18	242	5
インド	61	87	148	64	23	382	18
パキスタン	5	41	72	63	9	189	2
東アフリカ・南アジア系	6	16	113	49	9	192	13
バングラデシュ	0	5	10	20	2	38	0
アフリカその他	7	9	22	30	7	75	31
極東	10	23	44	38	3	118	36
他の新英連邦	41	52	49	16	7	164	75
新英連邦全体	147	379	509	288	77	1400	21

出所：Labor Force Survey（1984）

(7.1％）が非白人系の移民と推定される。移民の中で戦後の入移民の主役となったのは，カリブ系（79万8,500人），インド系（92万9,600人），パキスタン系（66万2,900人），バングラデシュ系（26万7,900人），中国系（13万6,700人）であり，合わせると英国の「エスニック・マイノリティ」人口の74％を占める（Owen et al. 2000：9）。以下では，これらの新英連邦・パキスタン(the New Commonwealth and Pakistan, the NCWP)からの移民たちを巡る移民政策が主な対象となる。
(2)

移民たちは，各出身地域ごとにある程度時期を異にして移動してきた。「新英連邦及びパキスタン」出身の居住者がいつ英国へ入国したかを見よう（表3-1）。初めにカリブ系，そしてインド亜大陸のインド系とパキスタン系，重なるようにして東アフリカ経由の南アジア系，60年代あたりになるとバングラ
(3)
デシュ系という変遷を緩やかにたどっていることがわかる。カリブ系の流入の
(4)
頂点が1960年代の前半であり，インド系とパキスタン系の流入の頂点が1960年代終わりから1970年代の初めである。東アフリカ・南アジア系の流入は，60年代終わりから70年代初めである。バングラデシュ系は少数ながらも70年代

---

(2) 中国系の多くが新英連邦に属していた香港の出身者であると推測される。
(3) ほとんどがインド亜大陸から東アフリカ諸国に渡った移民であり，後述するように東アフリカ諸国の政情不安定のために英国へと渡った者たちである。以下，東アフリカ・南アジア系と表記する。
(4) 正確に言うと，バングラデシュがパキスタンから独立したのは1971年であり，それ以前は「東パキスタン」(East Pakistan)からの移民ということになる（Peach 1990：481-4）。

後半から 80 年代前半になっても増加の傾向を見せている。しかし,「新英連邦及びパキスタン」からの移民は,概ね 1983 年までには終了したと言われる (Owen 1996:80-1)。

以下では,新英連邦・パキスタン系移民との関連を中心にして,時代的局面ごとに英国の市民権を規定する準拠共同社会を概念化していくことにしよう。

3 「帝国」の時代

第二次大戦以前における英国移民政策

英国は,基本的に新大陸等へ移民が流出していく国であった。19 世紀前半の段階ではアイルランド系移民が国内に居住していたものの,移民政策は皆無に等しかった。英国で移民政策が本格的に政治的課題として浮上したのは,1881 年アレクサンドル 2 世の虐殺にあったアシュケナージと呼ばれるユダヤ系ロシア人が流入してからである。1905 年外国人法（Aliens Act）を初めとして,1914 年外国人制限法（Aliens Restriction Act）,1919 年外国人制限（改正）法（Aliens Restriction (Amendment) Act）,1920 年外国人規定（the Aliens Order）が制定された。これらの法は,移民に対する入国制限,国外退去,居住地域制限を行う権限を移民審査官,内務省,警察等に与えた。移民がそのような権限に服さなくてはならないのは,自らで生計維持等ができない場合である。1920 年外国人規定によれば,外国人が「自分や自分の扶養者の生計を維持できる立場に」ないときには入国の許可は与えられるべきでないとした（第 1 条）。さらに,入国後 12 か月以内に,「生計維持の手段がはっきりせず,教区の救済」を受け「放浪していた」と裁判所が認めた場合には,国外退去の対象になる（第 12 条）としたのである（Gordon and Newnham 1985:6-7 ; Macdonald 1987:7）。

重要なのは次のことである。これらの法における「外国人」(alien) とは英

---

(5) 本書では,新英連邦・パキスタン系移民に焦点を当てるものの,アイルランド系移民に関する問題を否定するものではまったくない。在日コリアン等で構成される日本のオールドカマーと英国のアイルランド系移民とを比較して論じようとする試みについては,佐久間 (2011) を参照。

連邦の外部の人々を指すのであり，英連邦の内部に含まれ戦後流入してくることになる新英連邦・パキスタン系移民は「外国人」ではなかった。

　英連邦には2種類が区別される。ひとつめは，カナダ，オーストラリア，ニュージーランドなど第二次大戦以前に独立した国々で構成される「旧英連邦」（the Old Commonwealth）。もうひとつは，ジャマイカ，インド等第二次大戦以後に独立した国々が属する「新英連邦」（the New Commonwealth）である。しかしいずれにしても英連邦は大英帝国の「残像」である。すなわち，英連邦とは英国という宗主国と，植民地，保護国で構成された大英帝国が新たな政治的枠組みへと移行したものである。したがって英連邦は，事実上「帝国」であると認識されていた。さらに言えば，戦後に流入する移民たちは，白人系移住植民地を上位にした「帝国」のヒエラルキーの中で中位以下の国・地域からやってきたのである。[6] このような意味で，第二次大戦以前の英国は英連邦，すなわち「帝国」（empire）という政治領域を準拠共同社会にしていたと言える。

ヨーロッパ難民という「労働力」の導入

　第二次大戦終結前後，英国移民政策は，「帝国」に準拠しつつも英連邦外部の非市民の入国を完全に排除したわけではない。むしろ積極的に移民の導入を図った場面もある。

　この時期英国政府は，ポーランド人再定住法（Polish Resettlement Act）とヨーロッパ志願労働者（European Volunteer Workers, EVWs）計画を導入した。1947年に制定されたポーランド人再定住法によって，英国軍に加わって戦ったポーランド系元兵士とその家族が総計で約13万人やってきたと推定される（Tannahill 1958：4-7）。また，ドイツの敗戦後，故国に帰れない，または帰りたくない難民がいくつかのキャンプで生活していたため，英国労働党政権はこの難民たちを労働者として募ろうとした。ヨーロッパ志願労働者としてやってきたのは，バルト三国，ウクライナ，ユーゴスラヴィア，チェコスロバキアの各出身者や，

---

[6] 英連邦が「帝国の残像」である理由，および「帝国」のヒエラルキーについては，木畑（1994）を参照。

ズデーテンのドイツ系，アフリカ等のポーランド系といった約8万人の人々とされる (Tannahill 1958 : 5-6, 30-3)。

このように英国は，「帝国」という準拠共同社会の下で市民ではなかった東ヨーロッパの人々を移民として導入した。確かに英国政府は，戦後処理に伴い難民救済を行うという道義的責任を持っていた。ポーランド系移民等はソ連による支配を恐れ英国への移住を望んでいた。しかしその背後には，東ヨーロッパからの移民を導入することで未熟練労働を中心とした労働力不足の解消を図るという経済的動機が英国側に存在したのである。実際移民たちが得た職は，看護婦見習，家事手伝い，ホテルの給仕，繊維工業労働者といった，労働力不足が深刻になっていた産業の未熟練の仕事口においてだったのである。また移民たちは，転職等に関して法律の拘束を強く受けていた (Tannahill 1958 : 123-8)。

4 「国民国家」への接近

「帝国」の解体──カテゴリー化・本土出生・旅券所持

第二次大戦後，「帝国」という準拠共同社会は解体していくことになる（表3-2）。まず，1948年英国国籍法（British Nationality Act）が制定され，英国に関わる人々が以下のカテゴリーに分けられた。「英国臣民」（British subjects）「英国保護領民」（British protected persons）「アイルランド共和国市民」（Irish citizens）「外国人」（aliens）の4カテゴリーである。「英国臣民」は，後に入国規制が導入され，「英国および英領植民地市民」（Citizens of the United Kingdom and Colonies, CUKCs）「英連邦独立諸国市民」（Citizens of independent Commonwealth countries）「市民権のない英国臣民」（British subjects without citizenship）[7]という3つの下位概念にさらに分割された。新英連邦・パキスタン系移民は「英国臣民」というカテゴリーの中の「英連邦独立諸国市民」という下位カテゴリーへ

---

[7] 「市民権のない英国臣民」とは，1949年以前に出生した英連邦独立諸国居住者で，英国および植民地市民権を取得しなかった英国臣民を主に指す (Macdonald 1987 : 80)。

表3-2 移民に関する英国の主要な法制

1905	外国人法（Aliens Act）
1914	外国人制限法（Aliens Restriction Act）
1919	外国人制限（改正）法（Aliens Restriction (Amendment) Act）
1920	外国人規定（the Aliens Order）
1948	英国国籍法（British Nationality Act）
1950年代前半	カリブ系移民の流入始まる
1962	英連邦移民法（Commonwealth Immigrants Act）
1960年代前半	インド亜大陸からの南アジア系流入始まる
1965	人種関係法（Race Relations Act）
1960年代半ば	東アフリカ諸国から南アジア系住民の流入
1966	地方政府法（Local Government Act）
1968	英連邦移民法（Commonwealth Immigrants Act）
	イノック・パウエルによる「血の河」演説
	人種関係法（Race Relation Act）
1969	移民上訴法（Immigration Appeals Act）
1971	移民法（Immigration Act）
1973	ヨーロッパ共同体に加盟
1976	人種関係法（Race Relation Act）
1979	サッチャー保守党政権誕生
1981	英国国籍法（British Nationality Act）
	ロンドン・ブリクストンなどで「人種暴動」
1983	この頃，新英連邦・パキスタン系移民の移動終了
1985	香港法（Hong Kong Act）
1987	移民（旅客輸送会社責任）法（Immigration (Carriers Liability) Act）
1988	移民法（Immigration Act）
1990	英国国籍（香港）法（British Nationality (Hong Kong) Act）
1993	庇護及び移民上訴法（Asylum and Immigration Appeals Act）
1996	庇護及び移民法（Asylum and Immigration Act）
1999	移民及び庇護法（Immigration and Asylum Act）
1998	人権法（Human Rights Act）
2000	人種関係（改正）法（Race Relations (Amendment) Act）
2001	イングランド北部の3都市で「人種暴動」
2002	英国海外領土法（British Overseas Territories Act）
	国籍・移民及び庇護法（Nationality, Immigration and Asylum Act）

出所：Macdonald (1987); Solomos (1993); 柄谷 (2003)

第Ⅱ部　多文化市民権と社会秩序の親和性と相克性

表3-3　英国国籍法（1948）と入国規制による市民権カテゴリー

英国臣民 （British subjects）	英国および英領植民地市民 （Citizens of the United Kingdom and Colonies, CUKCs） 英連邦独立諸国市民 （Citizens of independent Commonwealth countries） 市民権のない英国臣民 （British subjects without citizenship）
英国保護領民（British protected persons）	
アイルランド共和国市民（Irish citizens）	
外国人（Aliens）	

とカテゴリー化されたのである（表3-3）。カテゴリー化は，新英連邦・パキスタン系移民を他の人々と区別するという重要な機能を果たした。しかしこの段階では，英国への入国を規制されるのは「外国人」だけだった（Macdonald 1983：72-3）。

解体の第二段階は1962年英連邦移民法（Commonwealth Immigrants Act）である。1950年代にカリブ系移民が急増し，同年代後半いわゆる「人種暴動」（race riots）が頻発したことを受けて，英国史上初めて移民法が制定された。この移民法は，1948年国籍法のカテゴリーの内，「英国臣民」「英国保護領民」「アイルランド共和国市民」の中に出入国管理の対象者をつくりだした。出入国管理の対象とならないのは，次の者だけである（Macdonald 1987：10-2）。

(a) 英国本土で出生した者。
(b) 英国政府によって発行された英国旅券を有する者。植民地政府や英連邦諸地域の政府によって発行された旅券を有する者は除かれる。
(c) 上の(a)または(b)の理由で出入国管理の非対象者となった者の旅券に記載されている者。

本土出生と所持する旅券の種類を新たな条件とするこのような内容は，英連

---

(8) アイルランド共和国市民には，歴史的な経緯と国境管理の難しさから無制限の入国と居住の権利が与えられた。

邦独立諸国市民であった新英連邦・パキスタン系移民を事実上，出入国管理の対象にしようとするものである。新英連邦・パキスタン系移民の大多数が上記の（a）（b）（c）にはあてはまらなかった。

バウチャー制度という労働力調達方法

しかしまだこの段階では新英連邦・パキスタン系移民は完全に入国を拒否されたわけではない。拒否されなかったひとつの有力な理由は，戦後の復興のために多くの労働力が必要であったことである。そこで，新英連邦・パキスタン系移民を出入国管理の対象としつつ，かつ「労働力」として入国させる制度が工夫された。バウチャー制度である。

英連邦独立諸国市民は，英国へ入国して就業するために英国労働雇用省発行の雇用証明書（employment voucher）を所持する必要があるとされた。雇用証明書は，仕事に必要とされる技能に応じて，カテゴリーＡ，Ｂ，Ｃと3種類に分けられた。このバウチャー制度は，技能の難易度の観点から労働力を分類できるため，移民管理と労働力調達を同時に可能にする制度と考えられた。しかし結果的には，未熟練労働者を許容するカテゴリーＣを利用してインド，パキスタン出身の南アジア系移民が多数流入したため，数々の議論の末，1965年労働党政権によってカテゴリーＣは廃止された（Macdonald 1987：193）。

東アフリカからの南アジア系移民——出生・養子縁組・帰化・登録

1962年から64年にかけて英国から独立したケニア，ウガンダ，マラウィで，1960年代後半にアフリカ民族主義運動が高揚し，それら諸国に居住していた南アジア系の英国旅券保持者が1965年頃から英国へ流入してきた。この東アフリカ・南アジア系移民に対して英国国内では反移民キャンペーンが繰り広げられ，1968年英連邦移民法（Commonwealth Immigrants Act）が制定された（Layton-Henry 1985：104, 1992：51-2）。この移民法は，本人，父母，祖父母のうち少なくともひとりが，出生，養子縁組，帰化，登録で英国市民になっていなければ，出入国管理の対象になるとした。つまり，英国の旅券を持っているだけで

は，自由に入国・居住することはできなくなった。市民権の取得者本人または市民権取得者の子か孫であることが自由な出入国の条件となり，「帝国」はさらに解体されたのである（Macdonald 1987 : 10-1）。

「統合」への志向──人種差別の禁止

これまで「帝国」の解体は「内」と「外」を確定していく作業であった。すなわち「外」からやってくる移民をいかに制限するかを課題としてきたのである。それに対して，既に「内」に入り居住している移民への対処にも英国政府は迫られるようになっていた。

問題はふたつあった。ひとつめは，労働市場や住宅市場等における競争相手が現れたと，白人系マジョリティが移民を快く思っていなかったこと。もうひとつは，移民たちが諸機会の平等から排除されていると不満をためていたこと。これらの問題は，人種間コンフリクトの潜在的な原因として把握されていた（Solomos［1989］1993 : 83）。1965年の白書『英連邦からの移民』（*Immigration from the Commonwealth*）や，ロイ・ハタスリー（Roy Hattersley）国会議員の「（入国）管理なき統合は不可能であり，統合なき（入国）管理は擁護できない」という言明に象徴されるように，移民の「統合」のための政策が必要であるという認識が広まった（Solomos［1989］1993 : 83-4）。

そこで法的な対応策として，1965年と1968年に人種関係法（Race Relations Act）が制定された。1965年人種関係法では，人種差別を廃絶し「良き人種関係」を形成するという「統合」へ向かう政府の姿勢が示された。具体的には，ホテル，レストラン，娯楽施設，公共交通のような公共の場における人種に基づく差別が禁止された。人種差別的な発言や印刷物の配布・出版を違法としたのである（Bourn and Whitmore 1996 : 12，若松 1995 : 27）。しかし，公共の場だけに関する法律であり，まだ適用範囲は狭かった。そこで，1968年には人種関係法の改正法案が提出された。ちょうどアメリカ合衆国のロサンゼルスではワッツ暴動（Watts riots）が起こる等，合衆国の諸都市で「暴動」が起きていた。このような「暴動」が英国に飛び火することを恐れ，人種関係に関するさ

らに厳しく実行力のある法が望まれたのである（Bourn and Whitmore 1996 : 12）。

1965年人種関係法では，人種関係局（Race Relations Board）が人種差別事件の調停機関として設置された。1968年人種関係法では，人種関係局に独自の調査権を与えて権限を強化した。加えて，地域における啓蒙・連絡活動を奨励するために，その全国レベルの調整機関としてコミュニティ関係委員会（Community Relations Commission）が設置された。さらに人種差別の禁止範囲を，公共の場だけではなく雇用や住宅等の社会領域まで広げることになった（Bourn and Whitmore 1996 : 12 ; 若松 1995 : 27）。

1965年と1968年の人種関係法は，次のふたつの前提を持っている（Solomos [1989] 1993 : 84）。

(a) 差別，社会的公正，福祉に関わる移民の問題をとり扱う特別の団体をつくること。
(b) 人々すべてに人種関係について教育することを促し，英国で生じている人種間コンフリクトの危険を最小化すること。

このような人種関係法は，「外」に対する対処ではなく，「内」に対して「統合」政策を実施するために制定された。「帝国」の解体過程で生じた矛盾の解消が目論まれたのである。

パトリアルという理念の「発明」——血縁と婚姻

1968年4月20日，保守党に属するイノック・パウエル（Enoch Powell）国会議員がいわゆる「血の河」（Rivers of Blood）演説を行った。古代ローマの叙事詩を引用しつつ，「大量の血でティベル川が泡立ったように」新英連邦諸国から渡ってくる移民たちによって英国も，アメリカ合衆国が経験しているように悲惨で解決しがたい状況に陥るだろうと主張したのである。この演説を契機として，英国の反移民キャンペーンは最高潮に達した。いわゆるパウエリズムの勃興である。異なる文化的背景を持った移民を容認することは人種集団間の緊

張を引き起こしてしまうので，強制送還も含めた強い措置を移民に対してとるべきだ。このような政治的風潮が生まれた（Layton-Henry 1992：78-85；Solomos［1989］1993：70-4）。このパウエリズムを受けて，1971年移民法が制定された。

1971年移民法（Immigration Act）は現時点で英国の出入国管理の基本を定めているものである。1971年移民法の最も大きな特色は，「パトリアル」（patrial）および「パトリアリティ」（patriality）という理念を「発明」したことにある[9]。パトリアルとは，ラテン語の「父」や「祖国・故郷」に由来し，英国と「密接な関係を持つ者」を含意する。また法的な内容としては，「自由に英国内で居住する権利（right of abode）を持つ者」を指すという含意が与えられた。英国の場合，「居住できる」ということは市民権を構成するその他の諸権利をも享受できるということを基本的には意味していた。

パトリアルになれるのは，「英連邦独立諸国市民」の場合，

a）父母，祖父母の少なくともひとりが出生により英国市民になっている者
b）または，パトリアルと婚姻関係にある女性

に限られる。つまり，父母，祖父母，夫がパトリアルであるというように血縁または婚姻を媒介することが，居住権を得るための必須条件となった。また同時に，バウチャー制度は完全に廃止され，従来外国人を対象としていた労働許可制度に[10]，英連邦諸国市民も服することになった（Macdonald 1987：82-5, 193-203）。

このようにして，英連邦諸国市民である新英連邦・パキスタン系移民は血縁・婚姻原理を導入されたことで，さらに「外国人化」されたのである。

---

[9] 出生，帰化，血縁などによって英国との関係の近さを確証しようという発想自体は，1968年新英連邦移民法で初めて提出された。
[10] 1971年移民法までは，1914年と1919年の外国人制限法および同法の細則による外国人管理が続いていた。労働許可による雇用は1年に限定されていたけれども，雇用主は延長することができた。外国人は4年従事すれば内務省に雇用と滞在の条件をなくすよう請求することができた。1960年から1968年までには1万5,000人から2万人が毎年認められてきた（Layton-Henry 1985：104）。

「統合」の模索——法の強化

　新英連邦・パキスタン系移民の「外国人化」が押し進められる中で，「内」に対する対策の必要性もさらに認識されるようになった。

　1965 年と 1968 年の人種関係法の効果が限られたものに止まったので，雇用や住宅等の分野でも人種差別に対処できるようなより有効な戦略を求める声があがった。様々な調査研究も，人種関係法の制定にもかかわらず人種差別が依然として残存することを示していた。人種関係局も，1968 年人種関係法は不十分な法であると発表した。その中で，個人に関する差別しか扱っておらず制度的な差別を扱っていない点，機会の平等を意識的であれ無意識的であれ否定する状況の再生産が対象とされていない点，法の執行のための十分な資源が準備されてない点を改善すべきだとした（Solomos［1989］1993：85）。

　下院議会による「人種関係と移民に関する特別委員会」(Select Commitee on Race Relations and Immigration) は報告書を発表し，以下のように主張して政治的アジェンダに影響を与えた。第一に，差別の定義を制度的なものや意図しないものにまで広げる必要があること。第二に，人種関係局の権限を強化して反差別政策の執行をより有効にできるようにすること。第三に，人種関係機関を支えるために中央政府がより介入する必要があること。

　1975 年に発表された白書『人種差別』(Racial Discrimination) は，過去の人種差別政策が失敗に終わったこと，より強い法が望まれること，そしてより広い社会領域を対象とし，かつ一貫した政策が必要であることを主張した。また同時に，政府が人種に関わる不利さや差別に対してより広い役割を担う必要性も主張した（Solomos［1989］1993：86）。

　このような背景の下，既存の人種関係法を拡張・強化する形で 1976 年に新たな人種関係法が制定された[11]。この 1976 年人種関係法の主な内容は次の 3 点である。

　第一に，法律により禁止される差別を，直接的な差別だけではなく間接的な

---

[11] ロイ・ジェンキンス (Roy Jenkins) 内相は，性差別禁止法（Sex Discrimination Act）を 1976 年人種関係法を通す道筋をつくるために利用したとも言われる（Layton-Henry 1992：58）。

差別にまで拡大した。間接的差別（indirect discrimination）とは次のようなものである。雇用等の領域において，ある条件が適用されたとき従うことのできない人々が少数派の人種集団であり，その人々に損害を与える場合。かつ，肌の色，人種，国籍，エスニック・民族的出自の観点から正当化できないような条件が適用される場合である（Solomos［1989］1993：88）。

第二に，法執行と啓蒙・連絡の両機能を備えた機関として，人種関係局とコミュニティ関係委員会に代わり新たに人種平等委員会（Commission for Racial Equality）が設立された。この人種平等委員会は，3つの役割を担った。人種差別の廃絶に向けた活動，機会の平等と良き人種関係の促進，人種関係法の実施状況の監視と改正への提案の3つである（Solomos［1989］1993：88）。

第三に，個人が労働審判所や裁判所へ提訴できるようになった。以前の人種関係法では人種関係局を通じてしか提訴できなかったけれども，新たに個人が労働審判所および裁判所に直接申し出ることができるようになり，人種差別に対抗するための強固な制度的基盤が得られたように思われた（Solomos［1989］1993：89，若松 1995：28）。

1976年人種関係法の制定は，政策目標を実践に移そうとする重要な試みであった。いわば移民の形式的市民権に実質的市民権という内実を満たそうとしたのである[12]。しかし，以下のような批判に曝された（Jenkins and Solomos ed.［1987］1989）。第一に，人種関係法執行のために設立された機関，人種平等委員会が有効に機能していない。第二に，政策が意図した結果を生み出していない。第三に，政策が移民コミュニティの期待に合致していない。そして決定的だったのは，1980年代初頭から頻発した「人種暴動」である。結果として，「内」の「統合」を目指した新しい人種関係法の効力には疑問符が付けられざるをえなかった。

---

[12] 法律レベルで付与される市民権を「形式的市民権」（formal citizenship），形式的市民権を実際に行使できている状態を「実質的市民権」（substantive citizenship）と呼ぶ。移民は，形式的市民権が与えられているからといって，実質的市民権が享受できているとは限らないのである（樽本 2000）。

表3-4　英国国籍法（1981）による市民権カテゴリー

英連邦市民	英国市民（British citizens） 英国属領市民（British Dependent Territory citizens） 英国海外市民（British Overseas citizens） 英国臣民（British subjects under the Act） 英連邦独立諸国市民 （Citizens of Independent Commonwealth countries）
英国保護領民（British protected persons） アイルランド共和国市民（Irish citizens） 外国人（Aliens）	

出所：Macdonald（1987：85-7）

「国民国家」への最接近──再カテゴリー化

　人種関係法で「内」の「統合」が模索される一方，「外」に対する出入国管理を整備しようという動きも継続していた。前述したように，1971年移民法はパトリアルという理念を用いて英国と「密接な関係」を持った者だけに市民権を与えようとしていた。しかしその試みはまだ不徹底とされた。新英連邦・パキスタン系移民の流入と居住を止められなかったためである。

　1979年の総選挙でマーガレット・サッチャー（Margaret Thatcher）率いる保守党が「新英連邦・パキスタン系移民の脅威」と「英国文化の保持」を前面に打ち出して選挙戦を戦い，労働党から政権を奪った。保守党政権が移民に対して行った最も重要な法的行為が1981年英国国籍法（British Nationality Act）の制定である。この国籍法によって，「連合王国および英領植民地市民」（citizens of the UK and Colonies, CUKCs）という既存のカテゴリーは3つに分けられ，英国市民（British citizens），英国属領市民（British Dependent Territories citizens），英国海外市民（British Overseas citizens）という新たな市民権カテゴリーがつくられた。市民権カテゴリーは，英連邦独立諸国市民と外国人を含めて全部で8つのカテゴリーにまとめられたのである（表3-4）。さらにこの再カテゴリー化の結果，居住権を与えられるのは基本的に英国市民だけになった（Macdonald 1987：85-6）。保守党政権は，この英国国籍法によって市民権カテゴリーと居住権を一貫した合理的なものにできると主張したのである。

　英国国籍法は，英連邦独立諸国市民に属する新英連邦・パキスタン系移民に

対してどのような影響をもたらしたのだろうか。

第一に，国籍法の施行前には英国内で出生した親を持つ英連邦独立諸国市民には居住権が自動的に与えられていた。しかし，同法の施行後に出生した者に対しては，血縁を媒介として英国市民となった上で居住権が与えられるという手続きがとられることになった。さらに英国国外で出生した者に関しては，血縁による英国市民権の取得は1代限りとなった（Macdonald 1987：99）。市民権取得の出生地主義が修正されたのである。

第二に，国籍法の施行後に英国市民と婚姻した英連邦独立諸国市民である女性は，自動的には居住権を取得できなくなった。帰化することによって英国市民になることが求められたのである（Macdonald 1987：99）。

第三に，英国国内に既に居住している英連邦諸国市民が自動的に登録されることはなくなり，市民になるためには帰化を要求されることになった。

同法の影響により，英国市民になるための帰化と登録の申請が急増した。さらに帰化の条件として，5年間の国内居住の他，素行の善良さ，英語の知識，英国国内で家庭または職業を持つことが要求された[13]（Layton-Henry 1992：194-5）。

「国民国家」という想像の共同体

以上のような1948年英国国籍法から1981年英国国籍法までの過程は，「帝国」という準拠共同社会の解体を示している。その解体は，「カテゴリー化」，「本土出生・旅券」，「出生・養子縁組・帰化・登録」，「血縁と婚姻」，「再カテゴリー化」といった法的操作によって進められ，市民権に関して2種類の限定を実現することが目指された。第一に，ブリテン島およびその周辺と想定された「英国本土」という「想像の共同体」やそこに古くから居住してきた（と想定される）住民，およびその住民と「密接な関係」を持った者だけに英国市民

---

[13] 厳密に言うと，英国市民権取得のためにはもうひとつ手段があった。「定住」（be settled）である。「定住」は法律上曖昧にしか規定されていなかったため，結局，4年間滞在の末「無制限滞在許可」（indefinite leave to remain）を得る新英連邦・パキスタン系移民が後に出てくることになった（Brubaker ed. 1989：151）。このことは，市民権カテゴリーの「合理化」の不徹底を示している。

権の付与を限定することである。第二に，市民権を実際に享受できる対象者を，英国市民権の取得者に限定していくことである。市民権論の形式的市民権と実質的市民権の区別に照らし合わせると，第一の限定は市民権の「形式的限定」，第二の限定は市民権の「実質的限定」と呼べるであろう。

これらふたつの限定は，「帝国」とは異なる別のタイプの準拠共同社会を採用し，また実現しようとしていたことを含意する。市民権の形式的限定は，出生や血縁等いくつかの条件を動員していた。それらの条件はすべての人々に適用される普遍的な基準のように見えつつ，実情は新英連邦・パキスタン系移民を対象としたものだった。すなわち，「英国文化を共有した密接な関係」を持った者だけを英国市民にしようと試みたのである。「文化」が直接には法的に定義できないがゆえに，それらの擬似的な条件が利用されたのである[14]。一方実質的限定は，その「文化を共有した密接な関係」を持った英国市民が市民権を享受できるようにする試みである。市民権の中核的要素が政治的諸権利であることを鑑みると，実質的限定は文化的に限定された英国市民のみによる政治領域の形成を目指している。したがって，ふたつの市民権の限定が示しているように，戦後の英国は政治領域と文化領域を一致させることを希求してきたと考えられる。こうして，政治領域と文化領域が一致した近代的意味での「国民国家」を準拠共同社会として採用し，その実現を目指したのである。ただし，「帝国」の伝統が完全な「国民国家」への移行を妨げる力を持っていた。その最たる例が新英連邦・パキスタン系移民の存在だったのである[15]。

5 「ヨーロッパ」への「遠心力」

ヨーロッパ統合と国家間協力

新英連邦・パキスタン系移民の流入圧力を経験し「国民国家」を目指した英

---

[14] 上述した帰化の条件はまさに「文化」的要件を構成している。
[15] 市民権付与は「帝国の伝統から国民的定義へ」（Dummett 1994）と円滑に移行したわけでも完全に移行したわけでもなかったのである。

国は,「国民国家」から逸脱する方向へと「遠心力」を受けることになった。その原因は, ヨーロッパ統合である。[16]

1952年にヨーロッパ石炭鉄鋼共同体が設立される等, 1950年代に制度化され始めたヨーロッパ統合の動きは, 1980年代後半になると急速に進行した。1987年には単一ヨーロッパ議定書 (Single European Act) が発効し, 理事会の決議方法が全会一致から特定多数決に変更され, 議会の権限が若干強化された他, 1992年末までに域内市場を完成することが目標として定められた (Baldwin-Edwards 1991 ; Buynan 1991)。この過程で, 域内におけるモノ・サービス・資本・人の自由な移動を実現しようとする動きが高まった。人に関しては, 1957年の時点ですでにローマ条約 (Rome Treaty) が「人の自由な移動」の原則を提出していた (宮島 1991 : 56-9)。そして80年代後半になると,「人の自由な移動」を達成するため, 移民労働者, 難民, ビザ申請者への対応を加盟国間で共通にしようという試みが生じた (Baldwin-Edwards 1991 ; Buynan 1991)。

この試みに熱心であったのは, ドイツ, フランス, ベルギー, オランダ, ルクセンブルグといった諸国である。これら諸国は内的障壁を廃止して人の自由移動を可能にするために, 1985年にシェンゲン協定 (Schengen Agreement) を締結した。この協定は, ビザ申請者, 難民, 上記諸国以外の外国人に関する外的国境についての共通政策や, 犯罪者やテロリストを統制する法的手段についての共通政策を含んでいた。

このシェンゲングループに対して北ヨーロッパ諸国は, 基本的に南ヨーロッパ諸国の国境警備に不信感を抱いていた。特に, 1973年にようやくヨーロッパ共同体 (EC) に加盟した英国は, 国家の安全保障, 国家アイデンティティ, 文化をECに委ねることを躊躇し, 人の域内移動自由化に抵抗を示した。具体的には, 1976年にトレビグループ (Trevi Group), 1986年に「移民に関するアドホックグループ」(Ad Hoc Group on Immigration) の形成に主導権を発揮し, 難民を含む人の自由移動に伴う警備と安全保障に関わる様々な問題を検討した

---

[16] 以下では, 英国を巡るヨーロッパ統合と「人の自由移動」との関係に絞って論じる。ヨーロッパ統合一般については, 遠藤編 (2008) を参照。

のである。

　しかし結果的には，シェンゲングループ，トレビグループ，アドホックグループといった国家間協力は，1993年1月1日のヨーロッパ連合（EU）内の内部障壁撤廃を成功に導いたひとつの要因であったと言える。1992年にはマーストリヒト条約（the Maastricht Treaty）が調印され，EU諸国内の「人の移動自由化」の実現を踏まえて，「ヨーロッパ連合市民権」（European Union Citizenship）が定められた。EU諸国市民である労働者および自営業者とその家族には，自国からの出国の権利，他のEU諸国への入国の権利，他のEU諸国における居住権および永住権が認められた。また，他のEU諸国に滞在中でも地方選挙権と欧州議会選挙権を行使できることにもなった（林 1995；竹中 1995）。さらに社会的諸権利に関しては，構成国間での「連携化」（coordination）が模索され，内外人平等原則，資格期間の各国間通算，給付の国外支給がEU規則で取り決められた。これらは「域内移動」を促進する試みである。加えてヨーロッパ司法裁判所の法解釈も「労働者の自由移動の促進」という政策目標を最優先しようとする目的論的な色彩が強かった（竹中 1992）。

英国移民政策の対応

　EU（EC）に加盟している以上，英国の国内移民政策もヨーロッパ統合の動きを無視することはできなかった。そこで「人の移動自由化」に関して，新たに1988年移民法（Immigration Act）が制定された。域内で諸権利を行使する人々とEU（EC）加盟諸国市民に関しては，以下のように定められた（*Halsbury's Statutes* 1994：203-9）。

1) ECの権利と1972年EC法の規定によってなされる場合には，1971年移民法の下では英国への入国および滞在の許可は必要ない。
2) 1) に該当しない場合でも，政府は法的命令によってEC諸国の国民に限られた期間の入国を許可することができる。
3) 1971年移民法で限定的許可へ言及することは，2) での命令によって

第Ⅱ部　多文化市民権と社会秩序の親和性と相克性

与えられる許可に言及することを含む。そのような命令によって許可を得た人は，附記2の条項6（1）で特定された期間に移民審査官によって与えられた通告による許可を与えられたのと同じ扱いを受ける。

　加盟諸国市民は，1971年移民法の下では英国への入国および滞在のために許可が必要であった。しかし1988年移民法によって，この許可は必要なくなった。つまり，加盟諸国市民に対して英国市民に近い法的地位を与えることになったのである。[17]

　英国はEUの中では異端である。例えば，マーストリヒト条約の付帯決議である「社会政策に関する議定書」は当初11か国での合意であり，英国は参加しなかった（稲上 1992）。しかし移民法の動きを見ると，英国の市民権制度は，「ヨーロッパ」を準拠共同社会として考慮し始めていることがわかる。新英連邦・パキスタン系移民の観点から見ると，英国は「帝国」よりも文化的に近い「ヨーロッパ」を準拠共同社会として採用し，EU諸国市民を「包摂」し新英連邦・パキスタン系移民を「排除」しようとしているのである。[18]

6　国際移民のグローバル化への対応

中国系という「帝国」の残滓

　移民フロー政策による「国民国家」の追求の結果，1983年前後で新英連邦・パキスタンからの移民の移動は事実上終息した。新英連邦・パキスタン系移民の中で最後に残った中国系の移民に関しては，中国返還間近の香港の市民に対する法整備がなされた（柄谷 2003：186-7）。1985年香港法（Hong Kong Act）

---

[17] 1988年移民法は，新英連邦・パキスタン系移民への言及も忘れていなかった。特に，一夫多妻制（複婚）についての規定は重要である。既にひとり，妻か未亡人が英国内に居住しているときには，他の妻または他の未亡人が居住権を行使して英国へ入国することは認められないとした（*Halsbury's Statutes* 1994：203-4）。

[18] EUがヨーロッパであるという見方は英国独特のものであるという意見があった。かつては，東ヨーロッパ諸国がEUに加盟していなかったからである（一條 1995：249）。しかしその東ヨーロッパ諸国も今では加盟し，EUはヨーロッパとしての内実を備えたと言える。

では，1997年の中国返還までに申請した者は「英国属領地市民」から「英国公民（海外）」（British National (overseas)）に切り替えることが可能とされた。しかし，中国政府は「英国公民（海外）」を英国の市民権ではなく，海外旅行のための旅券であるとした。また，英国政府も「英国公民（海外）」に英国への入国および居住の自由を認めなかった。続く1990年英国国籍（香港）法（British Nationality (Hong Kong) Act）では，登録によって英国市民権を取得できる期限を1997年7月30日までと定める等の規定が設けられた（Halsbury's Statutes 1994：209-14）。また，香港住民の受け入れは，5万世帯，最大22万5,000人に制限され，専門職優先とされた。

このような香港の中国系に対する法整備は，「帝国」解体の方向に沿ったものである。ところが同時期，逆の方向への施策も現れた。1982年英国国籍（フォークランド）法（British Nationality (Falkland Island) Act）が制定され，フォークランド島の英国属領地市民全員に1981年国籍法制定時にさかのぼって英国市民権が付与された（柄谷 2003：212）。しかしこれは，フォークランド戦争勃発の翌年に行われたことから，例外的な措置と見なすことができる。

難民と非合法移民という新たな課題

1980年代半ばは，国際移民のグローバル化が顕著となった時期であり，移動量の増大，移動地域の広範化，そして移民のタイプの多様化が生じた（樽本 2009a：42-55）。これに応じて英国の移民フロー政策は，新英連邦・パキスタン系移民を国内に流入させる「帝国」に対して「国民国家」を確立するという様相から，世界各地からの難民および非合法移民から「国民国家」を擁護するという目的へと転換していった。

英国への庇護申請者は1985年に5,000人を超えると，1991年には4万5,000人に急増した。さらに2000年には7万6,000人にのぼり，EU諸国の中で第一位の申請者数となった。これに対して英国政府は，1985年タミール系住民を流出させていたスリランカに，新英連邦加盟国であるにもかかわらずビザを課した。また同様に，1986年にはロンドン・ヒースロー空港の移民官の要請に

よりインド，パキスタン，ナイジェリア，ガーナ，バングラデシュに対しても，新英連邦諸国であるにもかかわらずビザを課した（柄谷 2003：188）。

これ以後，英国政府は本格的な法整備を始める。まず，1987年移民（旅客輸送会社責任）法（Immigration (Carriers Liability) Act）では，有効な旅券やビザを持たない乗客を運んできた航空会社および船舶会社に対して，1,000ポンドの罰金を科すことを決めた。

また，1993年庇護及び移民上訴法（Asylum and Immigration Appeals Act）では，難民申請の手続き，申請中の住居や財政的支援，難民認定を拒否された場合の上訴等について詳細に定められた（*Halsbury's Statutes* 1994：215-32）。これにより難民申請者は，特別審判官（Special Adjudicator）と移民上訴審判所（Immigration Appeal Tribunal）の2段階で構成される移民上訴局（Immigration Appellate Authorities）に異議申し立てを行うことができるようになった。ところがその一方で，「安全な第三国」（safe third country）等を経由した「明白な根拠のない申請」（claim without foundation）をした者は「迅速手続き」（fast-track procedure）により申請を却下し，移民上訴審判所への申し立ても許さないといった難民数削減の方策も採用された（柄谷 2003：188-90；大原・高橋 2001）。

しかし，難民数は一時減少したもののその後増加に転じ，異議申し立てシステムの各段階での未処理件数も増大した。そのため，1996年庇護及び移民法（Asylum and Immigration Act）が制定され，次の3つが決められた。第一に，「迅速な手続き」の適用範囲が拡大され，「一般に迫害の恐れのない安全な出身国」（"white-list" country）という概念がつくられた。第二に，「安全な出身国」や「安全な第三国」からの庇護希望者の異議申し立て権が制限された。第三に，入国時ではなく入国後に難民申請をした者と，入国時に申請したものの申請が却下された者への社会保障給付が停止された。

難民と非合法移民の包括的規制

さらに1998年白書『より公平に，より素早く，より厳しく』（*Fairer, Faster and Firmer*）を受けて，難民と非合法移民を包括的に規制するために，1999年

移民及び庇護法（Immigration and Asylum Act）が制定され，次の4つが決められた。第一に，入国者数の削減および抑止のために，有効な旅券やビザを持たない乗客を運んできた運輸業者への罰金の額を，1,000ポンドから2,000ポンドへと倍に引き上げ，トラックなど陸上運輸業者にも罰金を科すことにした。もちろん，ビザシステムも堅持されていた。難民政策に関しては，庇護希望者に対する現金給付は廃止され，引換券給付が導入された。また，庇護希望者がロンドンを含む英国南東部に集中しないよう，滞在地を英国各地に分散させる政策が採用された。[19]第二に，審査過程の迅速化のために，庇護希望者と経済目的の移民は共通の異議申し立てシステムを利用することとし，難民認定却下後異議申し立てをするまでの日数の制限，非合法滞在者からの異議申し立て権の剥奪など，厳しい規則が採用された。第三に，入国後の管理を強化するために，これまで難民申請者にだけ適用されていた指紋押捺制度を書類不備者や非合法滞在者にまで拡大した。第四に，婚姻登録係に虚偽の結婚の疑いのある者を内務省に通報する義務を負わせ，非合法滞在者を捜査し身柄を確保する権限を移民官に与えた（柄谷2003：193-5；Robinson 2003：123-4）。

1999年の移民及び庇護法は，難民の処遇全般を扱う新しい機関，「国家庇護支援サービス」（the National Asylum Support Service, NASS）の設置につながり，かつこれまでの法の集大成であると高らかに宣言された。ところがアメリカ合衆国で2001年に起こった9.11同時多発テロ事件の影響により，2002年には新たな法が制定された。それが2002年の国籍・移民及び庇護法（Nationality, Immigration and Asylum Act）である。市民権，収容施設，社会給付および支援，拘留および退去，異議申し立て，移民手続き，違反罪など多岐にわたる内容のうち，注目すべきは次の点である。第一に，帰化の条件を大幅に変更した。英語の能力，英国の政治・社会事情に関する知識を要求し，かつ英国に忠誠を誓う宣誓の儀式を実施することにした。[20]第二に，英国海外市民や英国保護民が英国

---

[19] 1990年代終わりから2000年代半ばにかけて，難民が首都ロンドンおよびドーバー海峡に近い英国南東部に集中し，主要な政治的イシューとなった。そこで分散政策が採用されたものの，様々な問題が指摘された（Robinson 2003）。
[20] この試みの社会的背景および市民権的な重要性については，次章で検討する。

市民権を取得することが容易になった。この点に関連して，2002年2月，英国海外領土法（British Overseas Territories Act）が制定され，14の植民地（現在の呼称は海外領土）の市民に英国市民権が与えられることになった。[21]第三に，英国の国益を著しく害した重国籍者から，英国国籍を剥奪することが可能になった。第四に，難民申請者の子どもは一般の学校ではなく，収容施設内で教育を受けることとし，「明白な根拠のない申請」をした難民申請者には英国国内での異議申し立て権を与えないとされた。第五に，EUに隣接する10か国は「一般に迫害の恐れのない安全な出身国」に該当すると宣言された。

以上のように英国の移民フロー政策は，新英連邦・パキスタン系移民への対処から，世界中からの難民および非合法移民の管理へと焦点が移ってきた。一方，移民ストック政策についても動きがあり，1998年人権法（Human Rights Act）でヨーロッパ人権条約が原則的に英国国内でも適用されることになった。また，人種関係（改正）法（Race Relations (Amendment) Act）も2000年に改正されている。ところが次章で論じるように，このような移民ストック政策の展開にもかかわらず「人種暴動」が生じてしまったのである。

7 「帝国」解体の矛盾と移民

以上のように英国の市民権制度の準拠共同社会は，「帝国」から「国民国家」へと変化し，さらに「ヨーロッパ」が考慮されるようになった。換言すれば，英国市民権付与の根拠は，「帝国の一員であること」から，「国民国家の一員であること」へと変化し，さらに「ヨーロッパの一員であること」が重なり合うように変化してきたのである。このような準拠共同社会の変動過程は，英連邦諸国市民である新英連邦・パキスタン系移民の視点からすれば，市民権取得・享受の権利を奪う「権利剥奪過程」のように見える。権利の剥奪は，出入国管理という「外」に向けた政策から見れば明らかである。EU諸国市民が

---

[21] 英国は「国民国家」の実現を目指しながらも「帝国」という準拠共同社会の残滓をいまだ引きずっていることを示す。

「優遇」されていく中で，新英連邦・パキスタン系移民は「排除」されていった。一方で，人種関係法が志向している「内」に向けた統合政策は，既に居住している新英連邦・パキスタン系移民を準拠共同体の一員にする意図を持っていた。しかし，その意図が政策の過程・結果に十分反映されたとは言いがたい。最大の矛盾は移民フロー政策に現れた。新英連邦・パキスタン系移民は，既に英国内に居住していれば「非合法」ではないので法の対象にはならない。しかし新たに入国しようとする者は対象になる。同じカテゴリーに属する人々がふたつに引き裂かれてしまった。「内」に向けた統合政策は「外」に向けた「排除」政策と連動する形で強化されようとした。その過程で，統合政策の観点では，多文化市民権が「帝国」解体の矛盾を解消するために，消極的選択肢として採用されていったのである。次章では，「人種暴動」という事例を通して，消極的選択肢としての多文化市民権がその脆弱さを暴露してしまったこと，しかしそれにもかかわらず多文化市民権に期待をせざるをえなかったこと，このような矛盾を見ていくことにしよう。

第4章

英国「人種暴動」と市民権

1　多文化社会と「人種暴動」

　「ヨーロッパ」への「遠心力」と難民・非合法移民の波に揺さぶられながら，英国市民権の準拠共同社会は「帝国」から「国民国家」へと変化してきた。必然的に国内に残った移民たちやその子どもたちは，「もうわれわれは移民ではない」と主張する。すなわち，ここ数年の間に英国へやってきた人々こそが「移民」(immigrants) であり，自分たちは「移民」ではないと言うのである。しかし，何十年かさらには何世代か英国に居住したとしても，本人や親など先祖が移動してきたという事実は消し去りがたく，また，白人系マジョリティとは異なる「文化」を所持した存在として英国で生活していると見なされることも避けがたい。このことは，「国民国家」という準拠共同社会に抵触してしまう。第2章で論じたように，「国民国家」は社会契約的原則と情緒的原則に支えられて存立していた。そして情緒的原則のひとつとして「政治と文化の一致」があった。ところが，国際移民が日常化した今日において，単一の「文化」を持つ人々のみによって政治体を構成することは，ますます困難になっている。ここに，多文化市民権が事実上の標準 (*de facto* standard) として，また

---

(1) 筆者自身による面接調査の過程で移民たちから幾度となく聞かされた発言である。
(2) ただし本書では，支障のない限り「移民」と「エスニック・マイノリティ」を同じ対象に対して使うことにする。

政策の消極的選択肢として現れてくる余地が生み出される。

　このような事情にもかかわらず，多文化社会の存続には常に困難がつきまとう。21世紀最初の年だけを見ても，英国に関わるものだけでも次のような諸事件が起こっている。イングランド北部の3都市において「人種暴動」が勃発した。スコットランドのグラスゴーでは難民が殺害され，それに対する抗議行動が起こった。英国プレミアリーグのサッカー選手が「人種差別」を行ったという疑惑をメディアが報道して大衆に困惑を与えた。2001年9月11日に合衆国において同時多発テロ事件が起こると，イスラモフォビア[3]が広がっていった。イスラム教徒移民のお見合い結婚が，女性の人権に反するような強制的なものではないかと問題になったりもした。また，国民健康サービス（the National Health Service, NHS）において「制度的差別」が存在するのではないかと言われた[4]。さらに，ユーロトンネルのフランス側出入口周辺には，英国へ非合法に渡ろうとする移民たちが寝泊まりし，辺りは騒然となった。

　これらの諸事件は，様々な背景を持ちながらもある共通性を持っている。すなわち，どの事件も，何らかの異文化的要素が「国境」を超越し「国内」へと流入したため生じた問題だと解釈されているのである[5]。このような多文化社会に生じる問題の中で，いわゆる「人種暴動」は極めて深刻なものであると一般に受け止められている。しかし，多文化社会や市民権の観点から「人種暴動」の何が問題なのだろうか。

　本章では，2001年英国で生じた様々な多文化社会的な事件のうち，イングランド北部の3都市で展開したいわゆる「人種暴動」に注目し，その具体的様相を多文化社会と市民権の文脈で理解することを目的とする。以下では，第一に「人種暴動」と呼ばれる出来事がどのような様相を呈すのか，記述を行う。第二に，それら一連の出来事が多文化社会および市民権の観点からどのような

---

[3] イスラモフォビア（Islamophobia）とは，イスラム教徒に対する偏見，嫌悪，敵意，恐怖を総称した言葉である。
[4] 制度的差別とは，肌の色，文化，エスニックな出自などの理由で制度が人々にその適切なサービスを提供しないことである（樽本 2009 a : 29）。
[5] このように異文化的要素が「国境」を超越して起こした問題を扱うことこそが，国際社会学の存在理由である（梶田 1996；小倉 2002）。

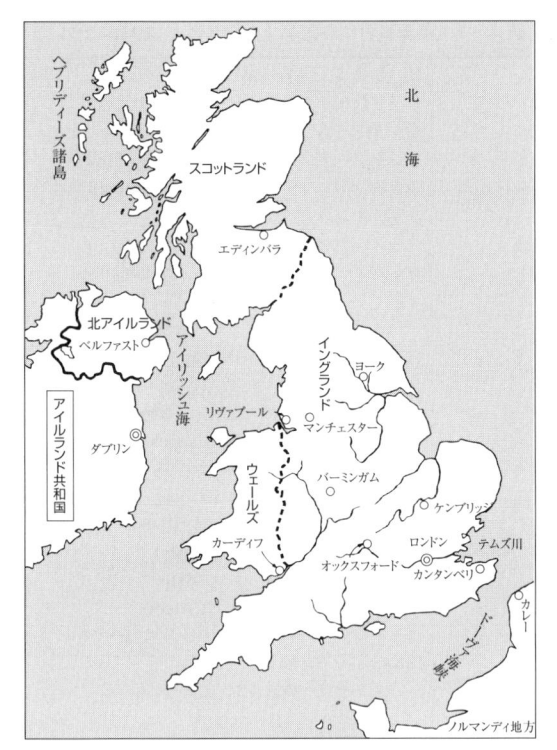

図 4-1　英国全体地図

問題性をはらむのかを考察していく。

2　「人種暴動」の具体的様相

「人種暴動」という名称と 2001 年における勃発

　20 世紀終わりから 21 世紀初めにかけての 20 年の間で最悪の，移民をまきこんだ街頭での「騒ぎ」が，2001 年春から夏にかけてイングランド北部の諸都市で噴出した。英国社会の人々は，このような「騒ぎ」を「人種暴動」(race riot)，「人種騒動」(racial disturbance)，「人種無秩序」(racial disorder)，「都市動揺」(urban unrest) 等と呼ぶ。どの名称が適切かという点に関しては，英国社

表 4-1　英国における主な「人種暴動」(1948-2011)

1948 年 8 月	リバプール (Liverpool)
1949 年 7 月	ロンドン・デトフォード (Deptford)
1949 年 8 月 6-8 日	バーミンガム (Birmingham)
1954 年	ロンドン・カムデンタウン (Camden Town)
1958 年 8 月 30 日-9 月 5 日	ロンドン・ノッティングヒル (Notting Hill)
1958 年 9 月 8 日	ノッティンガム (Nottingham)
1975 年	リーズ・チャペルタウン (Chapeltown)
1976 年 8 月 30 日	ロンドン・ノッティングヒル (Notting Hill)
1979 年 4 月 23 日	ロンドン・サウソール (Southall)
1980 年 4 月	ブリストル・セントポールズ (St. Pauls, Bristol)
1981 年 4 月 10-13 日	ロンドン・ブリクストン (Brixton)
1981 年 7 月	リバプール・トクステス (Toxteth)
	バーミンガム・ハンズワース (Handsworth)
1981 年	リーズ・チャペルタウン (Chapeltown)
	マンチェスター・モスサイド (Moss Side)
1983-84 年	ロンドン (London), リバプール (Liverpool)
1985 年 9 月	バーミンガム・ハンズワース (Handsworth)
1985 年 10 月	ロンドン・トテナム (Tottenham)
1985 年 9 月 28 日	ロンドン・ブリクストン (Brixton)
1985 年 10 月 1 日	リバプール・トクステス (Toxteth)
1985 年 10 月	ロンドン・ペッカム・ブロードウォーターファーム (Peckham, Broadwater Farm)
1987 年	リーズ・チャペルタウン (Chapeltown)
1989 年	デューズベリー (Dewsbury)
1995 年	ブラッドフォード (Bradford)
1995 年 12 月 13 日	ブリクストン (Brixton)
2001 年 4 月 15 日	ブラッドフォード (Bradford)
2001 年 5 月 26 日-29 日	オルダム (Oldham)
2001 年 6 月 23 日-25 日	バーンリー (Burnley)
2001 年 7 月 7 日-10 日	ブラッドフォード (Bradford)
2001 年 7 月	ストーク・オン・トレント (Stoke on Trent)
2005 年 10 月 22-23 日	バーミンガム (Birmingham)
2006 年 10 月	ウィンザー (Windsor)
2011 年 8 月 6 日-10 日	ロンドン, バーミンガム, マンチェスターなど[1]

(1) ただしこの「暴動」は「人種暴動」とは呼ばれていない。
出所：Fryer ([1984] 1991: 38, 367-8, 397-8) ; Layton-Henry (1992: 38-9)

---

[6] 2011 年 8 月にもロンドン, バーミンガム, マンチェスターなど英国全土で大きな騒ぎが生じた。ただし, この騒ぎにどの程度「人種」が関わっていたのかに関しては, 検討の余地がある。

第4章 英国「人種暴動」と市民権

図4-2 「人種暴動」の起きた3つの都市

会に内属する当事者のレベルにおいて様々な議論がある。例えば，「暴動」と呼んでしまうと，破壊されたものを補償すべきだという主張を容認してしまうのではないかとの危惧が表明されたりする（Burnley Task Force 2001 : 85）。しかし，用語の選択に労力を使うことは賢明ではない。本章では，最も頻繁に使用されているという点を鑑み，規範的・価値的な負荷をかけないという前提のもと，最もよく使用されている「人種暴動」または略して「暴動」という用語を使用することにする。

戦後英国において「人種暴動」は何度も生じている（表4-1）。なかでも，1981年に頻発した「暴動」，特にロンドン南部のブリクストン（Brixton）における「暴動」は，英国社会の当事者たちに強い衝撃と印象を与えた。2001年の諸「暴動」はこのブリクストン「暴動」からちょうど20年を経て生じ，人々の「暴動」に関する記憶を呼び起こしたのである。

2001年の一連の「人種暴動」が最初に起きたのはブラッドフォード（Bradford）で，イースター休暇にあたる4月15日日曜日のことである。その後，5月26日から29日にかけてオルダム（Oldham）で，6月23日から25日までバーンリー（Burnley）で同じような「暴動」が発生した。ブラッドフォードにおいては，7月7日から10日にかけて2回目も勃発した。リーズ（Leeds）やストーク・オン・トレント（Stoke on Trent）などその他の都市でも深刻さは低いものの「暴動」が起きたり，「暴動」になりかねない緊張が高まった。秋以降も散発的に小規模な「暴動」が生じた。これら「暴動」の生じた諸都市はほと

んど，イングランド北部に位置している。

　「人種暴動」とは，どのような様相を示す出来事なのだろうか。まず，ブラッドフォード，オルダム，バーンリーにおける4度の「暴動」の流れを概観しよう。

ブラッドフォード・イースター「暴動」

　イースターの4月15日日曜日，西ヨークシャーの都市ブラッドフォード (Bradford)[(8)] で，白人系とアジア系の若者たちが暴力的な衝突をした[(9)]。これをきっかけに100人ほどの群衆がパブに火炎ビンを投げ込み，車に火を付け，窓ガラスを割るなどして暴れ，19歳，32歳，42歳の男性3人が「暴動」の間に逮捕されたが，すぐに仮釈放された。

　続いて，レグラムズ・レーン (Legrams Lane) という通りにあるパブ「コーチ・ハウス」(the Coach House) の外で騒ぎが始まった[(10)]。午後8時半のことだった。近くでアジア系ヒンドゥー教徒の結婚式が進行中だったが，式の参加者のうち少なくとも8人が飛んできたガラスや石で怪我をし，ふたりは顔面を骨折して病院で一夜を明かした。パブは窓を割られ，敷地内で火を付けられるなどひどく損害を受けたばかりか，パブの駐車場の少なくとも8台の車が火を付けられたりして壊された。この「暴動」がより広い地域に広がり，いくつかの店の窓が壊され薬局が被害を受けた頃，ようやく「暴動」対策の装備を付けた機動隊が導入された。

---

(7)　リーズでの「暴動」は，6月5日に起こった（http://news.bbc.co.uk/hi/english/uk/newsid_1373000/1373117.stm（アクセス日：2002年3月13日））。

　　また，ストーク・オン・トレントでの「暴動」は，7月14日から15日にかけて起こった（http://news.bbc.co.uk/hi/english/uk/newsid_1439000/1439588.stm（アクセス日：2002年3月13日））。

(8)　ブラッドフォードのエスニック・マイノリティの状況については，佐久間 (1993) を参照。

(9)　http://news.bbc.co.uk/hi/english/uk/newsid_1281000/1281475.stm（アクセス日：2002年3月13日）; http://news.bbc.co.uk/hi/english/uk/newsid_1279000/1279657.stm（アクセス日：2002年3月13日）; http://news.bbc.co.uk/hi/english/uk/newsid_1279000/1279657.stm（アクセス日：2002年3月13日）; http://news.bbc.co.uk/hi/english/uk/newsid_1279000/1279657.stm（アクセス日：2002年3月13日）

(10)　以下の固有名詞の発音を確認してくれたのは，クレア・ケリー＝ブレイズビー博士 (Dr. Clare Kelly-Blazeby) である。記して感謝したい。

2番めに攻撃されたパブは,「セカンド・ウエスト」(The Second West) という店で,若者がレンガや火炎ビンを投げつけ,建物がひどい損害を受けた。スタッフは2階の部屋に避難していたが,店主テリー・ローレンス (Terry Lawrence) によれば「上の階にいた女性と子どもは悲鳴をあげ泣いていた」という。また,男性がひとり心臓麻痺を起こし,80歳の女性が飛んできたレンガで頭を打ったともいう。同じく2階に避難していた常連客のウイリアム・ハンド (William Hand) は,60人ものアジア系が通りの向かいにあるパブ「オールド・フェローズ」(The Old Fellows) の窓を強くたたき割り,セカンド・ウエストの窓へは火炎ビンを投げつけるのを見たという。

4月16日には,2日目の「暴動」勃発を防ぐために多くの警官が西ヨークシャー各地からブラッドフォード郊外のリジェット・グリーン (Lidget Green) へと召集されたため,2日目の暴動は起こらなかった。ブラッドフォードでは,1995年以来の深刻な「人種暴動」となった。

オルダム「暴動」

ランカシャー地方マンチェスター郊外の街オルダム (Oldham) の「暴動」は,5月26日土曜日から29日火曜日にかけて起こった。[11]

26日土曜日,サッカー・サポーター20人の集団が地元のパブで飲んでいたところ,そのうちのひとりが,人種差別的な言葉で他の客をののしり始めたため警察に通報され逮捕された。午後8時頃には,アジア系の若者と白人系の若者のふたりがラウンドソーン・ロード (Roundthorn Road) という通りで口論を始め,喧嘩に発展したところで,サポーターやその家族,友人も加わった。加勢した何人かは携帯電話で呼び出されたという。やがて若者たちは,窓にレンガを投げドアを蹴り飛ばし,通り沿いのアジア系住民の住宅を攻撃し,路上駐車された車にも損害を与えた。

結局7人の白人系が逮捕され,他の者はその場から退去させられた。しかし

---

[11] http://news.bbc.co.uk/hi/english/uk/newsid_1364000/1364096.stm（アクセス日：2002年3月13日）; Oldham Independent Review (2001:71)。

その後，さらにアジア系若者の集団が暴れ，その中の2人が逮捕された。

この時点で，すでに「暴動」は深刻になっていた。アジア系の若者の何人かは，パブ「リブ・アンド・レットリブ」(the Live and Let Live) を攻撃しグロッドウィク (Glodwick) 地区に戻ってきた。その地区では，人々がウォータールー・ストリート (Waterloo Street) で大きな集団を形成し，都市中心部に向かって行進を始めていた。かなりの数の警官が出動し，発砲の知らせに備えて機動命令車と射撃隊も出動するほどの深刻な「暴動」が何時間も続き，攻撃は明らかに警察やパブに向けられ，町の至るところにあるパブが深刻な損害を受けた。ラウンドソーン・ロードでの大きな攻撃では，住民，パブ経営者と家族，店にいた客の多くはなんとか逃げ出したものの，被害は大きく広がった。車はひっくり返され，監視カメラや物品・不動産に損害が及んだ。道にはバリケードがつくられた。26日だけで90人の警官が怪我をしたという。

翌27日日曜日，「暴動」は小規模にはなったものの，オルダムの様々な地域で引き続き生じた。アジア系若者はウエストウッド (Westwood) 地区で火炎ビンを投げていたし，パブへのさらなる攻撃が続いていた。オルダム・イブニング・クロニクル紙 (Oldham Evening Chronicle) の事務所にも火炎ビンが投げ込まれた。

28日月曜日はバンクホリデーで休日だった。28日夜から29日早朝にかけても，小規模ながらも，さらなる「暴動」がオルダムの様々な地区で生じ，車や建物といった物品に対する損害が引き起こされた。最終的に白人系，アジア系の男性の中にかなりの数の逮捕者が出た。

この深刻な「暴動」は5月30日にはおさまったものの，翌6月1日，リアズ・アーマッド (Riaz Ahmad) 副市長の自宅が火炎ビンで焼かれた。アーマッド副市長とその家族は危うく逃げ延び怪我はなかったけれども，家屋はひどく損傷した。

バーンリー「暴動」

6月23日土曜日から25日月曜日にかけて，ランカシャー地方の街バーンリ

ー（Burnley）でも「暴動」が生じた。この「暴動」自体は，自然発生的に多くの人々が関わるようになった現象というよりは，事前にすでに伏線があった。「暴動」勃発の前日である22日夜，ナイトクラブの外で刺傷事件が起こって緊張が生じていたのだ。しかし，その事件自体は人種的コンフリクトによるものではまったくなく，アジア系の若い男性たちの間の言い争いから生じたものだった。

　本格的な「暴動」は，翌23日土曜日になってから，デーンズハウス（Daneshouse）およびコルヌロード（Colne Road）地区で白人系とアジア系のふたつのギャングが喧嘩をし，車と建物に損害を与えたときに始まった。その喧嘩の後しばらくして，ニュー・ホール・ストリート（New Hall Street）で別の白人系とアジア系の若者グループ間に暴力的衝突が起こった。この衝突によって車と建物が被害を受けた。24日朝5時頃には白人系の男性ギャングたちが仕事から帰宅途中のアジア系タクシー運転手をハンマーで襲い，頭と顔を殴って重傷を負わせた。このギャングたちは，人種差別的なののしりをアジア系の経営する店舗に浴びせかけたという。

　「暴動」は，24日の夜10時半頃再び勃発した。アジア系の若者数人が「バルティック」（the Baltic）と「デューク・オブ・ヨーク」（the Duke of York）というふたつのパブを襲ったのである。パブの窓へレンガを投げつけ，駆けつけた警察と衝突した。彼らは，白人系がパブに集まり，アジア系の住居や店舗を襲う準備をしていると思っていたという。アベル・ストリート（Abel Street）地区でアジア系への攻撃があるという噂が広まっていたのだった。

　「暴動」は，翌日25日月曜日にも生じた。白人系男性の集団が通行人をののしり始め，アジア系経営の店舗を攻撃し始めた。この「暴動」は他の地区，例えばバーンリー・ウッド（Burnley Wood）地区へもすぐに広がっていき，アジア系経営の店舗が再び攻撃された。またこの日の遅くには，前日襲われたパブ「デューク・オブ・ヨーク」が再びアジア系若者によって襲撃され火炎ビンが

---

[12] http://news.bbc.co.uk/hi/english/uk/newsid_1703000/1703432.stm（アクセス日：2002年3月13日）; Burnley Task Force（2001：35-6）

第Ⅱ部　多文化市民権と社会秩序の親和性と相克性

投げ込まれた。

以上の動きはアジア系だけによって引き起こされたのではない。人種差別的な志向を持ち状況を悪化させ調和を乱した白人系たちもいた。白人系の中には、騒ぎに便乗するためだけにバーンリーの外から来た者もいた。

ブラッドフォード・7月「暴動」

西ヨークシャー地方の都市ブラッドフォードにおける2回目の「暴動」は、7月7日土曜日から10日火曜日にかけて勃発した。[13]

7月7日に極右政治団体である国民戦線が集会を計画していたのだが、その集会に抗議するため、アジア系を中心とした群衆がセンテナリー・スクエア（Centenary Square）に集まった。「暴動」はその群衆の一部によって都市中心部で開始され、主にアジア系の集住するマニンガム（Manningham）地区に広がった。

アジア系の若者で構成された約1,000人と機動隊との間で衝突が何時間も続き、警官120人が負傷した。7日だけでアジア系23人、白人系13人の計36人が逮捕されたという。建物と車が炎上し、マニンガム地区の商店では略奪が起こった。労働党社交クラブには火炎ビンが投げこまれた。「暴動」関与者は、近辺のBMW車販売店から車を盗み出し、警察の戦列まで何度も運転して近づいては、警察を威嚇した。しかもBMW車販売店には火が付けられた。他にも、保守党社交クラブ、三菱自動車販売店、その近くのホテルにも火炎ビンが投げられた。900人以上の機動隊がこの「暴動」に対処するため各地から派遣されたとのことである。

8日日曜日には、都市中心部から5マイルも離れたグリーンゲイツ（Green-

---

[13] http://news.bbc.co.uk/hi/english/uk/newsid_1428000/1428267.stm（アクセス日：2002年3月13日）；http://news.bbc.co.uk/hi/english/uk/newsid_1428000/1428374.stm（アクセス日：2002年3月13日）；http://news.bbc.co.uk/hi/english/uk/newsid_1430000/1430384.stm（アクセス日：2002年3月13日）；http://news.bbc.co.uk/hi/english/uk/newsid_1429000/1429554.stm（アクセス日：2002年3月13日）；http://news.bbc.co.uk/hi/english/uk/newsid_1429000/1429964.stm（アクセス日：2002年3月13日）；http://news.bbc.co.uk/hi/english/uk/newsid_1431000/1431284.stm（アクセス日：2002年3月13日）。

gates）の郊外で30人もの白人系若者がパキスタン系ケバブレストランとガソリンスタンドを標的にして襲撃し，大きな損害を引き起こした。普段とても人気のあるそのレストランの1階のすべての窓と玄関は襲撃者によって粉々にされ，外にあったレストランスタッフの車も標的になった。

さらに夜中の12時45分にマニンガム・レーン（Manningham Lane）にあるパブ「ブラッドフォード・アームズ」（The Bradford Arms）は白人系男性ふたりに窓を割られ，火炎ビンをふたつ投げられた。白人系経営者とその妻は上の階に避難しており，地元のアジア系住民がこの襲撃で起こった小さな火災を消す手助けをしたり，パブ経営者とその妻を助けたため，このパブでは誰も怪我をしなかった。

オーク・ロード（Oak Road）のBMW車販売店では，何十台もの車が燃やされ，破壊され，灰だらけになった。労働党クラブは煙を出し廃墟となり，フェトリー・ヒル（Whetley Hill）の頂上にあるパブ「グローブ」（The Globe）は，窓がすべてなくなり黒こげになった。

土曜日の「暴動」を繰り返さないよう，日曜日には7つの部隊から600人以上の警官が街の通りに召集され，そのうち164人が負傷した。警官は，レンガ，ビン，火炎ビン，花火を立て続けに投げられ，バットやかなづちで襲われたためである。

9日月曜日のブラッドフォードは，週末よりも小規模ながら「暴動」の第三夜に見舞われた。夜遅くレイベンスクリフ（Ravenscliffe）地区で，機動隊と60人ほどの白人系若者が対峙し緊迫する中で若者たちが機動隊に向かって立て続けに石を投げ，車に火を付け，建物の壁を壊した。これが1時間半ほど続いた。白人系が多いホルム・ウッド（Holme Wood）地区ではアジア系ピザ店の窓がこなごなに砕かれ，他の地区でも，アジア系ギャングが警察と対峙した。ブラッドフォード中で「暴動」が散発的に生起し，9日だけで15人の白人系男性が逮捕された。9日には前日まで最も深刻な「暴動」の舞台となったアジア系が多いマニンガム地区は静寂を保った。

表4-2 「人種暴動」による物理的・経済的損失

時期	4月15日	5月26日−29日	6月23日−25日	7月7日−10日
	ブラッドフォード イースター「暴動」	オルダム「暴動」	バーンリー「暴動」	ブラッドフォード 7月「暴動」
関与者	約100人	約500人	約400人	約400〜500人
負傷者	警官なし 一般人20人	警官2人 一般人3人	警官83人 一般人28人	警官326人 一般人14人
推定損害額	11万7,000ポンド（約2,100万円）	140万ポンド（約2億5,200万円）	50万ポンド以上（9,000万円以上）	750万〜1,000万ポンド（13億5,000万〜18億円）

出所：Home Office（2001：7）

3　「人種暴動」の国際社会学的問題性

　以上の具体的記述で，「人種暴動」がどのような様相を示す出来事の連鎖であったか明らかになったであろう。しかし，「暴動」のいったい何が問題なのだろうか。「暴動」には，いったいどのような社会学的な研究意義が存在するのであろうか[14]。

「暴動」の物理的・経済的問題

　まず一見して大きな問題だと認識されるのは，「人種暴動」の引き起こした物理的・経済的損失であろう。

　4度にわたる主要な「暴動」は，どれも大きな被害を引き起こした（表4-2）。「暴動」に関与したのは，主に白人系とアジア系の若者であり，アジア系若者は主にパキスタン系とバングラデシュ系で構成されていた。関与者数は，それぞれの「暴動」において100人から500人程度とされる。その関与者たちは，パブ，車，建物等を襲い，集団間で衝突し，警察ともみ合って，多くの負傷者を出した。負傷者が相対的に少なかったオルダム「暴動」では警官と一般人合わせて5人，最も多いブラッドフォード・7月「暴動」では警官326人と一般

---

[14]　ブラッドフォードの「暴動」に関しては，菅原（2003）を参照。

人14人が負傷した。警官ではない一般人が最も多く負傷したのはバーンリー「暴動」で，警官83人に対して一般人は28人が負傷した。建物や車等の物的な損害額は，途方もなく大きい。最も少ない損失は，ブラッドフォード・イースター「暴動」での11万7,000ポンド（約2,100万円）だったのに対して，バーンリー「暴動」では140万ポンド（約2億5,200万円）に及んだ。そして，最も高額の損害が生じたと推定されるのは，ブラッドフォード・7月「暴動」で750万ポンドから1,000万ポンド（13億5,000万円から18億円）に及ぶと推定されている。

このような物理的・経済的損失に示された物質性は，英国社会に内属する社会当事者の感情を強く揺さぶるには十分すぎるほどの力を持つ。「あまりにもひどいではないか？」「なぜこのようなことが起こるのか？」等々。また，英国社会の外部の視点からもいくつかの素朴な疑問が生じてくる。「英国は，産業革命を最初に経験したような先進国ではなかったのか？」「ジェントルマンや紅茶文化の平和な国でなぜ？」そして，「『暴動』を防ぐにはどうしたらよいか？」という問いが浮上してくるのである。

規範の動揺という問題
第二の社会学的な研究意義は，「人種暴動」の問題がその物質性を超えてしまう点に関わっている。「人種暴動」は，いわば象徴性という性質をも帯びていくのである。物質性と象徴性が伴うことによって，「暴動」は社会当事者たちが依拠している自明世界の虚構性を暴き出してしまう。そして，人々の自明世界に亀裂を生じさせる。

人々の自明世界を成立せしめているのは，規範である。規範とは「抗事実的に安定化された行動予期」であると定義することができる。どのような事実を体験したとしても，人々は規範という，条件にかかわらず妥当する予期の下で，予期に違背する事態を「例外的事態」として処理し，行為を遂行し続けることができる（Luhmann 1972＝1977：47-58）。ところが「暴動」は，そのあまりにも熾烈な物質性を伴うがゆえに，象徴性に関して抗事実的であるはずの規範を動

揺させ，人々の行為遂行の根拠を奪ってしまうのである。

「帝国」の残滓を引きずっている英国は，「国民国家」への変貌を希求したにもかかわらず，歴史的かつ経路依存的に多文化社会になっていった。多文化化に伴い英国社会では，エスニック・マイノリティによる社会の多様性（diversity）を望ましい社会状態と定める規範が生成されてきたのである。また多様性を保持しかつ社会統合をも維持するためには，エスニック・マイノリティに対する寛容性（tolerance）を社会当事者たちが持つべきだという規範も生み出されてきた。それらの規範を支持するかのように，他の西欧諸国とは異なる独自の，そして進んだ法的枠組みを英国は持っていると，政治家をはじめとする英国社会の当事者たちは説明することがある。人種差別を禁止した人種関係法（Race Relations Act）がその例証としてよく引用される。例えば1995年保守党政権下で，当時のマイケル・ハワード（Michael Howard）内相はヨーロッパ連合（EU）レベルで反差別法の調和を図るという新たな計画に関して，「英国はすでに効果的な法制を持っている」ので，「提案された施策の多くは必要ないし，他の施策は逆効果をもたらすであろう」と反対した。英国の人種関係を良好に保つ役割を果たす機関，人種平等委員会（the Commission for Racial Equality, CRE）もヨーロッパとの調和化によって反差別法の効果が薄れることを恐れ，ハワード内相に同意したのである（Favell 1998：328-30）。皮肉なことに，その人種関係法は「人種暴動」が勃発する前年，2000年に改正されたばかりだった。

このような，社会当事者たちが堅持するべきだと考えられている規範，多様性と寛容性は，「人種暴動」の前では無力であるように見える。「暴動」で頻繁に打ち壊されたパブは，飲酒をしないイスラム教徒を多く含むアジア系の若者にとっては「白人文化」や「堕落」の象徴となり，警察は，自分たちを「制圧」するためにやって来た「マジョリティの権力」となり，アジア系レストランは白人系若者にとって「理解しがたい異質な文化」となる。BMWのような

---

(15) 人種関係法等，英国の移民に関わる法制度については，前章を参照。
(16) もちろん，このような言明の中にヨーロッパ嫌い（Europhobia）や英国の国家主権の堅持といった動機を読み込むことも可能である。しかし，法制度に関する自負があっての発言であることにはかわりはない。

高級車は白人系，アジア系双方の若者にとって，自分たちが入手困難な「贅沢品」であり，白人系若者にとってのアジア系住民，アジア系若者にとっての白人系住民は，隣り合った地区に住んでいたとしても，お互い関わりを持たない「平行生活」(parallel lives) を送っており，お互いわかり合えない「他者」であり「衝突せざるをえない存在」となる。「暴動」が持つこのような象徴性が，多様性・寛容性という規範の無力さを暴き出してしまう。こうして，「英国は雑種民族 (mongrel race) の国になるべきではない」といった発言に示されるような対抗的な規範，すなわちナショナリズムの色濃い規範の台頭を許してしまうのである。[17]

「暴動」の勃発前には，英国国民党 (British National Party, BNP) や国民戦線 (National Front) といった極右団体が示威的行動をしたり，またそれを計画し，ナショナリスティックな同質性・非寛容性の規範を誇示していた。このような極右団体の動きも，多様性・寛容性の規範を動揺させた。規範が提示されて誰かを捉えるためには，「誰か」という特定の個人の発信者の個別性を超え，規範の語られ方も個別性を超え，個人の私利を超えた何らかの価値として，語りを受け取る具体的な個人にしみ込んでいかなくてはならない（盛山 2001）。ところが，物質性と象徴性を合わせ持った「暴動」はその個別性をらくらくと乗り越え，多様性・寛容性の規範を否定し，ナショナリスティックな同質性・非寛容性の規範を社会当事者にしみ込ませてしまう機能を果たしてしまうのである。

市民権モデルの選択という国際社会学的問題

このような規範の動揺という問題は，国際社会学の観点からは市民権モデルの選択問題と機能的等価である。国際人口移動が急激に活発になり，国民国家モデルを基本とする各国の市民権制度が挑戦を受けている。この状況において，国民国家モデルの代替案としてモデルがいくつか提唱されている中でも，実際

---

[17] 保守党のジョン・タウンゼント (John Townsend) 議員が，2001 年総選挙前に人種論争を引き起こしたスピーチに基づく (*Guardian* 26 April 2001)。

に導入されることが多く，かつ有力だと社会当事者たちに思われているものが，多文化主義に基づく多文化モデルである。[18]

　既に論じたように多文化モデルとは，憲法や法律等で規定される政治的共同体を国民と定義し，新規来住者でも政治的秩序を尊重すれば新しいメンバーとして受け入れ，文化的差異やエスニック・コミュニティの形成も受け入れるというモデルである。多文化モデルの中のタイプの違いはあれ，オーストラリア，カナダ，スウェーデンでは根付いており，オランダ，アメリカ合衆国，英国でも導入されているとされる（Castles and Miller 1993＝1996：43）。第1章で触れたように，市民権の国民国家モデルは「平等」「民主性」「単一帰属」「恩恵」といった社会契約的原則と，「神聖」や「政治体と文化体の一致」といった情緒的原則で成立している。それに対して多文化モデルは，これら原則のうち「政治体と文化体の一致」のみを緩和することを目指す。その背景には，国民国家モデルからの変容をできるだけ小さく抑えたいという意図がある。

　英国への移民の多くが新英連邦諸国出自の「旧臣民」であり，すでに英国国内に居住している者は完全な英国市民権を形式的には所持していることがほとんどであった。[19]英国では1990年代後半，多文化モデル的な規範を推進する動きがあった。1999年に発表されたマクファーソン報告書（Macpherson Report）はその典型例であり，スティーブン・ローレンス（Steven Lawrence）事件の捜査で警察内部に「制度的人種差別」が存在したことを指摘し，多文化モデルの重要性を示唆した（樽本 2001a）。しかし英国における「人種暴動」は，多様性・寛容性の規範の動揺を経由して，この多文化モデルが「機能不全」を起こしていると社会当事者に理解させてしまう。多文化モデルでは，移民やエスニック・マイノリティを包含した社会統合を実現できないのではないかと。

---

[18] 多文化モデルなどの，国民国家モデルに対する市民権の代替モデルに関する理論的検討は，序章を参照。市民権の代替モデルとアイデンティティとの関係については，第2章を参照。
[19] 市民権の実質的側面については，例えば職業階層や住宅階層における移民たちの位置で測ることになる。移民の住宅階層については，樽本（1997a）を参照。

第4章　英国「人種暴動」と市民権

市民権モデルをめぐる違背の処理

「人種暴動」は，人々の自明世界に大きな亀裂をつくりだす。象徴性の観点において，「暴動」は人々の持つ多様性・寛容性の規範を動揺させ，市民権の多文化モデルに疑問符を付ける。そして人々を，規範の違背を処理し共同の自明世界を再構築するよう駆り立てていくのである。英国社会の当事者たちは，多文化モデルの「機能不全」を暴露する「人種暴動」を踏まえて，どのような市民権モデルの構築に向かっていったのであろうか。

極右団体による扇動と人種的緊張，「人種暴動」の噴出，庇護希望者の相次ぐ英国上陸，総選挙における極右政党の予想外に高い得票率，アメリカ合衆国における9.11同時多発テロ事件等を踏まえて，内務大臣デヴィッド・ブランケット（David Blunkett）は2001年10月，市民権（citizenship）概念を用いた対処策を発表した。いわく，新規の移民に対して「市民権の授業」の履修を市民権付与の条件とすること，その授業では英国の政治，社会，文化を学ぶこととし，英語を学ぶことも必修とするという案を発表したのである。[20]

さらに同年12月，テッド・キャントル（Ted Cantle）率いる内務省のコミュニティ結束検討チーム（Community Cohesion Review Team）による報告書（Home Office 2001）発表を受けて，ブランケット内相は「報告書は，市民的アイデンティティと価値の共有の感覚が多くの街には存在しないことを示している」とし，英国市民であることの権利と責任についての国全体での議論を喚起した。[21]

極右団体にかき乱されたことが直接の引き金のひとつだったとはいえ，イングランド北部での「人種暴動」の最も基礎的な原因はコミュニティ間の分断である。エスニック・マイノリティには英国社会への「帰属感」（sense of belongingness）や「他者を受け入れる規範」（norms of acceptability）が必要である。国全体の議論によって市民権に伴う権利や責任が定まったら，市民権取得の際，英

---

[20] http://news.bbc.co.uk/hi/english/uk/newsid_1620000/1620900.stm（アクセス日：2002年3月13日）。

[21] http://news.bbc.co.uk/hi/english/uk/newsid_1704000/1704677.stm（アクセス日：2002年3月13日）。

[22] http://news.bbc.co.uk/hi/english/uk/newsid_1703000/1703322.stm（アクセス日：2002年3月13日）。

国への忠誠を確認するためアメリカ合衆国のような宣誓を導入するのはどうかという提案もなされた。(22)そして，2002年国籍・移民及び庇護法 (Nationality, Immigration and Asylum Act) が制定されたのである。

一方で，「人種平等のための運動」(the Campaign for Racial Equality) のグルバク・シン (Gurbux Singh) 議長は，ブランケット内相の意見に大筋で同意しながらも，内相のいう英国市民権の議論は，ナショナル・アイデンティティというただひとつのアイデンティティのみを巡って展開されるべきではない，と発言した。実際ブランケット内相のアイデアは，1960年代後半に導入された「第二言語としての英語」(English as a Second Language, ESL) 政策や通学分散政策のアイディアと類似している。移民やエスニック・マイノリティへの市民権に関して「政治と文化の一致」を強調することで，事実上，市民権の多文化モデルを否定し同質性・非寛容性の規範を肯定している。(23)すなわち，「市民権の多文化モデルから国民国家モデルへの回帰」を政策の中で打ち出しているのである。多くのエスニック・マイノリティが今では英国生まれ，英国育ちで，英語を話し，英国の文化や生活習慣をかなりの程度，身につけているにもかかわらず。

4 多文化市民権の不安定性

社会哲学の三幅対

確かに「人種暴動」はその物質性と象徴性から多文化市民権の虚構性を暴露してしまう。「暴動」は制度としての多文化市民権を動揺させるフォーカル・ポイント (focal point) となるのである。しかし，なぜ多文化市民権はナショナルな同質性・非寛容性の要求に対して，脆弱なのであろうか。ひとつの説明は，脆弱さそれ自体は多文化市民権自体に内在した性質だというものである。この説明において，多文化市民権のどのような性質がそれ自体を不安定にするとい

---

(23) 1960年代70年代英国の「第二言語としての英語」政策や通学分散政策と市民権との関係については，第3章を参照。

```
伝統主義（コミュニタリアニズム）
    ↓ 否定
近代主義（リベラリズム）                回帰
    ↓ 否定
ポスト近代主義 ─────────────┘
```

図 4-3 社会哲学の三幅対
出所：大澤（2002：16）

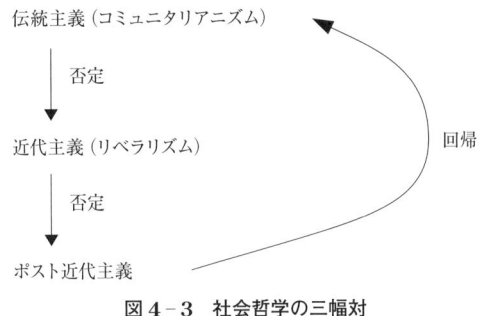

うのであろうか。

　大澤真幸（2002）は，スラヴォイ・ジジェク（Slavoj Žižek）の弁証法的な三幅対を元にして，倫理に関する社会哲学が三幅対の中で循環してしまうことを論じている。社会哲学の第一のタイプは伝統主義。何が善であるかは，共同体の伝統の中で歴史的に決まる至高の規範によって具体的なものとして基礎付けられるとする立場である。コミュニタリアン，ナショナリスト，宗教的原理主義者がここに属する。第二のタイプは近代主義。伝統主義が目指す具体的な規範を示すことを断念し，普遍的に妥当する規範を得るための形式的な手続きを定式化しようとする立場である。正義の具体的な内容ではなく正義の満たすべき条件や定式化を探究したジョン・ロールズ（John Rawls）や，人々の合意内容ではなく合意に至るための条件をコミュニケーションによって定式化しようとしたユルゲン・ハバーマス（Jürgen Habermas）の試みは，このタイプにあたる。第三のタイプはポスト近代主義。普遍的な規範は存在せず，存在するのは優越関係をつけることができない各共同体それぞれの規範にすぎないという立場である。他者の規範に寛容になる態度をとり複数の規範の共存を維持することのみが普遍的に要請される。ポストモダンを志向する相対主義者の考えであり，政治的な主張に発展すると多文化主義もここに入るという。

　大澤によれば，倫理に関する社会哲学のこれら3つの立場は，他の立場を批判して出現してきたにもかかわらず，自らの立場を擁護しきれず結局は以下の

ように循環を構成してしまうという（図4-3）。近年，伝統主義的立場は，それぞれの共同体をまたいだような市民たちの連帯，すなわち「エスニック・ナショナリズム」に陥らない「健全なナショナリズム」が可能であると主張する傾向にある。このナショナリズムは「シビック・ナショナリズム」や「リベラル・ナショナリズム」と呼ばれることがある。しかしこの主張は，伝統的に与えられた共同体の規範を否定することになり，結局は近代主義的なリベラリズムの主張する手続きによる規範の創出を容認せざるをえなくなる。

しかし，近代主義的立場がいくら手続きを精緻化しようとも，もたらされた規範は，ある特定の共同体に基づいた具体的な内容との関係を絶つことができない。結局，その「普遍的な」規範は，ある優越した共同体の規範の反映であり，その規範の普遍性は虚構にすぎないと見なされてしまう。このように中立性というベールははがされ，3つめの立場，すなわちポスト近代主義が標榜する各共同体の規範の並存という立場に道を譲ることになる。

ところが，ポスト近代主義的立場の提唱する他の共同体への寛容性は，近代主義的立場を徹底させたものであり，また特定の規範を暗黙の内に特権化し強制しているという近代主義的立場への批判はそっくりそのままポスト近代主義的立場へもあてはまってしまう。その結果，批判に耐えきれなくなるポスト近代主義的立場は，共同体の伝統や歴史に依拠する方向へと流されていき，伝統主義へと回帰してしまうというのである。

「人種暴動」の三幅対

社会哲学の三幅対は，「人種暴動」をめぐる社会的現実の構造と多文化主義の脆弱性を指し示してくれる。前章で検討したように，英国は新英連邦・パキスタン系移民の流入に直面して，移民フロー政策の観点で「帝国」という市民権付与の準拠共同社会を解体し，「国民国家」の構築を目指した。このとき人種観念に基づいたナショナリズムがエリートと大衆に共有されていた。

ところが，「国民国家」の構築は未完に終わった。ヨーロッパ統合という動きと共に，それ以上に影響が大きかったのは移民ストック政策によって対処せ

第4章　英国「人種暴動」と市民権

```
ナショナリズム ←──────┐
   │ 否定            │
   ↓                 │ 回帰
普遍的形式主義         │
   │ 否定            │
   ↓                 │
多文化主義 ───────────┘
```

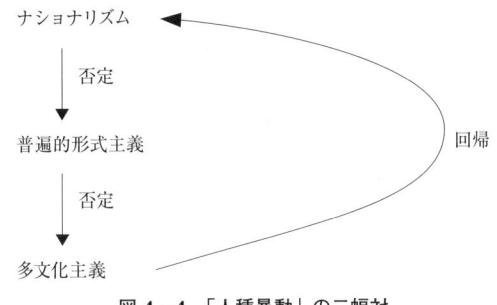

図 4-4　「人種暴動」の三幅対

ざるをえなくなった多文化社会の出現である。その結果，英国は「事実上の多文化主義」を政策として採用せざるをえなかった。英国社会は，ナショナリズムから多文化主義へと移行していったのである（図4-4）。もちろん社会哲学的には普遍的形式主義の段階を模索したことになる。ただしこの「普遍性」は，「帝国」という枠組みによって制約を課された。結果として，「帝国」に属する各集団の文化を尊重するという方向に道を開き，多文化主義が定着していくことになる。ただここでも同じように「帝国」という枠組みの影響により，規範の普遍性を完全に放棄するには至らず，英国という旧宗主国の「文化」を頂点とする文化ヒエラルキーに基づいた多文化主義が展開することになった。

　「人種暴動」が影響を及ぼしたのは，この後の段階である。最初の新英連邦・パキスタン系移民であるカリブ系移民が流入し始めてほぼ40年を経て，多文化主義はようやく定着したかに見えた。ところが，多文化主義は普遍的形式主義の持つ他の文化への寛容の規範を受け継ぐことになった。また，結局は英国文化を特権化しているのではないかという批判も引き継いでしまった。つまり，普遍的形式主義から多文化主義へと向かわせた動因が，そのまま多文化主義に残存し，それを不安定にしてしまっているのである。この状況において生じた「人種暴動」は，その物質性と象徴性の組み合わせからそれを知ったり経験した人々の感情を強く揺さぶり，多文化主義がナショナリズムへと回帰していく契機を創出してしまう。すなわち「人種暴動」という社会的現実においても，三幅対はほぼ実現してしまった。そのひとつの有力な理由は，多文化主義

は他の文化に寛容であるがゆえに普遍的な規範をもたらすことができず，優越した共同体の規範で代替せざるをえないという多文化主義に内在した社会哲学的な脆弱性なのである。「複数のコミュニティを包摂するコミュニティ」(a community of communities) を構成できるような単一の普遍的な文化は，いかにして実現可能なのだろうか (Runnymede Trust Commission on the Future of Multi-Ethnic Britain 2000)。

5 「人種暴動」の社会学的射程

　社会学研究者たちは「人種暴動」に対して様々な社会学的問題を設定することが可能であろう。例えば，社会運動論や集合行動論の研究者であれば，「なぜこのような『暴動』が生じたのか」という問いを立て，構造的ストレン，資源動員，政治的機会構造等の概念で，「暴動」の生起を説明しようとするであろう。ロバート・マートン (Robert Merton) 流の社会解体論の視点をとれば，「暴動」の当事者たちは規範が弱まったアノミー状態にあるとし，その規範の弱まりを個人的適応の観点から文化的目標と制度的手段の軸で分類して理解しようとするであろう。社会構築主義の立場をとれば，「暴動」をある種の社会問題の定義過程の帰結と捉え，「暴動」に関するクレイムがどのように申し立てられたのかを記述しようとするであろう。カルチュラル・スタディーズであれば，「暴動」というイメージや言説がエスニック・マイノリティの「不利さ」とどのように結びつけられていったかを追尾しようとするであろう。

　以上のような様々な社会学的問題設定は，それぞれ可能なものであり，研究の目標設定として適切なものであろう。上述したように，「人種暴動」はどの問題設定にも「耐えうる」鮮烈さと問題性をはらんでいるのである。

　しかし，規範としての市民権モデルの動揺という国際社会学的問いには，他のどの問題設定にもまして重大な切実さが表現されている。「人種暴動」は，市民権の多文化モデルの「限界＝亀裂」の表出と再構築という課題を社会当事者に突きつけているからである。この課題の規定には，ナショナリズムへの回

帰を促してしまう多文化主義に内在した社会哲学的脆弱性が横たわっている。

「人種暴動」は，ひとり英国社会でだけの問題ではない。2005年のフランス大都市郊外をはじめとして，他のヨーロッパ諸国でも「暴動」はしばしば生起しているし，アメリカ合衆国でも1992年の「ロサンゼルス暴動」はまだ人々の記憶に残っている。日本においても，富山県のパキスタン人経営の中古車販売店に破られたコーランが投げ込まれ，イスラム教徒らが外務省に強く抗議・要望した事件（『毎日新聞』2001年5月25日）や，愛知県豊田市の保見団地で右翼団体と日系ブラジル人とが対立した事件（松岡 2001）のように，人種的緊張の高まる出来事が生起しつつある。このような英国社会以外の事例も，「人種暴動」の研究上の意義を裏打ちしているのである。

社会的実践の場面においても，「暴動」はもちろん各国における最重要の社会問題である。英国においては，多文化市民権に関わる問題として具体的な方策がローカルな場で展開されている。次章では，このローカル社会における多文化市民権的政策の展開について見ていくことにしよう。

第5章

多文化市民権のローカル・ガバナンス

1 実質的市民権のローカルな展開

　第二次大戦後，国際人口移動が活発化した結果，主として先進諸国へ異なる文化を持った国際移民が流入し，受け入れ社会の文化を豊かにする一方，様々な社会問題を引き起こしている。移民たちは「一時的労働者」から「社会的存在」へと姿を変えてエスニック・マイノリティとなり，単一文化で構成されていると見なされた国民国家を疑問の余地のない多文化社会へと変容させる。現在世界には，60の言語集団と5,000のエスニック集団が存在すると言われる一方，国民国家はたった180ほどしかない（Kymlicka 1995：1 = 1998：1）。多くの移民たちが国境を越えて流入するにつれて，社会は国民国家の理念である「政治と文化の統一体」からどんどん乖離していく。国民国家は様々な弊害を随伴しながらも，人々を政治組織化するという点では有効な社会モデルであった。一方，移民流入を経験した多くの社会が今では消極的選択肢としてであれ，事実上多文化モデルを採用しているのである。ところが，多文化モデルを採用した国々では，社会内の多文化アクターたちを統合するための苦心が続いている。その困難さを示す典型例が前章で考察した「人種暴動」であった。各国はいかにして多文化社会を統治しようとしているのであろうか。

　社会問題を解決し社会解体を防ぎ社会統合を実現するために，移民たちに地位，権利・義務，アイデンティティの集合体である市民権を与えることが有効

な手段だと考えられてきた。市民権によって，住宅や教育といった社会領域における緊張を緩和し，移民たちに共通の目標や将来の見通しを与え，エスニック・コミュニティを全体社会に組み込ことができると期待されたのである。これが「コミュニティ結合」(community cohesion) という新たな政策目標が生み出された理由である(1) (Home Office 2001)。ところが，市民権の機能には疑問符が付けられ，ふたつの問題が浮かび上がった。第一に，市民権を付与される移民は当該受け入れ社会に対してアイデンティティを持っているのかという問題である。すでに前に論じたように，市民権は権利義務関係を示す社会契約的側面と共に，社会に属しているというアイデンティティを示す情緒的側面をも兼ね備えているのである。この点は，英国への新規移民に対して制定された2002年国籍・移民及び庇護法の焦点であり，帰化取得の際の市民権授業の履修や，教育におけるナショナル・カリキュラムの強化へとつながっていった。

第二に，市民権の効力の問題である。法律レベルで付与される市民権を「形式的市民権」，形式的市民権を実際に行使できている状態を「実質的市民権」と呼ぶならば，ある社会のあるタイプの移民は形式的市民権さえ与えられないまま，長期の滞在を余儀なくされている。また別のタイプの移民たちは，形式的市民権が与えられた後でさえ実質的市民権は確保されておらず，差別をはじめ様々な問題にさらされる。

英国の場合，やってきた国際移民の多くが新英連邦諸国の出身者である。この新英連邦移民のことを英国国内では「Black Minority Ethnic (BME) people」とも呼ぶ。かつて「大英帝国」の「臣民」であったがゆえに，BME移民たちはすでに形式的市民権を保持している。しかし実質的市民権を十分享受できているとは言えず，排除されたり周辺化されることがよくある。移民たちを社会に統合するためには，実質的市民権を実践レベルで実現しなければならない。このような事情のため，移民に対する平等政策が多文化社会に導入される

---

(1) 本章では，統合 (integration) と結合 (cohesion) を同義の概念として用いることにする。ただし，後者は比較的新しい概念であり前者とは異なる意味合いを持つと主張されることもある。Home Office (2001) および樽本 (2009:78-81) を参照。

必要がある。しかし、平等政策の実施には常に困難がつきまとう。これが多文化市民権にまつわる最も大きな問題のひとつである（樽本 2000）。

本章ではこの第二の問題に焦点を合わせて論じていくことにしよう。いかにして国際移民たちの実質的市民権を確保するか。具体的にどのような手法を用いることができるのか。その過程でどのような問題が生じるのか。英国の場合これらの問いは、ローカル社会において対処されてきている。本章では、実質的市民権の確保を目的としている制度を実質的市民権制度と呼び[2]、多文化市民権にまつわる問題がローカル社会でどのように対処されているのかを、英国のローカル・アクター間の関係、すなわち地方自治体とボランタリーセクターとの関係に注目しつつ、検討を加えていく。

本章では、実質的市民権制度を包括的に分析することは意図されていない。また、仮説検証型アプローチを採用することも企図されていない。むしろ、仮説提唱型アプローチに基づき、次のような問いを探究していく。第一に、BME 移民に対する実質的市民権に関して、何が政策的に問題になっているのか。第二に、実質的市民権制度はどのように変動してきたのか。第三に、なぜそのような制度変動が生じたのか。

2　ローカル政府から多文化ガバナンスへ

ローカル政府モデルの確立

BME 移民に関わる実質的市民権制度を考察するために、ローカル社会、地方自治体およびボランタリーセクターに注目する最も主な理由は、英国の歴史的経緯によるものである。新英連邦移民が流入し始めて以来、その移民たちへの実質的市民権制度はローカル政府モデル（local government model）を目指し

---

[2] 本書では Aoki (2001) を参照しつつ、制度を「諸行為者の定型的で繰り返される相互行為に関する人々の自己維持的な信念システム」と定義する。諸行為者は市民権の享受に関する要約され縮減された情報を与える実質的市民権制度を通して、市民権の実質享受に関して他者との相互行為を予期し、相互行為を遂行することができるのである。
[3] ここで言うモデルとは、観察者視点からのそれではなく、当事者視点からの制度の理想型を意味する。

てきた。中央政府は主に，移民の市民権に関する枠組みを設定し，特に形式的市民権を政策対象とする。一方，1950年代以来その多くがアドホックながらも実質的市民権政策を展開してきたのは，地方自治体およびローカルな集団である。

　まず，ローカル社会に実質的市民権の問題を委ねる流れは，平等政策に関わるいくつかの分野を担う「ボランタリー委員会」（voluntary committees）の形成として現れた。ボランタリー委員会は，公的なソーシャル・サービス，ボランタリーなソーシャル・サービス，移民団体，労働組合などの代表で構成された。その後1960年代終わり，ボランタリー委員会はコミュニティ関係委員会（the Community Relations Commission）の援助を受けるようになり，「コミュニティ関係協議会」（the Community Relations Councils）となった（Hill and Issacharoff 1971；Gay and Young 1988）。地方自治体に関しては，1966年地方自治法及び地方自治助成（社会的ニーズ）法（the Local Government Act and the Local Government Grants (Social Needs) Act）の第11条が，多文化的状況に起因する都市荒廃に対処するため，中央政府からローカル政府への財政的支援の根拠となった。ローカル政府は，多文化的不平等が存在することを認識はしていたものの，多くがコミュニティ関係委員会への財政的援助と，ローカルなコミュニティ集団への助成をするだけに止まっていた（Solomos［1989］1993：98-100,102-4）。

　その後，第3章で詳述したような1960，70年代の移民問題の政治化の流れを経て，1976年人種関係法の第71条によって，実質的市民権制度のローカル政府モデルが提示された。直接のきっかけは，国会において同法が通過する際の議論である。労働党議員フレッド・ウィリー（Fred Wiley）が人種関係を改善する役割を地方自治体が持つと同法に書き加えるよう主張したのである。当初政府は反対したけれども，ウィリーの主張は人種関係法の改正に盛り込まれた（Solomos 1989：13）。以後，地方自治体がBME移民の実質的市民権確保を担うべきだとされたのである。

　具体的には第71条は，以下のような内容であった。

第5章　多文化市民権のローカル・ガバナンス

　　本法の他の条項に従う義務を損なうことのないよう，次の必要性の点で役割を確実に果たすために適切な方策を立てることを，すべての地方自治体の義務とする。次の点とは，(a) 不法な人種差別を廃絶すること。そして(b) 様々な人種集団の人々の間の，機会の平等と良好な関係を促進すること。

このように，1976年人種関係法の第71条は様々なエスニックな背景を持った人々に対する法に反した人種差別を廃絶し，機会の平等を促進するという実質的市民権政策の遂行の義務をローカル政府に課した。人種平等委員会(the Commission for Racial Equality, CRE) もローカル政府に，業務を改善し先駆的なローカル政府の経験を学ぶよう促した。しかしこのように法によって公式に規定されたとはいえ，ほとんどのローカル政府の政策や実践がすぐさま改善されたわけではなかった。第71条は，既存の地方自治体制度の中で政策改善の基礎となったものの，直接的な影響を及ぼしたとは言えなかったのである。

　この状況を変えたひとつの転機は，1980年から1981年にかけて頻発した「人種暴動」であった。ブリストル，ロンドン，リバプール等において生じた深刻な「暴動」の余波で，BME出身の議員やエスニック集団が働きかけ，多くの地方自治体が人種差別に対抗する平等政策を発展させると発表した。

　「人種暴動」は様々な政策領域に影響を及ぼしたけれども，特に3つの政策が新たに導入された。公共住宅など資源配分過程に対するエスニック・モニタリングを導入すること。BME出身者をローカル政府スタッフにより多く雇用すること。そしてBME移民の直面する困難をローカル政府内で周知することである (Solomos 1989：105)。ロンドン行政区のブレント (Brent)，イーリング (Ealing)，ハックニー (Hackney)，ハリンゲイ (Haringey)，イズリントン (Islington)，ランベス (Lambeth) といったBME移民を多く抱えるローカル政府は，雇用，公共住宅などにおける人種に関わる平等政策を根底的に改革し，他の地方自治体の多くも，人種的平等を含む機会の平等一般を改善すると政策宣言を行った。ただ，宣言と実際の政策実施との間には乖離があり，中央政府の態度

とも齟齬があるという批判もあった。

　こうして，BME 移民に対する実質的市民権制度のローカル政府モデルが確立し，白人系マジョリティが概ね優位である公共セクターの地方自治体（local council）が，実質的市民権政策を決定し執行する単一アクターと見なされた。「市庁舎」（Town Hall）は，組織的ヒエラルキーを通じて内部の部署に命令を出し，政策過程および統治者から被統治者への経路を統制するのだと想定された。政策結果は，地方自治体内部の組織的過程によって生産されるというのである（Leach and Percy-Smith 2001：1-20）。

多文化ガバナンスモデルへの展開

　こうして確立したローカル政府モデルだが，すぐに困難に直面した。1979 年保守党が総選挙で勝利し，1979 年から 90 年までマーガレット・サッチャー（Margaret Thatcher），1990 年から 97 年までジョン・メイジャー（John Major）が政権を担当することになると，中央政府はローカル政府に財政的な制約を次々と課し，そのサービス供給者としての役割を衰退させようとした。そして，都市の地域荒廃の対策に市場化原理を導入しようとした（西山・西山編 2008）。その結果ローカル政府は，実質的市民権制度を発展させるイニシアティヴを維持できなくなったのである。こうして「平等な機会」（equal opportunity）や「人種的平等」（racial equality）に代わり，市場原理を踏まえた「起業文化」（culture of enterprise）がスローガンとして用いられるようになった。1980 年代終わりには，メディアが人種平等政策を批判的に報道し，白人系住民の中には，ローカル政府がそれら政策を展開させることに抵抗を見せる者もいた。抵抗の矛先は，例えばブレントやブラッドフォードで推し進められていた多人種教育，ロンドンの行政区における「狂気の左翼」（loony left）の活動，反人種主義を政治的権利だとする主張に向かい，先進的な地方自治体でさえ平等政策の推進を尻込みせざるを得ないほどであった。

　1990 年代後半労働党が保守党から政権を奪取したことは，実質的市民権制度がローカル政府モデルから変化し，新たな展開を見せる追い風となった。加

えて，前章でも触れた1993年のスティーブン・ローレンス（Steven Lawrence）事件および同事件に関する1999年マクファーソン報告書（Macpherson report）は，BME移民が実質的市民権を享受できていないことを再認識させた。ローカル政府モデルと比較して，新たなモデルは次のような理念を帯びた。今や公共セクターに属する地方自治体は政策の立案・実施を行う唯一の主体ではない。市民社会における私的セクターやボランタリーセクターの様々な行為者が政策過程に関与すべきである。トニー・ブレア首相（当時）の言葉を用いれば，「以前は地方自治体だけが街の試合をしていたところに，様々なプレイヤーがひしめき合ってローカルなポジション争いをしている」のである（Blair 1998：10）。こうして，白人系マジョリティとBME移民を含む様々な行為者のネットワークとパートナーシップが形成されるべきであること，ローカル政府はもはや単独で政策過程を指揮したり統制したりするのではないこと，サービスを供給するために行為者たちを導き協働していく役割に徹していくこと，そして地方自治体が政策を他の行為者に委ねること，これらは通常の政策過程となる。さらに前章で見たように，2001年イングランド北部の町，オルダム（Oldham），バーンリー（Burnley），ブラッドフォード（Bradford）などで「人種暴動」が生じ，エスニック・マイノリティの実質的市民権を確保するために平等政策を前進させようという政治的文脈がつくりだされたのである。

　BME移民に対するこのような実質的市民権制度のモデルを，多文化ガバナンスモデル（multicultural governance model）と呼ぼう。すなわち，実質的市民権制度のモデルは，ガバメントからガバナンスへと変動したのである。このような多文化ガバナンスモデルは，どのような問題をどのような制度デザインによって対処するようになったのだろうか。そしてローカル社会はどのように実質的市民権政策が展開する社会空間となったのだろうか。

3　調査デザイン

　前述のように，ローカル政府モデルは多文化ガバナンスへと急速に変動して

いった。その変動とは，具体的にどのようなものだったのだろうか。どのような要因により制度は変動したのだろうか。

本章は，これらの問いに対して仮説提唱型アプローチを採用する。また，英国ロンドンのローカル・アクターに対して1998年9月, 2000年8月, 2001年8月, 2002年8月に自由面接法によって実施した聞き取り調査によるデータを用いる。面接調査の対象者は，時間的な順序は前後しつつも，論理的には次のような3段階の過程を経て選択された。第一段階においては，保守党政権によってローカル政府モデルの弱体化が図られたことを鑑み，BME移民を多く抱えるロンドン行政区[(4)]のエスニック平等政策を担当する上級行政官を対象とした。依頼の結果，カムデン行政区とワルサム・フォレスト行政区の行政官が面接調査に応じてくれた。この段階で企図したのは，実質的市民権制度への変動の鳥瞰図を得ることである。第二段階では，単独の行政区を超えた動きを把握するために，ロンドン行政区など自治体間の連絡機関であるロンドン自治体協会 (the Association of London Governments, ALC) と，後述するボランタリー・ネットワーク団体のエスニック平等政策担当者への調査を行った。後者の団体の中で，実質的市民権政策のサービスを提供しているという観点から，エスニック・マイノリティ財団 (the Ethnic Minority Foundation, EMF) およびボランタリー組織全国協議会 (the National Council for Voluntary Organisations, NCVO) を選択した。第三段階では，それ以前の段階で集めたデータを確証するため，個々

---

(4) ロンドン行政区 (Local Councils of London Boroughs) は，英国の首都ロンドン内部の地方自治単位である。ロンドンの起源であり金融業が集積する自治区シティ・オブ・ロンドン (City of London) を除き，次の32の地区のことを言う。シティ・オブ・ウェストミンスター (City of Westminster)，ケンジントン・アンド・チェルシー (Kensington and Chelsea)，ハマースミス・アンド・フラム (Hammersmith and Fulham)，ウォンズワース (Wandsworth)，ランベス (Lambeth)，サザク (Southwark)，タワーハムレッツ (Tower Hamlets)，ハクニー (Hackney)，イズリントン (Islington)，カムデン (Camden)，ブレント (Brent)，イーリング (Ealing)，ハウンズロー (Hounslow)，リッチモンド・アポン・テムズ (Richmond upon Thames)，キングストン・アポン・テムズ (Kingston upon Thames)，マートン (Merton)，サットン (Sutton)，クロイドン (Croydon)，ブロムリー (Bromley)，ルイシャム (Lewisham)，グリニッジ (Greenwich)，ベクスレー (Bexley)，ハヴァリング (Havering)，バーキング・アンド・ダゲナム (Barking and Dagenham)，レッドブリッジ (Redbridge)，ニューハム (Newham)，ウォルサム・フォレスト (Waltham Forest)，ハーリンゲイ (Haringey)，インフィールド (Enfield)，バーネット (Barnet)，ハローウ (Harrow)，ヒリングドン (Hillingdon)。

第5章　多文化市民権のローカル・ガバナンス

表5-1　対象となったローカルアクター

主流機関	カムデン行政区（Camden Borough） ワルサム・フォレスト行政区（Waltham Forest Borough） ロンドン自治体協会（the Association of London Governments）
ボランタリー・ ネットワーク団体	エスニック・マイノリティ財団 (the Ethnic Minority Foundation（EMF）） ボランタリー組織全国協議会 (the National Council for Voluntary Organisations（NCVO））
ボランタリー団体	バングラデシュ福祉協会（the Bangladesh Welfare Association） インド系労働者協会（the Indian Workers Association） ハウンズロー多文化センター（the Hounslow Multi-Cutural Centre） アカリ・ダル・ヘストン（Akali Dal Heston）（以上，ハウンズロー行政区） イーマグ（E-mag）（以上，リッチモンド・アポン・テムズ行政区）
公共団体	ハウンズロー人種平等協議会（the Hounslow Racial Equality Council） （以上，ハウンズロー行政区）
営利団体	アラート（ALERT）（以上，ワルサム・フォレスト行政区）

のボランタリー団体，公共団体および営利団体を選択し面接調査を実施した。以下の議論で直接用いられているのは，主に第二段階までで収集されたデータである。

　以上を整理すると，面接調査の対象となったローカル・アクターは，「主流機関」(5)「ボランタリー・ネットワーク団体」「ボランタリー団体」「営利団体」の4つのカテゴリーに分類される（表5-1）。

　面接調査は1対象者につき45分から2時間半程度実施し，すべて録音した。また必要であると判断された場合は複数回行った。調査を実施した場所は，対象者が所属する機関・団体の事務所である。調査方法の限界として，いわゆる「質的調査」にまつわるものがあり，無作為抽出法に基づいたいわゆる「量的調査」ではないため，安易な一般化は慎むべきである。そこで本章では，冒頭に述べたように仮説検証型アプローチではなく仮説提唱型アプローチを採用することにする。また，対象者はロンドンに位置する行政や団体の管理職であり，彼ら／彼女らの主観的見解を通したデータが得られている。その結果，行政や

---

(5)「主流機関」(mainstream agency) という用語は，地方自治体・自治体間の連絡機関を指すために英国でしばしば用いられる。

団体の一般職員の理解,市民権政策の受け手の意見,ロンドン以外の地域の事情は反映されてはいない。しかし,公共政策の背後にある論理を把握し,実質的市民権制度の変動に関する仮説を提出するという目的にはかなったものとなっている。すなわち本章では,いわゆる「量的調査」では達成しにくいような,移民に関わる市民権政策のローカル社会における展開の理論的仮説の構築を目指す。仮説の検証という課題については調査の追加や分析の洗練が必要となるため,今後の研究に委ねることにする。

4　多文化主義的挑戦

「やっかいな問題」

まず,実質的市民権の多文化ガバナンスモデルによって対処すべき政策的課題にはどのようなものがあるのだろうか。ローカル政府モデルにおいては,雇用と教育が典型的な問題であった。雇用に関しては,貧困地域（deprived area）において雇用機会を創出することが課題となった。教育や職業訓練に関しては,差別によって訓練を受ける機会が損なわれないようにし,特別の補償的なプログラムが導入されるべきだとされた（Jenkins and Solomos eds.［1987］1989：214）。このようにローカル政府モデルは,機会の平等を確保し差別を廃絶するという政策目標に志向していたのである。

1990年代終わりから2000年代にかけて,雇用と教育・職業訓練は実質的市民権の重要なイシューであり続けた。特に,最も古典的なイシューのひとつである失業は,ローカル・アクターによっても大きな問題としてしばしば言及される。ワルサム・フォレスト行政区も例外ではない。そこには近年,バングラデシュ,キプロス,東ヨーロッパ諸国,ソマリアから移民が流入している。特に大きいエスニック集団はパキスタン系とアフロカリブ系である。

　　そのふたつの集団にとって最もたいへんなことは職を探すことです。つまり失業［が最も大きな問題］です。そう,パキスタン系にとって英語は第

一言語ではないので……彼らが職に応募しに行くと，差別を受けたりするんです。英語がそんなにうまくないから。この行政区では，英語を上達させるためのコースを設けています。だから……そう，コースをね。でも，彼ら［パキスタン系］は，他の集団よりも差別されてるってまだ感じていますね。（ワルサム・フォレストにおける面接調査。以下，面接における……は会話の間をあらわす。また［　］は筆者による補足である。）

　雇用の問題に加えて，人種ハラスメント（racial harassment）も深刻な問題として頻繁に言及される。ここには人種差別も含まれている。

人種ハラスメントと人種的攻撃（racial attacks）が大きな問題になっています。あまり人の通り道をつくりすぎてはならないとわかりました。落書きをされないように建物に塗装を施さなければならないとわかりました。これらのことはすでに始められています。（カムデンにおける面接調査）

雇用は主な問題です……そして差別も。そう，ハラスメント。道を歩いていると，ののしられる。こんなこと［が起きるんです］。（ワルサム・フォレストにおける面接調査）

　人種ハラスメントの中には，「人種暴力」（racial violence）と呼べるほどにまでひどくなるものもある。

こんなことがあったんです。誰かが火炎爆弾（fire bomb）を郵便受けにつっこんだんです。……［その結果］火事よ。……わかりますか。タオルに火をつけて誰かの家に郵便受けに突っ込んで……人種差別的な動機でね。（ワルサム・フォレストにおける面接調査）

　これらの現象は，人種平等委員会（the Commission for Racial Equality, CRE）

による人種ハラスメントの定義によく合う。その定義とは,「肌の色,人種,国籍,エスニックまたはナショナルな出自に基づく諸個人,集団,資産に対する言語的または物理的暴力であり,被害者は攻撃が人種的動機に基づいていると信じており,そして／または人種的動機の証拠がある場合」である(CRE 1997)。

雇用,人種ハラスメントの他にも,難民,ソーシャルケア,医療・健康といった様々なイシューも実質的市民権のリストに付け加えられる(ロンドン自治体協会における面接調査)。すなわち多文化ガバナンスモデルは,機会の平等や差別の廃絶を超えたより広いイシューを扱うことが期待されているようにも見える。

一般的に言えば,ローカルレベルのガバナンスは様々な公共サービスによって構成されるものであり,医療,教育・職業訓練,ソーシャルケア,環境,交通,公共住宅,都市計画・土地利用,公園・余暇等と幅広い。さらに公共サービスの中には,英国で「やっかいな問題」(wicked issues)と言われるものに対処するためのものがある。「やっかいな問題」とは,以下のような特徴を持つ社会問題のことである。まず,既存の組織体制の部署を横断するような多くの側面を持つため解決が難しい問題。ローカルレベルの多くの主体が関わらないと対処しがたい問題。そして,解決には長期にわたる介入や終わりの見えない戦略と計画が必要になる問題。こうした「やっかいな問題」の典型的な政策領域は,BME 移民に関わるものだけでも,都市再生(urban regeneration),都市環境(urban environment),社会的不利(social disadvantage),社会的排除(social exclusion),犯罪とコミュニティ安全保障(crime and community safety),持続的発展(sustainable development)と多岐にわたる(Leach and Percy-Smith 2001:8-9, 186-7)。

BME 移民の実質的市民権の問題が,様々な政策的課題の中でも扱いにくく容易に解決しがたい「やっかいな問題」であることは疑いようがない。ローカル政府モデルから多文化ガバナンスモデルへの制度変動は,イシューという観点からはこのように把握することができる。

第5章　多文化市民権のローカル・ガバナンス

文化的多様性という規範的目標

　実質的市民権制度のイシューという観点に加えて，規範的な政策目標の観点からも制度変動を確認することができる。ローカル政府モデルの下では，BME移民に対する市民権政策は新英連邦からの労働力移動の副作用に対処するために仕方なく実施せざるをえないという含意があった。いわば必要悪であり，明るい将来を開くためというよりは過去の問題の処理と捉えられていた。一方多文化ガバナンスモデルは，実質的市民権政策を実行することに関する積極的な価値を打ち出している。その価値は「文化的多様性」と呼ぶことができる。

　　多くの人々が認識していないんです。多様性の力をいつもわかっているわけではありません。［でも多様性は］とても前向きのものです。それはよいものなのです。でも多様性が挑戦を伴うことも受け入れなくてはなりません。もし挑戦を受け入れて多様性を見ないと，多様性は問題となります。いったん問題となると，こんなことになります。こんな風に言わなくてはならなくなってしまいます。中国系は問題だ，ベンガル系は問題だ，アフリカ系は問題だ。もし［多様性の］挑戦を理解しないと，挑戦を発展させられなくなってしまいます。だから，私のチーム，私のユニットの仕事は，彼ら［BME移民］のところへ行って言うことです。「ほら，多様性はよいことですよ。多様性はグローバル経済やグローバル・マーケットで生活しているわれわれのところに長いことあったんですよ。」消費者はどんどん変化しています。今日も誰かがわれわれのサービスを利用しているでしょう。でも明日はもう違う人々［が利用する］でしょう。われわれは組織として変化しなくてはなりません。われわれは，誰が顧客か理解しなくてはなりません。もし［理解］しなければ，よいサービスなんて提供できないでしょう？　だから，カムデン［自治体］が調査することは大事です。ニーズはとても明確に誰がコミュニティ［の一員］か決めています。われわれが彼らをどのように扱うべきかも［決めています］。（カムデンにおける面接調査）

第Ⅱ部　多文化市民権と社会秩序の親和性と相克性

　文化的多様性は，英国社会においてよく知られかつ論争を引き起こしている価値のひとつである。多文化ガバナンスモデルの下では，マジョリティにもマイノリティにも豊かさをもたらす肯定的で実りある価値であると主張されている。いったん文化的多様性を承諾してしまえば，エスニックな多様性から生じるいかなる問題も挑戦に値するものとなるのである。

　以上のように，ローカル政府モデルは多文化ガバナンスモデルへと移行していった。イシューの観点からは，機会の平等や差別の廃絶を超えた範囲の問題が多文化ガバナンスモデルにおいて扱われるようになった。規範的政策目標の観点からは，文化的多様性が肯定的な価値として捉えられ，実質的市民権制度の政策的基盤として発展してきたのである。

5　実質的市民権のための3つの政策戦略

　文化的多様性から生じる問題は，失業，教育不達成，ソーシャルケア，人種的ハラスメントなど多岐にわたる。ローカル政府単独で実質的市民権政策を実施していくには限界がある。そこで，それら諸問題に対処するため，多文化ガバナンスモデルが立ち現れ，3つの政策戦略がローカル社会において展開してきている。3つの戦略とは，助成金交付，契約，ボランタリー・ネットワーキングである。

助成金戦略

　実質的市民権政策をめぐる第一の展開は，「助成金交付」，すなわち「助成金戦略」(funding strategy) である。地方自治体は，その内部で政策を立案し実施するだけでなく，政策の立案や実施を外部の主体に委ねようとする。こうして，政策過程を委託する戦略のひとつとして，地方自治体はコミュニティ内のボランタリー団体に助成金を交付し，ローカル社会におけるサービスをより発展させ供給を豊かにしようとするのである。典型的な例として，ランチクラブ，高齢者のソーシャルケア，移民の子どもに対する相談業務がある。

第5章　多文化市民権のローカル・ガバナンス

　ランチクラブ（luncheon club）は，社交の場を持たなくなりがちな高齢者を主な対象として，昼食を食べる集まりのことである。地方自治体自身がランチクラブを主催することもある。しかし，自治体はBME移民の運営するボランタリー団体にクラブの主催とランチの供給を委ねることが多くなっている。

　　例えば，ここ［カムデン行政区］にはカムデン中国系協会（the Camden Chinese Association）というものがあるんです。その団体は，中国系の人々にとってはとても［よい］ランチクラブなんです。カムデンは中国系団体に資金を提供します。そして，「月曜日から金曜日まで300人の高齢者に昼食を提供してくれませんか」と頼んでいます。（カムデンにおける面接調査）

　ふたつめの例は，高齢者向けソーシャルケアである。ランチクラブと同様に，高齢者は自らのエスニック文化から離れられない傾向にある。例えば，「もし彼ら／彼女ら［高齢者］が中国系の背景を持っているなら，中国系の管理人がいて中国料理が出て中国系の医療が受けられるなら，快適に感じるだろう」（カムデンへの面接調査）。そのため自治体は，高齢者福祉施設の経営を任せるためBMEボランタリー団体に助成金を交付するのである。

　助成金交付は，高齢者の事例だけでなく若者に関する事例でも政策を外注する戦略として用いられる。ワルサム・フォレスト行政区では，「ミセス・バングラデシュ」という名のボランタリー団体が10代20代の若い移民女性に対するプロジェクトを運営している。女性たちの両親は自身が英国へ渡ってきた第一世代の移民であり，祖国の文化や価値に固執する傾向にある。それとは対照的に，その子どもである女性たちは学校で西欧的な価値や習慣を容易に獲得する。友人たちからの圧力のためもあり，西欧的な文化に惹かれ，服など西欧的なおしゃれをしたいと思い，白人系マジョリティの友人のように夜でかけたいとも思うようになる。ところが家では，バングラデシュの伝統文化に従うよう期待される。その結果，女性たちは「ふたつの文化の間で自分の（進むべき）道を失っている」（ワルサム・フォレストへの面接調査）。「ミセス・バングラデシ

ュ」は若い女性がそのような文化間のコンフリクトを解決できるよう助言を与えるのである。ときには，女性たちに祖国の言語を教えて，彼女たちの自尊心を高める試みも行う。

エスニックな背景を持った子どもたちは，親たちの文化と英国文化の間でしばしば板挟みになる。そこで，このような助言サービス（advocate jobs）が必要となる。「文化的わだち」にはまった子どもたちを助けようとしても，自治体は十分な能力を持たず有効な手段を打つことができない。自治体がボランタリー団体に助力を求めることは，自然の流れに見える。

助言サービスは，常に言語的および文化的困難につきまとわれる。例えば，自治体がすべての言語の話し手を揃えておくことは不可能である。そのため自治体は，助言サービスを提供する用意のある自治体組織外部のボランタリー団体に依存せざるをえないのである。

これらの事例は，BME 移民に対する実質的市民権確保に関して困難に直面した自治体が，助成金戦略を積極的に採用していることを示している。その背後には，BME 移民は自治体よりも自分たちのニーズに関する知識を持っており，またよりよいサービスを提供するための技能も持っているという自治体側の認識が存在する。

契約戦略

「政策外注」（policy outsourcing）のための助成金戦略は，実質的市民権に関する「やっかいな問題」に対処するには有効ではあれ十分とは言えない。そこで地方自治体は，政策外注のための戦略を他にも発展させようとしている。ふたつめの戦略として自治体が編み出したのは，外部の団体との「契約」，すなわち「契約戦略」（contract strategy）である。

契約戦略は，助成金戦略と混同されやすいけれども，次のように性格が異なる。助成金に関しては，団体は応募書類に仕事やサービスの内容や方法を書き込み，自治体に助成金交付の応募を申請する。そのとき，その団体はボランタリー団体と見なされる。助成金は仕事やサービスに対する「報酬」ではなく，

その団体の活動のための「助成」だからである。一方,他の団体は経済的資源を得るために,仕事やサービスを定めた「契約」を自治体とかわす。このタイプの団体は営利団体と見なされる。なぜなら,その団体は経済市場の一主体として仕事やサービスの「報酬」を得ようとしているのであり,「助成」を受けようとしているわけではないからである。また,その団体はスタッフを雇い,マネジメントのための意思決定を行い,自治体以外の仕事も請け負って利益を得ようとする。

　契約戦略が採用される典型的な政策領域は人種ハラスメントである。ワルサム・フォレスト行政区において,かつては自治体自身がハラスメント問題を扱っていた。しかし今では,自治体は外部の民間会社と契約し,ハラスメント問題の扱いを任せることにしている。英国内にあるどのような団体も,この契約を申請することができる。ワルサム・フォレスト自治体と契約を交わしているのは,アラート (ALERT) という民間会社である。ハラスメントを受けた誰もがアラートに連絡し法的なアドバイスなど対処を受けることができる。アラートは,容疑者を法廷に起訴し訴訟で勝つこともある。その他にも,アラートはハラスメントをする人々を土地や家屋から追い出すこともある。ワルサム・フォレスト自治体は,サービスを運営するためにアラートに年間20万ポンド (約2,600万円) を渡す。自治体とアラートは2か月ごとに会議を行い,業務について検討を加えている (ワルサム・フォレストとアラートにおける面接調査)。

　このような契約戦略は,ボランタリーセクターの悲観的将来を示す象徴として語られることが多い。マイク・マックロード (Mike McLeod) らは,イングランドとウェールズのBMEボランタリーセクターを調査し,BMEボランタリー団体に関するふたつの対照的な,将来のシナリオに言及している。悲観的シナリオは,BMEボランタリーセクターをめぐる「契約文化」(contract culture) が肥大化する可能性があるというものである。もし戦略も洗練さも欠いたアプローチが発展するならば,結果のみを追求する「契約文化」が強調され,サービス供給者は,エスニックな背景を考慮することなくサービスを提供しようとするであろう。この傾向は,ボランタリーセクターの持続可能性を損なう

ことになる (McLeod et al. 2001 : 82)。

「契約文化」に関するこの否定的な見解とは逆に，ワルサム・フォレスト自治体の上級担当官は自治体外部の民間の営利企業と契約することがBME移民に市民権サービスを提供する上でとてもよい方法だと高く評価している。

> 以前は，[この]自治体は内部でそれ[ハラスメント事件への対処]をやっていました。でも今は，それを契約でやってもらうようにしています。外部の民間会社にね。彼らはとてもよくやっています。彼らは3年間やってきて，人々は彼らのことをとてもよく思ってます。だから私たちはもう3年間契約を延長しました。それぐらい，この団体はとてもよいです。
> （ワルサム・フォレストにおける面接調査）

この担当官の視点からは，契約戦略は人種ハラスメントに対抗するサービスを供給するのにとても有効であると判断されている。契約に基づく業務を評価するためには，契約の形態とサービスの結果との関係や，契約の形態と契約を請け負う組織の持続可能性との関係を調べなければならない。しかし少なくとも，契約戦略が実質的市民権制度の欠かすことのできない要素となっていることは疑いようがないのである。

ボランタリー・ネットワーキング戦略

実質的市民権確保をめぐる第三の戦略は，様々なボランタリー団体の組織化である。1990年代末あたりから地方自治体とは独立の存在として，様々なボランタリー団体を関連づけ助成金を与えるような組織が現れてきた。

このようなタイプの組織をボランタリー・ネットワーク団体 (voluntary network organisation)，ボランタリー・ネットワーク・インフラストラクチャー団体 (network infrastructure organisation)，統括団体 (umbrella organisation) などと呼ぶ。本章では，ボランタリー・ネットワーク団体，略してネットワーク団体という呼び名を使用することにしよう。ネットワーク団体は，実質的市民権政

第5章　多文化市民権のローカル・ガバナンス

策の発展の制約となりうるローカル政治を乗り越える可能性を提供する。

　BME 移民への活動に注目すると，ネットワーク団体には3つの目標がある。第一に，特定のローカル領域を超えた様々なアクターにサービスを提供すること。第二に，特定の集団に基づくエスニック・コミュニティではなく，すべての BME コミュニティの代表的役割を担うこと。最後に，経済的資源の欠如のために活動の継続に支障をきたしている BME ボランタリー団体に助成を行うこと（カムデンにおける面接調査）。すなわちネットワーク団体は，エスニック平等政策を実行していくボランタリー団体に助成を行ったり，政策を立案・実行する能力を持った人材を育成するといった活動によって，エスニック平等政策の基盤形成的な政策を実行していく。

　近年の代表的な例は，エスニック・マイノリティ財団（the Ethnic Minority Foundation, EMF）である。EMF は 1999 年にロンドン（London）に本部を構えて以来，レディング（Reading），バーミンガム（Birmingham），ブリストル（Bristol），ノッティンガム（Nottingham），マンチェスター（Manchester），リーズ（Leeds）に支部を設け，スコットランド（Scotland），ウェールズ（Wales），北アイルランド（Northern Ireland）といった英国全土へも支部を広げようとしている。

　EMF は3つのプログラムを発展させてきている。第一に，1,000 万ポンド（約13億円）の資金をつくり，そのうち 450 万ポンド（約6億円）を BME ボランタリー団体へ助成金として交付し，それら団体の持続可能性を高めるプログラム。第二に，BME の専門職によって政策形成委員会（policy platform）を形成するプログラム。第三に，BME 出身の若者を，大学の MBA コースで学ばせるなどしてコミュニティのリーダーに養成するプログラム（EMF における面接調査）。

　EMF に似た組織には，エスニック・マイノリティ・ボランタリーセクター組織協議会（the Council of Ethnic Minority Voluntary Sector Organisations, CENVO），ボランタリー組織全国協議会（The National Council for Voluntary Organisations, NCVO），多様性・東ロンドン（Diversity East London）などがある。前

二者は全国規模で活動している団体である。そのうち CENVO は EMF の姉妹団体に当たる。EMF が政策の資金を管理する団体である一方，CEMVO は政策の実施を行う団体というように，公式には別々の組織ということになっている（EMF における面接調査）。NCVO は，ボランタリーセクター一般のネットワーク団体としてよく知られており，BME 移民に特化した団体ではないものの，プログラムの中には BME 移民に関わるものも多い（NCVO における面接調査）。

近年急速に，ネットワーク団体が BME 移民への実質的市民権確保のための極めて重要な役割を担うようになってきている。これらネットワーク団体は，理念としては平等政策のイニシアティヴを地方自治体からエスニック・マイノリティのボランタリーセクターに移し替えることを目論んでいる。つまりローカル政府によって支えられてきた伝統的なローカル民主主義を「迂回」し，さらには掘り崩す可能性もある。したがって，政治的な含意をも持つ。EMF の最高責任者は言う。

> ［この国に］定住するために来て，ここ［この国］を祖国と決めた移民やマイノリティにとって，これ［EMF の設立］はとても重要な政治的声明です。移民やマイノリティたちは突然気づきます。ある事柄は自分たちには開かれてないと。……なぜ，慈善事業全体の210億ポンドの支出のうち，［BME 移民には］2％に満たない額しかこないんだ？　なぜ？　それを正当化できないでしょう？……このセンター［EMF］が引き受けようとしているのは，そういうこと［政治的な役割］なのです（EMF における面接調査）。

6　実質的市民権制度の変動

文化的多様性に伴う諸問題への対処のために，ローカル・ガバナンスがローカル・ガバメント（ローカル政府）を超えて発展してきた。その発展は，助成金交付，契約，ボランタリー・ネットワーキングといったローカル領域の3つ

図5-2 公共政策のジレンマ

```
            自助
             ↓  分権化            集権化
ローカル  →  ボランタリー団体  →  ネットワーク団体
政府     →  営利企業          ↑ ボランタリー・ネットワーキング
          ↑
         市場競争
```

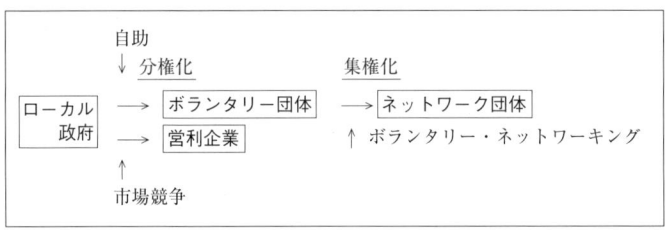

の戦略の出現によって特徴づけられる。そのうち，助成金交付と契約がローカル政府のイニシアティヴの下にあるのに対して，ボランタリー・ネットワーキングはローカル政府のイニシアティヴを超えている点に違いがある。

すなわち，上で見てきたように実質的市民権制度はローカル政府モデルから多文化ガバナンスモデルに移行し，ローカル政府中心の公的セクターだけではなく，契約による私的セクター，助成金交付やボランタリー・ネットワーキングによるボランタリーセクターが関与するようになったのである。それでは，なぜこのような実質的市民権制度の変動は生じたのだろうか。

公共政策のジレンマ

まずは公共政策一般に内在する原理的なジレンマが2つ指摘できる。第一のジレンマは，集権化か分権化かという対立，もうひとつのジレンマは，自助か市場競争かという対立である（図5-2）。

助成金交付，契約，ボランタリー・ネットワーキングという3つの戦略は，共通の性質を持っている。それは，エスニック平等政策に関する計画と実施をローカル政府から分権化しようという傾向である。「ベスト・バリュー」（best value），「グッド・プラクティス」（good practice）といった行政組織の効率性や効果の向上を煽るスローガンが，この傾向を促進する。しかし同時に，3つの戦略はそれぞれに対して異なる特徴をも持っている。まず，助成金交付と契約を比較してみよう。前者はBMEコミュニティ自身の自助（self-help）の力を期待して実施される。ボランタリーセクター自身がサービスを供給できるよう助

成金によってエンパワーメントすることが目指されているのである[6]。一方，後者の契約は政策の実施主体を市場の中で探そうという志向を示している。市場において経済的利益を最大にしようと試みている諸団体が契約の相手となる。したがって，助成金交付と契約の間には，自助か市場における競争かという原理上の相違がある。

次に，助成金交付および契約と，ボランタリー・ネットワーキングを比較してみよう。助成金交付と契約は，政策の実施を外部団体に委ねるとはいえ，いまだその主導権は地方自治体にある。一方ボランタリー・ネットワーキングは，政策実施に関して自治体を補完する機能を持つとはいえ，権限関係に関しては自治体とは独立である。自治体と良好な協調関係をつくることが期待されるけれども，場合によっては自治体に対抗する権威的組織となるかもしれない。このように助成金交付および契約と，ボランタリー・ネットワーキングを比較すると，後者が実質的市民権制度の再集権化をもくろんでいることがわかる。すなわち分権化か集権化かというジレンマが，実質的市民権制度の変動の論理となっているのである。

したがって，公共政策一般の側面においてはふたつの政策ジレンマが近年の実質的市民権変動を特徴づけている。変動は，「自助と市場競争」「集権化と分権化」という原理上のジレンマのせめぎ合いの中から生じてきたと理解することができる。

多文化ジレンマ

公共政策一般の視点からは，「自助と市場競争」「分権化と集権化」という政策ジレンマが実質的市民権の制度変動を導出したと結論づけられる一方，別の視点からはそれら以外の要因が見えてくる。制度変動は，公共政策一般に内在するジレンマだけでなく，BME 移民特有の性質によっても促進されるのである（図 5-3）。

---

[6] 場合によっては，自助ではなく慈善（charity）を目的とすることが強調されることもある。両者の境界は曖昧である。

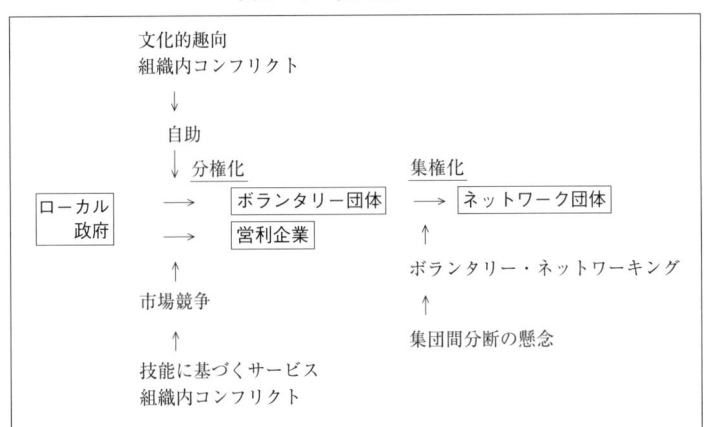

第5章　多文化市民権のローカル・ガバナンス

図5-3　多文化ジレンマ

```
                  文化的趣向
                  組織内コンフリクト
                       ↓
                      自助
                       ↓ 分権化        集権化
  ┌─────┐      ┌──────────┐       ┌──────────┐
  │ローカル│ ──→ │ボランタリー団体│ ──→ │ネットワーク団体│
  │ 政府 │ ──→ │  営利企業  │       └──────────┘
  └─────┘      └──────────┘            ↑
                       ↑           ボランタリー・ネットワーキング
                     市場競争              ↑
                       ↑              集団間分断の懸念
                  技能に基づくサービス
                  組織内コンフリクト
```

多文化的な視点からは，次のような要因が浮かび上がってくる。

　第一に，BME 移民特有の文化的趣向がボランタリー団体への分権化という制度変動を象徴的に正当化するために用いられる。

　　だから，私たちはできるだけ文化に即したサービスをつくろうとしているんです。……時には自治体がサービスを提供できないことも起こります。［そういうとき］私たちはボランタリー団体を通じてサービスを供給するんです。私たちは，ボランタリー団体，様々なボランタリー団体に資金を与え，彼らがサービスを提供できるようにします。だって人々は彼ら［ボランタリー団体］の方へ行きたがるのですから。（ワルサム・フォレストにおける面接調査）

このように，地方自治体よりも BME 移民の方がより自分たちのニーズを知っており，よりよいサービスを提供することができると想定されているのである。すなわち，文化的趣向への配慮が自治体にボランタリー団体からの自助を求めるよう促し，助成金交付を通じて分権化が促進されるのである。

　第二に，人種差別や人種ハラスメントといった多文化的問題のいくつかに対

147

第Ⅱ部　多文化市民権と社会秩序の親和性と相克性

処するためには，特殊な技能を持った専門家が必要となる。競争的な経済市場がそのような専門家を見つけ確保するために利用される。この結果，実質的市民権制度は営利企業による分権化の方向へと変動を促されるのである。

　第三に，自治体が実質的市民権に関する政策を計画・実施し続けることは難しい。人種関係法とその改正法の下で，自治体は BME 移民に対する平等政策を実施する法的義務を確かに持っている。それに応じて，1980 年代半ばの段階で自治体はその組織内部に平等政策担当部署を持つようになった。しかし，近年そのような担当部署を維持している自治体は少なくなってきている。たとえ担当部署があったとしても，スタッフや使える資源はきわめて限られるようになってしまったのである。その原因は，多文化的問題がローカル政府内の組織内コンフリクトを引き起こす傾向にある。

　　たくさんの問題があります。たくさんの困難があります。かつて，10 年 15 年前に，多くの［ロンドン］行政区が平等［政策担当］ユニットを持っていました。でも，ユニットはつぶされてしまいました。彼ら［行政内の人々］は，平等［政策担当］ユニットを司祭だとは思えなかった。［そして］平等ユニットがすることと自治体がすることの間に多くの緊張があった。喧嘩が絶えなかったんです。平等ユニットは彼ら自身……組織の中の警察のようになってきました。そしてその組織は言ったのです。「われわれは，あなたたちに忌々しい警察なんかになってほしくない。物事を変えるよう手伝ってほしいんだ。」わかりますか？　こんな政治［の展開］から，多くの行政区が平等ユニットを閉鎖したんです。（カムデンにおける面接調査）

　実質的市民権政策の多文化的性質は，ローカル政府内部における組織内コンフリクトを生みだしやすい。そのため，ローカル政府はボランタリー団体や営利企業へと政策下請けを行おうとするし，ローカル政府とは独立してボランタリー団体を統轄する組織，すなわちネットワーク団体が登場する社会空間的余

地が出てくるのである。

　第四に，実質的市民権政策によってBME移民に対して過度に利益がもたらされていると社会当事者たちに理解された場合，白人系とBME移民との間で分断が生じかねない。分断をつくらないためには，何らかの政策的な工夫が必要となる。

> もしそれ［政策］をする前に人々と心のこもった話し合いを持つなら，人々はあなたのことに一目置くでしょう。彼らはあなたを信じないかもしれない。でも，彼らはそれでもあなたに一目置くでしょう。正直な人だし自分たちと話しに来たんだと。でも自治体のやり方は，走って来て，こう言うだけです。「あなた方に何が一番よいかはわれわれが知っている。［だから］われわれが決めよう。」それが大衆に［対して行われていることです］……。（EMFにおける面接調査）

　このような討議は，政策を主導する主体によって人々に対して行われる必要がある。さらにBME移民当事者かそれに近い人々によって行われる方が，より理解が得られやすい。これらの必要性を満たすため，単なる分権化ではなく，集権化が構築されていく。すなわち，ボランタリー・ネットワーキングが現れる社会空間的余地ができるのである。

　しかし第五に，このようなボランタリー・ネットワーキングによる集権化にはある種の懸念もある。例えばEMFは，多様な文化的ニーズを持つエスニック・コミュニティを統括しようと試みている。この試みは，外部の人々からは危うくも見える。

> これ（EMF）は危険を合わせ持ってます。……［BME移民と一言で言っても］いろいろな集団［がいるし］，いろいろなニーズがあります。中には共通のニーズもある。でも，ときには（共通ではなく）違っているし，移民と一言で言っても，……それぞれいろいろな段階でやってきているわ

けだし，みんないろいろな段階［の生活をしている］。(ワルサム・フォレストにおける面接調査)

すなわち，集権化によってBME移民のニーズが十分把握されるとは限らない。地方自治体が従来平等政策を担ってきた諸地域それぞれを見ても，BME移民の実質的市民権についてのイシュー，必要性，慣習，ルールなどには多様性がある。そのようの地域特有の経験をネットワーク団体は取り扱うことができるのだろうか。エスニック・コミュニティ間やコミュニティ内部の分断を促進する危険性はないのだろうか。

7 多文化ガバナンスモデルへの変動の論理

1990年代終わりから2000年代初めにかけて，実質的市民権制度は1976年人種関係法に基づいたローカル政府モデルから多文化ガバナンスモデルへと変動してきた。多文化ガバナンスモデルは，助成金交付，契約，ボランタリー・ネットワーキングといった戦略によって構成されたものである。ローカル・ガバナンスが，集合的主体間の意思決定，問題の新たな担い手への下請け化に伴う選択権付与，「討議的民主主義」の現れという3つの問題構成を通じて「開かれた都市空間」を創出するための対抗モデルであるとする立場（吉原 2008）に照らし合わせると，多文化ガバナンスモデルはまさにローカル・ガバナンスの一形態として位置づけることが可能であろう。

本章では，この制度変動の論理を探求してきた。公共政策一般の観点からは，ふたつの政策ジレンマが制度変動の経路をつくりだしていた。1980年代に保守党政権が推進した分権化傾向は，労働党政権になっても覆すことはできなかった。経路依存性に従い，分権化はふたつの政策戦略と結びついた。ひとつめは自助の考えに基づいた助成金交付。もうひとつは市場競争の考えに基づいた契約である。さらにもうひとつの新たな戦略が，分権化の行き過ぎを抑止する効果を持った。政策形成および実施の集権化を示すボランタリー・ネットワー

キングである。

　公共政策のジレンマに加え，実質的市民権制度の多文化的変数も制度変動を促す政策ジレンマを構成していた。BME 移民の持つ文化的趣向はローカル政府からボランタリー団体への政策下請けを正当化するために利用されていた。また，込み入った多文化的問題に対処するためには，ローカル政府は技能を持つ専門家や企業を探すために競争的な経済市場に頼ることになった。加えて，多文化的問題や平等問題を担うローカル政府内の部署はしばしば組織内コンフリクトを生み出すこととなり，制度の分権化を促進する一因となった。ボランタリー・ネットワーキングへの再集権化の傾向は，このローカル政府による政策下請けに対する反作用と考えることができる。一方，ボランタリー・ネットワーキングは，エスニック・コミュニティ間の分断を促進する危険をもはらんでいる。

　実質的市民権制度はもはやローカル政府モデルへと後戻りすることはできないだろう。また，中央政府による再集権化に取って代わられることもないだろう。政策下請けはさらに広がっていくと予想される。「ベスト・バリュー」や「グッド・プラクティス」の旗印の下，常に効率化の圧力を受けている地方自治体は，エスニック平等政策を外部の団体へと「下請け」に出し責任回避を図るという体質を身につけかねない状況にもある。今後は，多文化ガバナンスモデルの下で BME 移民が実質的市民権を確保できるのかどうかを確証しなくてはならない。また，再集権化がローカル政府と匹敵するような効果をもたらし責任を持つ主体を生み出すのかどうかも問題となる。さらには，制度変動の結果がよりよい政策執行につながるのかどうかも今後の研究課題である。

第Ⅲ部

ナショナル市民権への固執とその変容

―日本の事例―

第6章

日本の移民政策と市民権制度の変遷

1 欧米の外部へ

　20世紀終わりに始まった「国民国家に対する挑戦」論争は，国際移民が国民国家への挑戦となっているかどうかを巡って行われ，その対象のほとんどを欧米諸国に求めていた。その結果，非欧米諸国は射程外におかれ，論争では検討されない傾向にあった。このことが，「国民国家に対する挑戦」論争を長引かせる大きな要因である。そこで第Ⅱ部からは，「国家主権への挑戦」と「市民権に対する挑戦」に分けられる「国民国家に対する挑戦」のうち「市民権に対する挑戦」を検討するために，西側諸国の外側で出現した国民国家へと分析の範囲を広げることにする。対象とするのは，アジア諸国に属する日本である。まず本章では，日本への移民流入の様態と市民権制度の構築・変容が歴史的に論じられる。続く第7章では，英国で展開した多文化主義の観点から，日本の移民市民権政策が検討される。そして第8章では，難民政策を事例として市民権制度の変動過程が考察される。

　まず本章では，日本への移民流入の様態と市民権制度の構築・変容を歴史的に捉えておこう。世界の多くの国が民主主義と市民権を政治組織化原理として標榜しながらも，歴史的および社会的条件の相違によりそれらの理念や実践の形態は様々である（Castles and Davidson 2000）。そこで，日本の特徴を歴史的に把握しておくことが必要となる。

第Ⅲ部　ナショナル市民権への固執とその変容

　日本における外国人人口は，外国人登録者数で見ると 2010 年末で 213 万 4,151 人，総人口の約 1.67％ である。21 世紀になってもいまだ，他の先進諸国と比べ外国人・移民人口の割合は小さい。しかし，2000 年代の 10 年間で約 1.5 倍となるほどの伸びを見せた (法務省 2009)。また近年日本は，韓国，中国，ブラジル，フィリピン等，様々な国や地域からの移民に主要な移動先として選ばれてきていることも事実である。「日本は移民の来ない国である」や「日本は単一民族社会である」といった言明は，すでに神話に属するものになってしまっている。

　このような日本における移民と市民権の関係性を考察するために，本章でも先に論じた理論的視点を採用しておこう。西欧諸国を主な対象とした「国民国家に対する挑戦」論争における一方の見解によれば，市民権のポストナショナルな形態は新たな「通常の」(normal) 権利や所属の形態であり，ナショナル市民権を代替するものである。もうひとつの見解は，ポストナショナル・メンバーシップが政治共同体の行為や連帯を弱体化するものであり，ナショナル市民権からの「逸脱的形態」(deviant form) にすぎないとする。これらふたつの陣営は，袋小路に陥っている。そのひとつの理由は，ポストナショナル・メンバーシップと呼べる状況がはっきりしない場合があることである (Tambini 2001)。しかしより重要な理由は，論争が欧米諸国のみに依拠しているため，ふたつの陣営の差異を十分明確化できなかったことである。

　果たして，ポストナショナル・メンバーシップはナショナル市民権の安定的な代替物なのだろうか。それともナショナル市民権からの単なる逸脱なのだろうか。この「市民権に対する挑戦」を探求するために，ふたつの観点に絞って議論を進めていこう。ひとつは，外国人に対する国家レベルの移民政策の変化，もうひとつは 20 世紀末から 21 世紀にかけての移民と外国人の市民権を巡る政治的状況である。

2 市民権概念

 日本の経験を追尾するために，すでに論じたT. H.マーシャル（T.H. Marshall）の市民権概念および市民権の現代的展開を再度確認しておこう。市民権の内包的定義は「ある共同社会（community）の完全なメンバーである人々に授けられる地位」というものであり，「共通に所持している文明への忠誠に基づいた共同社会のメンバーシップの様々な，直接的感覚を必要とする」という注釈を伴っていた（Marshall［1950］1992 = 1994：52）。この前半部分が市民権の社会契約的側面，すなわち共同社会におけるメンバーの平等性に言及しているのに対して，後半部分はメンバーのアイデンティティに関わる情緒的側面を示唆していた。

 市民権の外延的定義は，「共同社会のメンバーの権利と義務」であった。このうち権利は，公民的権利，政治的権利，社会的権利で構成される。公民的権利は個人的自由の確保を目指すものである。政治的権利は政治権力行使に参加する権利である。社会的権利は，経済的福祉や安全を享受する権利から社会的遺産を十分分かち合ったり標準的な文化的生活を営む権利までの広い範囲を包括している（Marshall［1950］1992 = 1994：15-6）。

 マーシャルの定義は，市民権を考察するための重要な含意を持っていた。それは，内包的定義に使用されている「共同社会」(community) という概念が未定義のまま残されているというものである。共同社会概念は，誰に諸権利と諸義務への接近を許すのかを決定する。そこで，メンバーへの市民権付与を検討する際に使用される人々の共同社会の観念を「準拠共同社会」(reference community) と概念化し，考察に導入することにした（樽本 1997a：275-7）。

 第二次大戦後の世界的標準は，「国民国家」を準拠共同社会としたナショナル市民権である。「平等」「民主性」「単一帰属」「恩恵」「神聖」「政治体と文化体の一致」といった社会の組織化原理（Brubaker 1989：3-4）に加えて，国民国家は市民権の継承原理をも獲得した。「出生地原理」（*jus soli*）と「血縁原

理」(*jus sanguinis*) である。つまり，出生地と血縁が市民権の継承の是非を判断する主要な指標として使用されてきた。

「国民国家に対する挑戦」論争において，ナショナル市民権を揺るがせているとされる「新しい市民権」がふたつ挙がっている。ひとつはポストナショナル・メンバーシップである。ポストナショナル・メンバーシップの準拠共同社会は「人」である。なぜなら，様々な権利が人権に基づいて要求されることが想定されており，人権は人間それ自体の性質に帰するものだからである。「人」は「人であること」を根拠に市民権の配分や伝達の諸原理を随伴する。

ここで言及されるべきもうひとつの市民権のタイプはデニズンシップである。デニズンシップの準拠共同社会は「居住地」である。デニズンシップの含意では，人々は居住地（residence or domicile）に基づいて市民権を与えられべきである（Hammar 1990＝1999）。これを居住原理（*jus domicili*）と呼ぶ。明記すべきことは，移民と外国人は「居住者」として様々な権利を享受しうると想定されていること，「居住者」は原理的に「国民国家」や「人」とは異なるタイプの準拠共同社会だということである（樽本 2001a）。

本章では，デニズンシップを考慮しつつポストナショナル・メンバーシップに焦点を合わせて日本の市民権制度の変遷を検討していくことにする。日本において，ポストナショナル・メンバーシップはナショナル市民権の安定的な代替案なのだろうか。それとも一時的な逸脱なのだろうか。この問いは別の問いへと変換される。すなわち，日本における準拠共同社会は人権に基づいた「人」になったのだろうか。

---

(1) ただし，ハマーは 'domocile'，'residence'，'habitual residence' を区別している。'domocile' は事実として住んでいるという意味での居住地であり，'residence' は法的な居住地で国家との関係を含意している。そして 'habitual residence' は法的な意味で一定期間居住することを指す（Hammar 1990＝1999 : 234-7）。一言で「居住」を基準として市民権が与えられるといっても，ふたつのタイプのうちどちらが基準となるかで大きな違いが生み出される。典型例は，非合法移民が 'residence' では権利が得られない可能性が高いのに対して，'domocile' の観点からは権利を付与すべき存在とみなされやすいということである。

3 日本における市民権の起源
― 第二次大戦以前 ―

鎖国から開国へ

　徳川時代（1603-1867）に約200年間続いた鎖国政策の後，日本は1858年，合衆国，オランダ，ロシア，英国，フランスと通商条約を結び，貿易のため港を開放した。[2] 外国人商人が貿易のため居住する港の特定の地域に，外国人居留地が設けられた。

　外国に対するこの門戸開放以来，戦前の日本の準拠共同社会は「帝国」へと向かっていった。第二次大戦に至るまでの日本の移民政策の変遷を要約するならば，3つの時期に分けられる（山脇 1994b；Yamawaki 2000：39）。

　第一の時期は，外国人が外国人居留地内に居住するよう制限された1859年から1899年である。居留地在住人口の約半数を占めた中国人は，当初条約が結ばれていなかったため法的根拠を欠いた滞在となっていた。1871年日清修好条規が調印され，日中が相互に領事裁判権を認める形で法的根拠を得た滞在となった。[3] これにより中国人貿易商が居留地に居住し労働することが認められた。ただし，欧米人には1894年「外国人内地旅行允準条例」によって学術旅行，病気保養などのための内地旅行が認められる一方，中国人には1876年にいったん認められたものの1877年に取り消され，1886年までは認められなかった（山脇 1994b：85；1996：59）。[4]

　1894年日清戦争が開戦すると，日清修好条規は失効し領事裁判権が中国政府から剥奪された。勅令第137号「帝国内に居住する清国臣民に関する件」で，新規入国者に内務大臣の特許を要求する入国制限，居住地の府県知事への登録義務，居住区域制限，退去処分などが規定され，1899年まで適用された。た

---

(2) 1859年に神奈川，長崎，函館が開港し，1868年に兵庫，1869年に新潟が開港した（山脇 1996：58）。
(3) 領事裁判権が行使可能となったのは，中国公使が1877年に着任し，それに続き各居留地に領事が着任してからである。
(4) 日本人による中国国内の旅行を認めさせるためだったと推測される。

だし入国には「朝鮮国人民其政府ノ許可」が必要だった。当時敵国となった中国人に対する防諜的な意図も込められていた[(5)]（川瀬 1994：247；山脇 1996：60）。

朝鮮に関しては，1876年日朝修好条約（江華島条約）が調印されることで，日本だけが一方的に領事裁判権を持ち，朝鮮人は日本在留の法的根拠を得た（山脇 1996：61）。この頃から朝鮮人には内地での居住と就労が認められており，商業，漁業，炭坑業，土木業などに就労していた[(6)]。これは，朝鮮人の労働者としての渡航は1910年の日本による「韓国併合」以降であり，それが在日コリアンの歴史の起点であるというかつての通説とは異なる状況であった[(7)]（小松・金・山脇編 1994）。

欧米出身の外国人は，日本の法令を適用されず本国領事が本国法を適用する治外法権が続いていた。1894年に日英通商航海条約が調印されると，日本政府はようやく他の欧米諸国とも不平等条約を改正することができるようになり，治外法権は撤廃されることになった。欧米諸国の外国人への司法権を獲得する代わりに，1899年から日本全土で居住し労働することを外国人らに許可することに同意した。同時に内務省令第32号「宿泊届其の他の件」で警察に外国人登録を行うことが定められ，勅令第342号「条約若は慣行に依り居住の自由を有せざる外国人の居住及営業等に関する件」[(8)]で外国人労働者の居住・就労が制限された[(9)]（山脇 1994b：84, 98-100；Yamawaki 2000：41）。

---

(5) 1896年「日清通商航海条約」は日本側にだけ領事裁判権を与えたものだった。当時中国人人口は，1893年5,343人，1894年1,576人，1895年3,642人，1896年4,533人だったという（山脇 1996：60）。
(6) 朝鮮人の位置づけについては，外務省と他省庁および府県で同じ見解を共有していたわけではなかった。その理由について山脇（1994b：86-94；1996：14）は，朝鮮政府が在日朝鮮人に対する裁判管轄権を主張していたのに対して，日本政府およびそれを対外的に代表する外務省はそれを否定しようとしたためだと推測している。その結果，日本の法権がおよぶ朝鮮人には当時の国際慣行に従い内地での居住と就労が許容されたという。この推測は，「帝国」という準拠共同社会に基づく市民権制度の発達という本書で後に見る見解と歩調を合わせるものである。
　ただし，自国に領事裁判権がないなどの理由で内地雑居が認められていたと見られるのは，朝鮮人の他には，メキシコ人，ハワイ人がいた（山脇 1994b：121）。しかし，それらの実数は小さく，日本社会への影響も極めて小さいと見なされるため，「帝国」という準拠共同社会の妥当性は揺るがないことであろう。
(7) この通説の根拠は，後に見る勅令第352号が朝鮮人労働者の入国を禁じており，「韓国併合」で同勅令が朝鮮人に適用されなくなったという誤解だった（小松・金・山脇編 1994）。
(8) この表現は，中国人を間接的に指すために採用された（許 1990a）。

160

内地雑居と出入国管理の登場

　第二の時期は，1899年から1939年である。父系血縁主義と戸籍制度に基づく国籍法が成立した1899年には勅令第352号が施行された。欧米諸国からの外国人に対する治外法権が撤廃され「内地雑居」が実現する一方，それ以外の諸国からの外国人に対して新たな法令を整備することが求められていた。同勅令により，外国人は居留区の外で居住し自由に移動し商売に従事することができるようになった。しかし外国人の中でも労働者は，居留区の外で居住し働くために当局から許可を必要としており，規制されていた。勅令第352号は，条文には明示がなかったものの，現実には中国人の労働を規制することになった。実際，同勅令成立に向けた枢密院での審議では，外務省が国際法・国際関係の観点から中国人の内地雑居を認めるよう求めたのに対して，内務省は中国における日本人の居住制限，中国人による低賃金労働，日本における労働供給過剰，治安上の問題，資本家の抵抗を根拠に反対した。その結果，「条約若シクハ慣行ニ依リ居住ノ自由ヲ有セサル外国人ノ居住及営業等ニ関スル件」という表現で事実上中国人労働者に内地雑居を認めないことになったのである。同勅令施行の際に発令された各庁府県長官宛ての内務大臣訓令第728号も中国人労働者の規制を企図したものだった（許 1990a；Yamawaki 2000：41-3）。また内務省訓令第728号は，勅令352号が風俗を乱し国内労働者と競合する中国人労働者を対象にしていると明言していた（許 1990b：112-3）。[10]

　このような中国人労働者排除の動きは，日本社会におけるある種の警戒心の現れである。例えば神戸市内の沖仲仕・浜仲仕・岡仲仕・車仲仕業者たちは同盟を結成し，中国人労働者の内地雑居を阻止しようとした。その理由は，当時競争相手だった外国人請負業者が安価な中国人労働者を雇って利益を独占して

---

[9] この結果，中国人を対象とした1894年勅令第137号「帝国内に居住する清国臣民に関する件」は廃止された（山脇 1994b：99）。
[10] 内務省訓令第728号で居留地以外における居住と業務を禁じられたのは，農業，漁業，鉱業，土木，建築，製造，運搬，挽車（柩を載せた車），仲仕業その他雑役に従事する単純労働者であり，家事，給仕などの労働は内務大臣の許可があれば内地雑居を許された。また，1912年訓令第728号は理髪業者，料理業者に関する限り，内務大臣ではなく地方長官が入国の可否を判断するとした（許 1990b：113）。

しまうという懸念と共に，中国人労働者が低賃金でも「牛馬のように」働く忍耐強さを持つため日本人労働者の職を奪うのではないかという心配であった（布川 1989）。1848 年 12 月現在，在日外国人人口の総数は 1 万 1,589 人，その内訳は，中国人 6,130 人，英国人 2,247 人，アメリカ人 1,165 人，朝鮮人 71 人だったという（山脇 1996 a: 60）。

「内地雑居」の是非は 1880 年代以降，「日本民族」の起源に関する対立を伴いつつ議会においてだけでなく国民全体を巻き込んだ大論争となった。当初は欧米人が検討の対象であったけれども，次第に中国人が問題視されるようになった。いわく中国人の「内地雑居」は，アヘンや窃盗など風俗上の問題，日本人と結婚することによる「混血」の問題，日本人商人や労働者との競合の問題などを根拠に反対する声が高まった。一方，中国系と比べて朝鮮半島出身者は 1880 年代の「内地雑居」の議論においてほとんど言及されなかった。勅令第 352 号を審議した枢密院は，「韓国人の如く慣行に依て自由を有する者を除く」としていた。朝鮮半島出身者は，勅令第 352 号の適用から除外され，1899 年以前も以後も日本において自由に生活し労働できたのである。当初「朝鮮国」の許認可がいまだ必要だったものの，日本が外交権を掌握した 1905 年第二次「日韓協約」後の 1906 年「外国人外国旅券規則」以降，朝鮮人労働者の外国への渡航，就労の認可権は日本の統監府の手に移った[11]。また，同年移民保護法が朝鮮からの出移民の禁止を公式に解除した[12]（川瀬 1994: 247-52；金 1994；許 1990 a；小熊 1995；山脇 1994 b: 94-8；Yamawaki 2000: 42-3）。

この第二期には，1895 年に台湾併合，1910 年に朝鮮併合が行われた後，日本の歴史上最初の，外国人の入国に関する法的規制が実施された。1918 年内務省令第 1 号「外国人入国ニ関スル件」である。1899 年勅令第 352 号が国内にいる非熟練労働者の居住・就労を規制しようとしていたのに対して，この内務省令は外国人の出入国管理を企図したものである。第一次大戦を契機として

---

[11] 1905 年第二次「日韓協約」に基づいて日本が朝鮮に置いた官庁が（韓国）統監府である。1910 年「韓国併合」により朝鮮政府の組織と統合され，（朝鮮）総督府に改組された。

[12] その後 1904 年には 3,080 人の朝鮮人が日本へ渡航したと言われる（山脇 1994 b: 111）。

各国が旅券や査証によって外国人の入国取り締まり規則を制定した。前年の1917年には合衆国が移民法を成立させており，日本も対処を迫られていた。この内務省令は，帝国の利益に反する者，風俗を乱す者，伝染病患者，心神喪失者，貧困者などの上陸拒否事由に当てはまる外国人の入国を地方長官が阻止できることを明示していた。日本人は中国入国に際して旅券または国籍証明書の提示を要求されなかったので，中国人の日本への入国も同様の措置になると日本政府は中国政府に打電した。ところが実際には警察などにより中国人は入国時および入国後に厳しく規制された。これに対する中国政府からの抗議等により，臨時条約改正委員会が開かれ法改正が検討されるも実現はなされなかった。ひとつの理由は，中国人労働者の入国規制を外国人一般に準じてゆるめたとしても，結局中国人労働者の在留管理を日本国内で行わなければならなくなるというものであった(13)(許 1990 b：113-7；山脇 1994 b：84；Yamawaki 2000：43-4)。

　第三期は1939年から1945年までである。外国人入国を厳しく規制するため，1939年3月内務省令第6号「外国人ノ入国滞在及退去ニ関スル件」と法律第52号「国境取締法」が施行された。また同年7月，内務・厚生両次官通牒「朝鮮労務者内地移住に関する件」が出された。日本政府は日本企業に，朝鮮半島や日本で居住していた朝鮮人を労働力として大規模に動員することを許可したのである。こうして，朝鮮人労働者の戦時動員が始まった。1941年以降になると中国東北部から中国人労働者が徴集されていった。1941年12月には，内務省令第31号「外国人ノ旅行等ニ関スル臨時措置令」が施行され，太平洋戦争期に対応するための体制がつくられた(山脇 1994 b：84-5)。

　このようにして，戦前の日本に流入した外国人集団は以下の3つである。第一に，日本政府，大学，民間企業等によって雇われていた欧米人であり，貿易

---

(13) 朝鮮人は内務省令第1号の適用対象外に置かれた。しかし日本政府は，1918年三・一運動直後など必要だと判断したときには1910年に設置した朝鮮総督府を通じて朝鮮人の入国を規制しようとした。また日露戦争後の1906年には，日本は韓国を「保護下」に置いて外交権を奪い，1906年「韓国人外国旅券規則」により朝鮮総督府の前身である韓国総督府が朝鮮人の旅券発行を担うようになったため，朝鮮人の日本渡航に際して旅券携帯が免除になった可能性があるという。日本人の朝鮮渡航に関しては，1904年に旅券携帯が免除されている(山脇 1994 b：84, 105, 125)。

商や「お雇い」である。第二に，1910年の韓国併合まで最大の外国人集団であった中国人。第三に，1917年あたりに中国人を抜いて最大の集団となった朝鮮人である（Yamawaki 2000: 39）。なお，第二次大戦以前に日本に定住した中国人および朝鮮人，そして彼ら／彼女らの子孫は，「オールドカマー」と呼ばれる。

血縁主義に基づいた帝国

　戦前の日本の準拠共同社会は，オールドカマーの多くを含む「帝国」であった。人々は天皇と絆を結んだ「臣民」と見なされ，特に朝鮮人は，1910年の日本による韓国併合後は法的には外国人とは見なされなかった。またほとんど「内地雑居」では議論されなかったと同時に，「内地人」とは異なる「外地人」として扱われた。このように不均質な法的地位を含みこんだ「帝国」は，市民権の付与と伝達の原理を「血縁主義」（*jus sanguinis*）に求めていた。

　日本の血縁主義に基づく市民権制度は，第一期から第二期にかけて確立された。第一期にあたる1873年に太政官布告第103号が出され，日本人と外国人との婚姻には政府の許可が必要であるとされた。また，日本人男性と結婚する外国人女性，および日本人の婿養子となる者には日本国籍を与え，外国人男性と結婚する日本人女性は日本国籍を失うとした。1890年には民法人事編が交付され，第2章「国民分限」で帰化制度以外の「国民分限」の取得，喪失および回復について言及したものの，日本の民俗慣習に対する顧慮が足りないなどの理由から論争を呼び，施行はされなかった（山脇 1996: 77-8）。

　また第二期の初めである1899年2月に発布され翌1990年に施行された大日本帝国憲法が第18条で「日本臣民たる要件は法律の定める所に依る」と明記したため，国籍法の立法が必要となった。

　以上の流れから1899年に制定されたのが国籍法である。それは3つの特徴を持つ。第一に，国籍継承の原理を父系血縁主義とした。第二に，婚姻・養子縁組による国籍取得を定めた。特に，入夫婚姻によっても国籍取得可能であることが明記された。第三に，帰化の要件を定めた。5年の居住，行為能力，素

行，生計，そして二重国籍禁止という要件に基づき内務大臣が許可することになった。また，帰化した者は公職につくことを制限された。公職には，国務大臣，枢密院議長，宮内勅任官，特命全権公使，陸海軍将官，大審院長，帝国議会議員などの広範囲な職種が挙げられた（山脇 1996：78-9）。

　現在の日本では血縁主義による国籍継承が疑いようのない当たり前の慣習のようになっている。しかし当時の日本は出生地主義を採用する可能性を持っていたのである。柏崎（Kashiwazaki 1998：282-4）はその理由を次の4点に求めている。

　第一に，1868年の明治維新を経た明治政府は，西側諸国による植民地的侵略の脅威に対抗するために，地域的な「藩アイデンティティ」を超えるような「日本アイデンティティ」を領域内の人々に染み込ませることを緊要な課題としていた。

　第二に，天皇を国家統一と「臣民権」(subjectship) の象徴として利用することによって琉球やアイヌのようなマイノリティ集団を社会に包摂しようとしたことに見られるように，この時期の「日本」のメンバーシップがそれ自体，多エスニック的であることは自明だった。

　第三に，不平等条約改正の条件として欧米諸国から提出された要求を満たすために，いわゆる御雇外国人のひとりとして来日したフランス人法学者ギュスターヴ・エミール・ボアソナード・ド・フォンタラビエ（Gustave Emile Boissonade de Fontarabie）は，フランス自然法思想に依拠して日本最初の民法典を起草した。このボアソナードの草案自体は施行されなかったけれども，出生地主義に基づいたいくつかの条項は国籍法案に残存した。

　第四に，政府以外の動きに関しては，明治初めの自由民権運動が大きな影響力を持っていた。1880年11月の国会期成同盟第2回大会で，翌年1881年に憲法私案を持ち寄ることが決議された。その私案の中には出生地主義を市民権継承の原理として採用したものも含まれていた。

　このように出生地主義に親和的な条件も持っていたにもかかわらず，なぜ日本は血縁主義を採用したのであろうか。柏崎（Kashiwazaki 1998：284-8）は，ふ

第Ⅲ部　ナショナル市民権への固執とその変容

たつの要因が日本に血縁主義を選ばせたという。ひとつは戸籍制度である。すなわち，日本の持つ戸籍制度に見合う原理は出生地主義ではなく血縁主義であったというのである。もうひとつは他の諸国の近代法規範である。すなわち，他の諸国の近代法における国籍の扱いを参照したところ，血縁主義が多かったためだという。

　第一に，確かに戸籍制度は血縁に基づいたものである。日本は紀元後5世紀あたりに中国から戸籍制度を取り入れたと言われる。明治政府はその成立後，近代的な中央集権国家を実現するために，さらなる国内人口の把握を必要としていた。そこで戸籍制度の強化をもくろんだ。1871年太政官布告によって「全国総体の戸籍法」を布告し，全国的な戸籍制度であるいわゆる壬申戸籍をつくったのである。しかし多くの欠陥があったため，1886年に戸籍制度は改革されて「明治19年式戸籍」がつくられ，さらに民法が制定された1899年に法律第22号，いわゆる戸籍法によって「明治31年式戸籍」となった。壬申戸籍が居住関係と身分関係のふたつを登録するよう求めていたのに対して，この「明治31年戸籍」は身分関係の登録に特化することで「家」制度という観念の形成に結びついたという（山脇 1996: 79-80）。このように戸籍制度は，血縁関係，すなわち家族を単位として「臣民」を定義し統治するモデルを正統化することになった。このひとつの結果が，上述したように1890年民法人事編を施行できなかったことである。この失敗を経て国籍法案の起草者たちは，国籍法と戸籍制度との両立を意識したことであろう。

　第二に，確かに他国の法規範を参照したことも日本政府に血縁主義を選ばせる契機となった可能性が高い。先進諸国に並ぶ「近代的な法規範」を持たなくてはならないという要請を満たすために，法案を起草していた法律家は外国人法律家から助言を得ることに加え，約30か国の国籍法を研究し出生地主義よりも血縁主義の方が各国でより採用されていることを発見した。すなわち血縁主義の方が当時の世界標準だと知ったわけである。さらに，1890年代終わりの国籍法に関わる議論では，移民・外国人は国籍継承の基準の選択に関して政治問題化してはいなかった。そのためこの近代日本の初期においては，血縁主

義はエスニック・ナショナリズムやネイションのエスニック文化的な理解とは関係づけられなかったとも言えるかもしれない（Kashiwazaki 1998：290-2）。

このように血縁主義の採用は，ふたつの主要な要求を満たした。戸籍制度との両立および近代法規範を採用せよという国際的圧力である。こうして，1900年3月16日に国籍法が施行されて以来，日本の準拠共同社会は血縁主義に基礎付けられてきた。次のことをここで強調しておく方がよいであろう。血縁主義は現在においても極めて強力な原理であり続けている。日本は，国際的圧力に対処する限りにおいて，そして血縁主義に基づいた国内の法的枠組みと両立する限りにおいて，移民・外国人に関する政策の変化を許容してきたのであると。

4　国民国家への変動とその安定化
―第二次大戦後から石油危機まで―

1952年体制

第二次大戦後，日本の準拠共同社会は「帝国」から「国民国家」へと極めて急激に変動した。この「国民国家」への変動は1950年から52年までの3つの法的行為によって確立した。すなわち，国籍法，出入国管理令，外国人登録法である。これら3つの法的行為の連結を，「1952年体制」と呼ぶ（Komai 2000：313；大沼　1993：326-33）。

まず1950年に国籍法が改正された。同法は，ネイション（nation）の境界を確定するために，国籍の取得と喪失を定義した。[14] 国籍法は，民法典と戸籍制度の影響の下，父系血縁主義を引き続き採用した。その結果，依然として母系も出生地主義も日本国籍を確保することにはつながらなかった。なお，当時の外国人人口の中で多数を占める韓国・朝鮮人と台湾人，いわゆるオールドカマーの地位は，この国籍法の中では言及されなかった。既に日本国籍を持っていたためである。

1951年，日本がサンフランシスコ平和条約の調印で独立を回復した際，出

---
[14] 日本国憲法の英訳にあった"people"を「国民」に限定する作業であったとも言える。

入国管理令が制定された。本来ならば，出入国管理令は出入国をする人々のみを対象とすべきであり，日本に居住している者には適用されないはずであった。しかし，政府は戸籍制度に基づいてオールドカマーを外国人と見なし，オールドカマーは出入国管理令に服すべきだと宣言した。これに対して法務省民事局長は通達（民事甲第438号）を出し，同平和条約により朝鮮および台湾は日本国の領土から分離することになるので，「内地人との婚姻，縁組等の身分行為により内地の戸籍に入籍すべき事由の生じたもの」を除き，「朝鮮人及び台湾人は，内地に在住している者を含めてすべて日本の国籍を喪失する」と宣言した（Komai 2000：313）。出入国管理令とオールドカマーの現実との溝を埋めるために，政府は法律第126号を制定し，オールドカマーは在留許可を持たずしても日本で生活できるようにした。この法律第126号は一時的な措置であるはずだったにもかかわらず，その効力は結局30年間続いたのである（大沼 1993：152-4）。

　1952年になると，外国人の居住を統制する狙いのもと外国人登録法が改定された。戦後すぐの1947年にも外国人登録令が発令されていたけれども，同登録令は連合国による占領下で発効した「帝国令」であり，事実上戦前日本の法的行為の延長であった。改正された外国人登録法によって，外国人は登録証を携帯し，要求に応じてそれを提示するよう求められた。さらに指紋登録システムが確立され，すべての外国人たちは，日本に1年以上滞在しようとする場合，入国してから90日以内に指紋を登録することが求められた。外国人登録証には，氏名，住所，職業，職場の場所などといった情報が載せられており，外国人登録法違反者は懲役刑を含む刑事罰を覚悟しなければならなかった。また日本で出生した外国人の子どもは60日以内に外国人登録しなければならなかった。日本に1年以上留まろうとする14歳以上の者は，登録時に指紋押捺を要求され，それは3年ごとの更新が求められた。これらの要求に応じなかった場合には，1年以内の懲役または20万円以下の罰金を支払わなければなら

---

(15)　「平和条約の発効に伴う朝鮮人，台湾人等に関する国籍及び戸籍事務の処理について」（昭和二十七年四月十九日付民事甲第四百三十八号法務省民事局長通達　）。

なかった (Komai 2000:313；大沼 1993:279)。これに加えて，再入国許可制度がオールドカマーに対して設けられた。法務省は再入国の許認可権を行使することによって，オールドカマーの出国と再入国を管理しようとしたのである。特に，再入国の拒否は，オールドカマーが指紋押捺を拒否した場合の制裁としてよく用いられた。

こうして国籍法，出入国管理令，外国人登録法によって成立した1952年体制は，外国人の諸権利を犠牲にすることで準拠共同社会を「帝国」から「国民国家」へと急激に変動させた。台湾人や韓国・朝鮮人のようなオールドカマーたちは，日本国内に引き続き定住しているのにもかかわらず，第二次大戦終結から7年で「臣民権」(subjectship) を奪われたのである。加えて1952年体制は，外国人住民の諸権利に対する配慮に欠けた厳格な在留管理システムであった。強力な同化政策を前提としており，外国人移民が同化を拒否する場合には，最大の罰則として再入国拒否のような形での事実上の国外退去を執行されたのである。

その後，1965年に日韓条約が締結されると，大韓民国からの第一世代および第二世代の居住者に対して「協定永住」というより安定した法的地位が与えられることになった。しかしながら，厳格な在留管理システムは日韓条約が締結された後も残存し，朝鮮民主主義人民共和国となった地域出身のオールドカマーは「協定永住」の法的地位の申請から排除された (大沼 1993:154, 266-7)。

移民の「現れない事例」

1970年代終わりまでの日本は，国際人口移動の「現れない事例」(negative case) として特に欧米の研究者には知られている。1960年代の終わりから70年代初頭，他国はかなりの量の外国人労働者の流入を経験していた。同時期の日本も高度経済成長を成し遂げており，仕事を求めて移民が国境を越えてやってくる条件は整っていたようにも見える。しかしそれにもかかわらず，日本への国際労働力の流れは最小限に留まったのである。[16]

このような事態は，いくつかの要因で説明できるとされる (Bartram 2000；

Weiner 2000:58-59)。第一に，日本の急速な労働需要の伸びは大半が国内の労働力予備軍によって満たされた。この労働力予備軍とは，年々増加する新卒者であり，農漁業と自営業から製造業とサービス業へと産業セクター間を移動した者であり，地方から都市へと地域移動した者であった。労働力予備軍が活用できた背景には，以下の事実が存在していた。製造業などで拡大していた非熟練労働は当時の日本においてはスティグマが貼られておらず，若年労働力などが抵抗感なく就職したこと。さらに，この時期の日本はオートメーション化やロボット化を進めつつ経済成長を遂げていたため，増加していた労働需要は労働力予備軍で補える程度であったこと。

　第二に，戦前にオールドカマーたちが流入し定住したことが，官僚や雇用主に，移民労働力の導入は先行きの見通せない結果をもたらすという学習効果を与えた。外国人労働力導入を嫌う「島国文化」を身につけたとも表現されることがある。

　第三に，日本は移民労働者にとって魅力的な移動先ではなかった。1985年以前はドルと円の交換レートを取り決めたプラザ合意がまだ結ばれておらず，日本で労働しても良い稼ぎにはなりにくかった。また，日本への渡航費用も高かった。

　第四に，日本は国際移民の流れを形成・促進しうる潜在的な移民送出国との間にネットワークや結びつきを持っていなかった。

　しかしながら，最も大きな力を持った要因がまだ残っている。それは国家による移民管理政策である。デヴィッド・バートラム（David Bartram）は，日本という移民の「現れない事例」（negative case）を（潜在的な）移民送出国と移民受入国の発展の違いによっては説明できないし，また経済需要や国内の労働力予備軍によっても説明しきれないと主張した（Bartram 2000）。確かに，国籍法，出入国管理令，外国人登録法の存在が，外国人たちの入国や居住を注意深く規制し，非熟練の外国人労働力の雇用を妨げる効果を持ったように見える。すな

---

(16) ふたつのよく知られた例外は，朝鮮半島からのいわゆる密航と，企業研修生として雇われた外国人労働者であった（Komai 2000:313:4）。

わち1952年体制は，1970年代終わりまで日本への外国人や移民労働者の流入を効果的に阻止したように思われる。ところが国際移民が増加に転じる転換点がまもなくやってくるのである。

5　国際移民の転換点
―1970年代終わりから80年代にかけて―

「ボートピープル」と1982年体制

　1970年代の終わりから80年代にかけて，日本は国際移民に関して3つの決定的な転換点を迎えた。「ボートピープル」の漂着，「ニューカマー」の流入，非合法移民の急増である。

　第一の転換点は，「ボートピープル」の漂着である。この時期，いくつかの要因が日本の準拠共同社会に動揺を与えていた。マクリーン訴訟において[17]，反ベトナム戦争運動に与して在留期限の更新を拒否された原告は敗訴した。それにもかかわらず，最高裁判所は外国人も日本人と同様に政治的活動の自由を享受しうることを認めた。

　日本経済が低成長に転じてからは，出入国管理行政も行政改革の対象となった。外国人住民やその支援者による運動は，イデオロギーに基づくものから住民としての常識に基づくものへと変わったとも言われた。二世，三世の在日コリアンの若い世代の多くは，日本社会に同化していった（大沼　1993：267-70）。しかしながら最も影響力のある要因は，「ボートピープル」の出現を機にした国際的な圧力であった。これにより日本は1952年体制を改め「1982年体制」を確立するよう促されたのである。

---

[17]　合衆国国籍を持つロナルド・アラン・マクリーンは，1970年，法務省に1年間の在留期間更新の申請をしたものの期間を120日に短縮され，活動内容も「出国準備期間」とされた。さらに再度申請したけれども不許可となった。その理由は，「無届けの転職」と反ベトナム戦争デモなど「政治活動への参加」であった。そこでこの決定を不服として提訴したものの，最高裁判所（昭和53年（1978年）10月4日大法廷判決）が上告を棄却したため敗訴が確定し，マクリーンはその後帰国をした。外国人に在留する権利および引き続き在留することを要求する権利が保障されないこと，日本の政治的意思決定またはその実施に影響を及ぼす活動等を除いて外国人の政治活動は保障されることが司法の場で示された（最大判昭和53年10月4日民集32巻7号1223ページ）。

第Ⅲ部　ナショナル市民権への固執とその変容

「ボートピープル」，すなわちインドシナ難民たちがボートに乗って大量に母国を脱出し始めたのは，1976年7月に北ベトナムが南ベトナムを併合したときである。当初日本は，難民を一時的滞在者として受け入れるだけであった。しかしながら1978年，一部の難民たちの定住を認め，1979年には毎年500人の難民を定住者として受け入れる決定をした（中野 1993：71-2）。日本政府は，国際連合の「難民の地位に関する条約」(the 1951 Convention Relating to the Status of Refugees)と「難民の地位に関する覚書」(the 1967 Protocol Relating to the Status of Refugees) への加入も前向きではなかった。しかし，1979年UNHCRとベトナム政府の間で取り決めが結ばれ，家族再会およびその他の人道的ケースに当たる場合ベトナムからの合法出国を認める「合法出国計画」(Orderly Departure Program, ODP) が始まった。また，同年インドシナ難民に関する国際会議が開催され，アメリカ合衆国など他国からの要請が強まった。このような中，国際社会からの圧力に屈して日本政府は遂に1982年，上記の難民条約および難民議定書に調印したのである（Komai 2000：314）。

「ボートピープル」の漂着は，「国際人権レジーム」へと日本を投げ込んだ。すなわち，外国人の人権に関して，日本も国際的な原理，規範，ルール，手続きに従うことが期待されるようになったのである。難民問題を扱うため，1951年にできた出入国管理令が改正されて出入国管理及び難民認定法となり，1982年1月1日に発効した。ここに1982年体制が始まった。ところが日本が受け入れる難民の数は，他国と比較すると非常に小さかった。1975年から1987年にかけて先進諸国における難民定住者数と全人口に対する割合を比較すると，旧西ドイツは7万1,348人の難民定住者を受け入れており（人口855人あたり1人），先進諸国の中では比較的少ない人数しか受け入れていないスペインでも3万571人の定住者を受け入れた（人口1,276人あたり1人）。ところが同時期の日本はたった6,424人の定住者を受け入れたにすぎない（人口1万8,913人あたり1人）(中野 1993：73)。日本は公式には国際人権レジームを受け入れたけれども，運用上は国際的圧力の下にあってさえ，なおレジームの受け入れに抵抗していたと言えるのである。

この時期，北朝鮮出身の日本居住者および韓国出自の第二世代は，いくつかの条件の下で「一般永住」の地位を与えられることになり，在留期限を更新する必要はなくなった（大沼 1993：155-6, 270）。外国人登録法は何度か改正され，指紋押捺の年齢が14歳以上から16歳以上に引き上げられ，外国人登録証の更新も3年毎から5年毎へと緩和された（大沼 1993：270）。

　1982年体制の一要素として1984年に国籍法が改正されたけれども，ここでも国際的圧力および国際人権レジームが日本に影響を与えた。ちょうど女子差別撤廃条約（the Convention on the Elimination of All Forms of Discrimination against Women）の批准前だったのである。国籍法改正の結果，母系による日本国籍の継承が保証されるようになった。外国人の父親と日本人の母親の間に生まれた子どもが，日本国籍を獲得できるようになったのである（大沼 1993：271）。しかしこの国籍法改正後も，帰化の際には「日本人の名前に限る」という文言が行政指導のなかになお残っていた（Kondo ed. 2001：13）。日本は同化政策をいまだ手放さなかったのである。

　一方，国際人権レジームの下で確立された1982年体制は，「意図せざる結果」に直面した。難民条約は社会的諸権利に関する内外人平等の規定を含んでいたため，日本政府は公営住宅，住宅金融公庫，国民年金，児童手当や児童扶養手当等に関する外国人受給資格制限を撤廃することになったのである[18]。（Komai 2000：314）。また職場において被用者保険が適用されない外国人に対しては，外国人が居住する地方自治体の国民健康保険に加入することが認められた。外国人居住者が享受できる社会的諸権利の範囲が格段に広がったのである[19]。

ニューカマーと非合法移民労働者
　第二の移民の転換点は「ニューカマー」外国人の到着であった。日本経済は

---

[18] 国民年金に関してまだ問題が残っていた。外国人は，1981年の国民年金法改正の時点で35歳以上である場合，保険料を十分納める年限を満たさないため，年金を受け取ることができない（Kondo ed. 2001：17）。
[19] 公民的権利のひとつとして，1982年には国立大学と公立大学の教授職の門戸が外国人にも開かれた。

1970年代初期の石油危機による不況からまだ回復していなかったけれども，70年代終わりから80年代初頭にかけて外国人の予想外の流入があった。これがニューカマー流入の始まりである。ニューカマーは次の4つのカテゴリーに区分される（Komai 2000：314）。

第一に，上述したボートピープルもニューカマーに数えることができよう。日本が難民条約および難民議定書に調印して以降，ベトナム，カンボジア，ラオスからの移民が相次いで日本に到着していた。1989年には70年代末を超える37回，約3,500人が漂着したのである。ただし，1989年6月のインドシナ難民国際会議で採択された「包括的行動計画」（Comprehensive Action Plan, CAP）が示したように，この時期のボートピープルの多くが政治難民ではなく「経済難民」ではないかと疑われていた（明石 2010：81-2）。このように性格を変化させたという意味でも，80年代半ば以降のボートピープルを第一の転換点とは区別して第二の転換点として捉えておこう。

ふたつめに，興行ビザで入国して風俗産業などで働く女性たちがいた。当初はフィリピン人が最大のグループであり，後に韓国，台湾，そしてタイからの女性が続いた。

ニューカマーの第三のタイプは「中国帰国者」である。第二次大戦終結後も満州など中国大陸に取り残された人々であり，13歳未満の子どもだった者を「残留孤児」，13歳以上で中国人と結婚した女性を「残留婦人」と呼ぶことが多い（蘭編 2000）。中国帰国者は，1972年に日本と中国との国交が回復して以来，徐々に帰国できるようになってきた。

第四のカテゴリーは，欧米諸国からやってきた企業労働者により構成される。高度経済成長を遂げた日本に，欧米企業が支社を設けて社員を常駐させ始めたのである。

移民の第三の転換点は，非合法移民労働者の流入である。1980年代後半から1990年代初頭にかけて，不動産など資産価値の高騰が過度な経済拡大を引き起こすいわゆる「バブル経済」が生じた。この好景気の中，労働力不足が深刻化し，そのうち非熟練労働力の需要増加は多くの外国人を日本に引き寄せた。

しかし，日本の入管行政において外国人の非熟練職への就業は公式には認められていない。その結果，労働力不足を埋めたのは観光ビザなどで入国して労働許可なく働き，ビザの有効期限が切れた後も働き続ける「超過滞在者」であった。その数は，1990 年代初頭の「バブル経済」の崩壊までに約 30 万人に達したとも言われる（Komai 2000：315；鈴木 2009）。

6　移民管理政策の転換点

1989 年出入国管理法改正

前述した移民の転換点に対処するために，日本政府は 1988 年に閣議決定された第六次雇用対策基本計画を踏まえて，1989 年 12 月，出入国管理及び難民認定法を改正し，翌 90 年 6 月 1 日から施行した。これが日本における移民管理政策のさらなる転換点となった[20]。

この改正には 3 つの要点がある（Komai 2000：315-6, Yamanaka 1993：75-6）。第一に，専門職を中心として 10 種類の新しい在留資格が付け加えられた（表 6 -1）。日本経済の国際的な地位が高まり外国人労働者の導入が期待される中，「専門的・技術的職業に従事する」とされるいわゆる「知識労働者」の導入をもくろんだのである。専門的・技術的職業として規定された就労可能な在留資格は「外交」「公用」「教授」「芸術」「宗教」「報道」「投資・経営」「法律・会計業務」「医療」「研究」「教育」「技術」「人文知識・国際業務」「企業内転勤」「興行」「技能」の 16 資格である。そのうち業務の性質上，「外交」「公用」「興行」を除く 13 の在留資格が広義の意味での「知識労働」と言える。あるいは，「法律・会計業務」「医療」「研究」「教育」「人文知識・国際業務」「企業内転勤」に絞って「知識労働」とする考え方もあろう。一方，「文化活動」「短期滞在」「留学」「就学」「研修」「家族滞在」は原則として就労は認められていないものの，「留学」「就学」「研修」「家族滞在」については一定の条件の下で限られた就労が認められている。「特定活動」は法務大臣の許可の下に就労できる。

---

[20]　改正過程については，明石（2010：97-133）を参照。

表 6-1　在留資格

別表第 1
1　外交，公用，教授，芸術，宗教，報道
2　投資・経営，法律・会計業務*，医療*，研究*，教育*，技術，人文知識・国際業務*，企業内転勤*，興行，技能
3　文化活動*，短期滞在
4　留学，就学*，研修，家族滞在
5　特定活動
別表第 2
永住者，日本人の配偶者等，永住者の配偶者等*，定住者*

注：2008 年 8 月現在。＊印は 1990 年に付け加えられた在留資格。
出所：法務省（http://www.moj.go.jp/NYUKAN/NYUKANHO/ho 12.html；2009 年 12 月 22 日参照。）

「日本人の配偶者等」「永住者の配偶者等」「定住者」は活動に制限がなく，「知識労働」から「単純労働」まですべての技能レベルの職に就労することができる。以上の改正の結果，いわゆる「単純労働者の受け入れは認めない」という従来からの入管方針は堅持された。ただし「単純労働」とは何か，および「単純労働者」は誰かという点はあいかわらず不明瞭なままであった。[21]

　第二に，入国審査基準の明確化と手続きの簡易化・迅速化である。特に，査証の申請手続きが簡素化された。目的は第一に，入国する外国人数をより的確に把握すること，そして第二に，バングラデシュやパキスタン，イランといった，当時，非合法移民労働者を多く輩出していた国々により厳しく査証を要求し，非合法移民労働者の数を減少させることである。

　第三に，「不法就労助長罪」が設けられた。「不法入国」「不法上陸」「不法就労」に対する罰則規定はそれ以前にも存在したけれども，この改正ではまず資格外活動の規制対象を明確にし，外国人それぞれに認められた就労活動を示す「就労資格証明書」を設けて雇用主による「誤った雇用」を防ぐ手だてを講じた。その上で，「事業活動に関し外国人に不法就労活動をさせた者」「外国人に不法就労活動させるためにこれを自己の支配下に置いた者」「業として外国人に不法就労活動させる行為等に関しあっせんした者」に対して 3 年以下の懲役

---

[21]　「単純労働」のひとつの定義として，「格段の技術，技能や知識を必要としない労働」（労働省職業安定局 1991：25）というものもあるけれども，曖昧さには変わりがない。

または200万円以下の罰金が科せられることになった。すなわち，雇用主と雇用に関わったブローカーに，外国人本人と同等もしくはより重い罰則を科すと定めたのである[22]（明石 2010：208-11；鈴木 2009：93-4）。

このように1989年入管法改正は，「知識労働者」の入国と就労を促進し，非合法労働者の入国と滞在を阻止しようとすることを主眼にしたものである。ところがこのような規制強化の試みにもかかわらず，いく種類かの「偽装された安価な単純労働力」が導入される結果となった。この単純労働力の導入を説明するために，「バックドア」と「サイドドア」という概念がよく用いられる。理論的には曖昧な部分が多いものの，「バックドア」には「本来入国し労働することが禁じられている者が入ってくる経路」の含意がこめられ，他方「サイドドア」には，「入国は許されているけれども，労働は禁じられている者が入ってくる経路」の意味合いがある。

「バックドア」から入ってくるとされたのは，「非合法労働者」である。入国者数約304万人，外国人登録者数約132万人を数えた1993年には，いわゆる「不法残留者」がほぼ30万人に近づき過去最多を迎えた。

「サイドドア」から入ってくるとされたのは，「研修生」「就学生」「日系人」である。まず「研修生」は外国人研修制度および技能実習制度を通して技能や技術を学びそれらを国際間で移転することを公式の目的として来日する。しかし，実際にはそのほとんどが単純労働に従事している（上林 2002：86-94；佐野 2002）。便宜上，この「研修生」には「技能実習生」も含めて捉えておく。

「就学生」は，主に日本語を学ぶという名目で入国し，学校教育法において高等教育機関とは指定されていない「日本語学校」に入学した者たちである。就学生には1日あたり4時間の就労が認められていたけれども，多くの者がそれ以上の時間，単純労働に従事し，中には学校に通わなくなる者もいた。

最後に「日系人」である。ブラジルやペルーなどラテンアメリカ諸国出身者

---

[22] この罰則は，改正以前から滞在している非正規滞在者を雇用した者には経過措置として適用されないこととなっていた。対象となるのは外国人を来日させる「吸引力」となった雇用主や斡旋者である（鈴木 2009：155）。

が多く,少数ではあるがフィリピン出身者もいる。最も多数を占めるブラジル出身者が正規手続きに則ることが多いのに対して,ペルー出身者には偽造書類を所持する者が多いとも言われる。日系2世には「日本人の配偶者等」,日系3世には「定住者」という法的地位が与えられ,専門職から単純労働まですべての技能水準の職への就労が合法的に認められた(イシカワ 2003:262-3)。

「バックドア」の発明

入管法改正は外国人の人権を配慮したものだったのだろうか。多くの研究は,1989年入管法改正が国家主権と経済市場の間の妥協の産物であったと論じている。日本政府は非合法移民の流入を規制するよう駆り立てられていた一方で,経済界は日本国内で不足する労働力を補うために,海外から外国人労働者を導入したいと望んでいた。そのせめぎ合いの中で,日本政府は1989年入管法改正で「バックドア」と「サイドドア」という経路を発明し,「偽装された安価な労働力」の導入を可能にしたのだというように。

確かに1989年入管法改正は,少なくとも一部は国家と市場の妥協の産物であると見なすことができよう。まず,「バックドア」から入国したとされる非合法労働者に焦点を当ててみよう。上述したように,1989年入管法改正には非合法に外国人を雇用した者および雇用をあっせんしたブローカーを対象とした「不法就労助長罪」の条項が含まれていたけれども,この制裁を実施するかどうかはまた別の問題であった。同改正に基づき罰せられたのは,1991年から1992年で約700人の雇用主だけであり非合法に移民労働者を使用している者の氷山の一角にすぎないと見られている。また,職場への査察で摘発されて国外追放された非合法労働者よりも,雇用主が制裁を受けることを予期して自主的に帰国した非合法労働者の方が多いとも言われる(Cornelius 1994:391)。この場合,制裁を行使するかもしれないという予想が効果を生んでいるとは言えるかもしれないけれども,実際の行使の効果は名目的なものにすぎない可能性がある。実際,不法就労助長罪による検挙件数は毎年500件前後であり,この数は「不法就労」それ自体の検挙数の100分の1程度にすぎないのである

表6-2 不法残留者数

		1992	1998
減少した国	タイ	44,354	37,046
	マレーシア	38,529	10,141
	イラン	40,001	9,186
	バングラデシュ	8,103	5,581
	パキスタン	8,001	4,688
増加した国	韓国	35,687	52,123
	フィリピン	31,974	42,608
	中国	25,737	37,590
	ペルー	2,783	11,606
	台湾	6,729	9,430
	ミャンマー	4,704	5,829

出所：明石（2010：211）より作成。

（明石 2010：211）。同改正には衆議院で付帯決議まで付けられてしまっていた。いわく、「雇用主等に対する処罰規定については、同規定が悪質な雇用主・斡旋者等の取締りの必要性から設けられた経緯にかんがみ、その運用に当たっては、いやしくも濫用にわたることのないよう、十分に配慮すること」と。これら在留管理的側面からは、「バックドア」が労働需要と国家主権の両者を満足させるために開かれていたと判断したくなる。

　一方、移民フローに関する入国管理的側面に関しては、国家主権の力が労働需要を上回っていたように見える。1993年にほぼ30万人というピークを迎えた「不法残留者」数は公式統計上、その後徐々に減少していった。2009年1月時点で「不法残留者」数は11万3,000人（2008年時の新規入国者は771万人、同年末の外国人登録者数は221万7,000人）と半分以下となった（明石 2010：227-8）。明石はこの減少を「不法就労助長罪」の効果というよりは、法務省の要請に従い外務省が行った特定国に対する査証発給制限の効果だとしている（明石 2010：211）。「不法残留者」を輩出していた上位10か国のうち、減少したのはタイ、マレーシア、イラン、バングラデシュ、パキスタンの5か国である（表6-2）。マレーシアに対しては1993年査証取得勧奨措置が実施され、イランに対しては1992年に査証免除が停止された。バングラデシュとパキスタンに対

しては1989年に査証相互免除が一時停止され，観光目的の短期滞在であっても査証取得が要求されるようになった。特にイランとマレーシアの減少幅が大きく，「不法残留者」数全体の動向に大きな影響を与えたのである（明石 2010：211-2）。

以上のような「バックドア」に関する動きの中に，人権的配慮の入る余地は見いだしにくい。

「サイドドア」の発明

一方，「サイドドア」に焦点を当てると，1989年入管法改正はふたつのタイプをつくりだしたと指摘することができよう。第一のタイプは，「研修生」や「就学生」が事実上就労するためにやって来る経路であり，国家と市場の両者の要請を満たす工夫である。すなわち，市場は非熟練職に就く「単純労働力」不足を事実上満たすことができ，かつ国家は「日本は単純労働力を受け入れない」という従来からの入管方針を堅持できるからである。そのためこの「サイドドア」は，意図され入念に発明された経路に見える。そして，特に「研修生」に関して多く指摘されているように，人権的考慮が払われていないという問題が多く提出されているのである。

しかしながらもうひとつの「サイドドア」，すなわち日系人に対する「サイドドア」が，国家主権と経済市場の間の妥協の産物として思いつかれたかどうかには，議論がある。ひとつの考え方は，この「サイドドア」も「単純労働力は受け入れない」という入管方針を堅持しつつも，ラテンアメリカ諸国から日系人を事実上の「単純労働力」として導入することを意図してつくられたのだというものである。この，「単純労働力」補填のために日系人を受け入れたのだという「意図した結果説」には，ブラジル日系人議員の日本政府などへの陳情や日本の政治家，官僚への言動などいくつかの状況証拠があるとされる（明石 2010：115-9）。

一方，「意図せざる結果説」も提出されている。入管法改正案をつくっていた当時の担当官僚たちは，日系人が入国し非熟練労働者として働くことを意図

第6章　日本の移民政策と市民権制度の変遷

していなかったというのである。梶田（1999：144-53）によれば，担当官僚は新たな在留資格「定住者」の対象として，日系ブラジル人や日系ペルー人だけではなく，中国の「残留孤児」や「残留婦人」，ハワイやアジア諸国に点在する日本人移民やその二世，三世を幅広く想定していたのだという。さらに重要なのは，当時，日本と韓国の間の二国間協議において，在日韓国人三世の法的地位が議題にのぼっていたことである。そのため，担当官僚は在日韓国人三世の法的地位を安定化するという課題を抱えていた。すると同時に，日本社会と関係性を持つと想定される日系人二世・三世の法的地位を放置することはできない。そこで，在日韓国人三世と日系人の法的地位の「バランス」を追求することになった。その「意図せざる結果」として，1989年入管法改正は日系人に対しての入国と労働の障壁を取り除き，その流入を加速させたというのである。

このように，「意図した結果」か「意図せざる結果か」という問いは興味深いものであるけれども，明確な答えを出すことは難しい。いくつか考察すべき点が残っているからである。第一に，誰の「意図」なのかである。議員，内閣や大臣，官僚など複数の政治的アクターが関わる中，その「意図」は単一ではなく相互に矛盾する可能性は高い。いちおうの答えとして，政策担当官僚の「意図」であると判断することはできるかもしれないけれども，その「意図」でさえ単一とは限らない。

第二に，どの段階の「意図」なのかという点がある。例えば，法案の形成時の「意図」なのか法の執行時の「意図」なのか等が問われる。いちおう上で見た議論は法案形成時を念頭に置いたものが多いけれども，再考の余地はある。

第三に，もし「意図」の主体とその現れる段階が確定されたとして，いかにして「意図」を確認するのかという問題がある。そしてその「意図」がその主体の「公式見解」なのか，それとも「本音」なのかがすぐさま疑問として提出される。しかし，両者を区別することは容易ではない。

以上の謎に包まれながらも，日系人をめぐる「サイドドア」は確かに形成されたのである。

第Ⅲ部　ナショナル市民権への固執とその変容

1990年体制の力学

　以上のように，1990年体制は基本的に国家主権的要請と経済需要とのせめぎ合いの中で成立していった。しかしその背後には「国民国家」という準拠共同社会が厳然と存在した。「サイドドア」に見られたように，韓国からの国際的圧力の下で在日韓国人三世に見合った法的地位を日系人二世・三世に付与したという見解は，血縁原理に基づく「国民国家」の執拗さを物語っている。さらに，1990年体制の中には人権的配慮の占める余地は小さい。

　このような1990年体制の非ポストナショナル的性格は，1989年入管法改正の内容に顕在化しない事実によっても裏打ちされる。1989年改正はアメリカ合衆国の1986年移民改革統制法と類似している。実際，合衆国の法を参考にしたという元官僚の言葉もある。しかし，ある1点が決定的に異なっていた。合衆国の同法は主要的な条項として一定の基準に基づいて多数の非合法移民を合法化する，いわゆるアムネスティを含んでいた。一方，日本の同改正はアムネスティ条項を欠落させていた（小井土 2000）。日本はこの重要なポストナショナル的要素を体制に組み込もうとはしなかったのである。

7　世紀の変わり目において

変化の兆し？

　1991年の終わり，1989年入管改正法施行からわずか1年後，「バブル経済」が崩壊した。そして長期にわたる不景気，いわゆる「失われた10年」が到来した。1990年体制は継続しながらも，変化の兆しが現れているかのようであった。この時期，ニューカマーの数はわずかながら減少した。労働市場の縮小と入管法改正の影響だと推察される。オールドカマーに関してはいくつかの法の制定と改正が行われ，諸権利の拡充がなされた。1991年「日本国との平和条約に基づき日本の国籍を離脱した者等の出入国管理に関する特例法」（入管特例法）が制定され，「特別永住者」という在留資格が「戦前から日本に居住している」主に韓国・朝鮮出身者と台湾出身者およびその子孫に与えられた。

また同入管特例法によって特別永住者の退去強制事由が大幅に制限され，国外追放者の数は減少した。さらに，外国人登録法の数度の改正後，1999年には指紋押捺が廃止され，代わりに署名が導入された。さらには，2012年7月からは外国人登録制度は廃止され，代わりに住民基本台帳および，「特別永住者証明書」または「在留カード」を用いた新たな在留管理制度が導入されることが決定済みである。[23]

国家レベルの外国人統合政策が無策に近い状態を続けている一方，いくつかの革新的な地方自治体やNGO/NPOは外国人の統合を緊要な課題に掲げ活動している。地方自治体は外国人住民に対して職員として雇用する扉を開き始めた。日本における帰化の割合は，他の先進諸国と比較すると相対的にいまだ低い水準であるけれども，少しずつ増加している（1991年に0.6%，1993年に0.8%，1995年に1.0%）（Kondo ed. 2001：13）。外国人と日本人の間の国際結婚もまた，増加しつつある。

「国民国家」を堅持してきた日本は21世紀になって，「人」という準拠共同社会に近づくのであろうか。世紀の変わり目に生じた4つの政治的出来事から考察してみよう。

埋め込まれたナショナリズム──「三国人」発言

既に多く論じられているように，現時点においてエスニック・コミュニティと日本社会との間に敵対的な関係はない（例えば，Komai 2000：317-22）。しかし，このことは日本の準拠共同社会が「人」に近づきつつあるということを必ずしも意味するものではない。「国民国家」を支えるナショナリズムはいまだ堅固なのである。

この堅固さが顕著に現れるのは，政治における言説においてであろう。例えば石原慎太郎東京都知事は，たびたびそのようなナショナリスティックな発言

---

[23] 特別永住者には「特別永住者証明書」，それ以外の外国人居住者には「在留カード」が交付される予定である（法務省「平成21年度入管法改正について」（http://www.immi-moj.go.jp/newimmiact/newimmiact.html；2011年10月7日閲覧）。

を繰り返すことで知られている。2000年4月9日東京で開催された陸上自衛隊の記念式典における演説で，彼は「大規模な地震が首都を襲ったら外国人たちが暴動を起こす可能性があるので，それを統制する準備を陸上自衛隊がしなければならない」という主旨の発言をした。「極悪な犯罪が繰り返し『三国人』や日本に不法入国した外国人たちによって引き起こされている。我々は大災害が起きたときに彼らが暴動を起こすことを予想できる」のだと (*Japan Times* 17 April 2000; *Japan Times* 30 May 2000)。この発言が大きな問題となった。

「三国人」という用語は，文字通りには「第三の国々からやってきた人びと」である。しかし，かつて日本の戦争遂行を手助けさせるために旧植民地であった台湾や朝鮮半島から招集され，強制労働に従事させられた多くのオールドカマーたちを指し示す用語であり，第二次大戦終結後GHQの占領下まで用いられていた用語である。現在はほとんど使用されていないその用語は，差別的な含意を持つと広く認識されてきたものなのである。さらに石原は，そもそもお互いに関係のない「三国人」「不法入国」「犯罪」という3つの概念を結びつけたのである。

その後，自分の「三国人」発言を正当化する発言を繰り返しつつ，2か月経たないうちに石原は，「日本は労働力不足の増大に備えて，外国人に門戸を開かねばならない」と発言し，移民・外国人に対する立場を軟化させたかのようにふるまった (*Japan Times* 30 April 2000; *Japan Times* 30 May 2000)。しかし，日本のメディアは彼の軽率な発言を批判し，台湾などの近隣諸国も石原の国家主義的立場を厳しく批判し続けたのである。

石原の発言は単に個人的なものだと片づけることが難しい。彼自身が都知事という公職についており影響力も大きいということ以上に，他の政治家も類似の発言を幾度となく行っており，そうした一連の発言のひとつに位置づけられるからである。さらに，石原は選挙で票を集めて都知事となっている。2003年4月の都知事選では，得票率70.2%，得票数308万票の圧勝であった（『北海道新聞』2003年4月14日朝刊）。すなわち，数多くの物言わぬ日本人が彼の発言や言動を結果的にであれ支持しているのである。このように「三国人」発言

とその含意は，世紀の変わり目にあってもなお，排外主義に陥りがちなナショナリズムが日本社会に埋め込まれていることを浮き彫りにしている。

超過滞在者による入国管理局訪問

1999年9月1日，バングラデシュ，イラン，ミャンマー出身の超過滞在者21人が法務省入国管理局を訪れ，国家裁量に基づく在留特別許可を自分たちに与えるか，できれば一定の条件に基づいて多数の非合法移民を一斉に合法化するアムネスティを実施するよう要求した。このことは日本が「人」という準拠共同社会に対して新たな態度を示しうる機会となった。

入管を訪問したのはふたりの独身男性と5組の家族であり，8人の未成年者も含んでいた。彼ら／彼女らのほとんどは「バブル経済」の時期に日本にやってきてビザが切れた後もそのまま在留し続けていた。子どもたちの多くは日本で生まれ育ち，日本の学校に通っており，日本での生活に慣れていた。しかし超過滞在のままでいると，子どもたちが高等教育を受けたり安定した職を得る機会が制限されてしまう。この点が，家族が入管訪問に踏み切った主な理由であったと言われる。

在留特別許可は，法務大臣の裁量で外国人に与えられる在留許可である。以前は日本人または永住者と血縁関係にある者だけに与えられており，今回の入管訪問者たちはこれまでの事例には当てはまらなかった。

在留特別許可の付与を判断するにあたり，入国管理局は訪問者たちの事例をそれぞれ個別に取り扱い，結果的にアムネスティは認めなかった。翌2000年，在留特別許可が日本の小学校，中学校，高等学校に通う子どもを持つ4家族16人（うち子ども7人）に与えられた。当時，これがどのような基準によって判定されたのかは公表されなかった（『朝日新聞』1999年9月2日，2000年2月3日；*Japan Times* 3 September 1999；駒井・渡戸・山脇 2000）。

さらに，1999年12月27日には第二次出頭，2000年7月12日，13日には第三次出頭が行われた。第二次出頭では5家族17人（うち子ども7人）が出頭し，まず1家族4人（うち子ども2人）に在留特別許可が与えられ，後に不許可

になった家族の子ども1人にも与えられた。第三次出頭においては，7家族1個人の計26人（うち子ども13人）が出頭し，5家族21人（うち子ども11人）と後から子ども1人に在留特別許可が与えられた（鈴木 2009：212-5）。

このような在留特別許可の対象者拡大は，"Asian People's Friendship Society"（A.P.F.S.）などのNGO／NPOによって支えられたという面がある（鈴木 2009：212-5）。その結果，法務省は「子どもの権利」を配慮した判断を事実上行ったように見える。しかし，日本と「人」という準拠共同社会との距離はまだまだ遠いと言わざるをえない。

第一に，在留特別許可はアムネスティとは異なり法務大臣の裁量によって付与の可否が決定される。すなわち在留特別許可は，「人権」のような「権利」ではなく，あくまでも為政者によって授けられる「恩敬」なのである。これに関連して第二に，第三次出入国管理計画や「規制改革・民間開放推進3か年計画」を受けて入国管理局が2006年10月に発表した「在留特別許可に係わるガイドライン」も「子どもの権利」といった人権的配慮に踏み込んでいない。確かに，「人道的配慮を必要とする特別な事情がある場合」という付与を有利にする「積極要素」は書き込まれている。しかしその内容は，病気治療の必要性および「本邦への定着性が認められ，かつ，国籍国との関係が希薄になり，国籍国において生活することが極めて困難である場合」とあるだけである。ここに「子どもの権利」は含まれるのかもしれないけれども，解釈しだいである。まさに法務大臣の裁量でその内容は左右される。

このような在留特別許可をめぐる国家主権の論理の凌駕は，日本における「国民国家」という準拠共同社会の堅固さを示している。

外国人地方参政権法案

第三の出来事は，地方自治体の選挙における外国人の参政権法案である。この事例を多くの研究は，ポストナショナル・メンバーシップまたはデニズンシップの発展の現れと見なす傾向にある（近藤 1996）。

1999年10月の連立政権発足時，自由民主党，新公明党，自由党は，都道府

県や市町村における選挙権を永住外国人に付与する法案を提出することに合意した（*Japan Times* 24 November 1999）。永住外国人の多くは朝鮮半島および台湾出自のオールドカマーである。合意に基づき新公明党と自由党は，2000年1月の通常国会初日に連立政権の多数政党である自民党に先んじて，同法案を共同で提出した（*Japan Times* 14 January 2000；*Japan Times* 20 January 2000）。しかし，いくつかの地方自治体の外国人集住地域における選挙結果に影響が出ることを懸念した自民党内の反対勢力のため，法案は2001年6月先送りにされ国会を通過しなかった。

なぜ外国人地方参政権法案が浮上したのだろうか。外国人住民たちの中には，「住民自治」や基本的人権の実現などの標語を掲げ選挙権を要求してきた者もいたことだろう。しかし同時に，日本の置かれた国際関係が影響を与えていた。韓国政府が韓国人永住者に選挙権を与えるよう，日本政府に圧力をかけ続けていたのである。同法案はまた，「当分の間，この法律における永住外国人は，外国人登録原票の国籍の記載が国名によりされているものに限るものとすること」という規定を持っていた。これにより，無国籍者だけでなく，「北朝鮮籍」を事実上持つ永住外国人を除外したのである。[24] その理由は，日本と北朝鮮との間には外交上の関係がないことと，在日朝鮮人の団体である朝鮮総連が参政権付与に反対していたこと，自由民主党の議員の中に北朝鮮に対して強い嫌悪感を持っている者がいたこと等が想定される（近藤 2001：119；*Japan Times* 16 March 2000）。このように，ここにも国際関係の影響が見られるのである。

加えて，日本の一部の官僚は次のように主張していた。戦後半世紀以上がたった今も，第二次大戦による「韓国・朝鮮問題」はいまだに解決していない。問題が解決されないうちは，多くの外国人を受け入れることはありえないと（Cornelius 1994：381-2）。この状況においては，地方参政権付与は官僚レベルに

---

[24] 1947年外国人登録が始まったとき，「朝鮮」という記載は国名ではなく記号にすぎないという政府の見解による。1950年大韓民国建国後，「朝鮮」という「記号」から「韓国」という「国名」に書き換える者が多く出た。その結果，「朝鮮」という記載が外国人登録に残った者は大韓民国に対する違和感を抱えた者であると推測されるがゆえに，「北朝鮮籍」と見なされうるという論理が背後に存在する。

第Ⅲ部　ナショナル市民権への固執とその変容

おいても促進することが難しい行政的イシューとなっているのである。

このようにして，外国人地方参政権法案は「国民国家」に基づいた国際的な二国間関係という文脈と，戦争の歴史的遺産という文脈に従って取り扱われており，「人」や「居住」の観点は希薄なまま検討されていったのである。

海外在住日本人の選挙権

外国人住民への地方参政権付与が政治的イシューとなる一方，海外に居住する日本人が日本国内の選挙における参政権を要求していた。法案は一度廃案になったものの，1998年4月24日になって可決された。公職選挙法が改定され，海外に居住する日本国民は，2000年5月以降に行われる衆参両議院の国政選挙に海外から投票できるようになった。ただし，政府案に従い「当分の間」は比例区選挙のみを在外投票の対象とした。選挙区選挙が対象となったのは2009年6月1日以降のことである（朝日新聞1998年4月23日；*Japan Times* 29 December 1999；『産経新聞』1998年4月24日；総務省 2009）。

2000年6月25日に行われた衆議院選挙によって，初めて在外投票が実施され，政府は海外に居住する日本人からの投票を受け付け始めた。海外の同一の場所に3か月以上居住する成人は，日本大使館や領事館にて投票するか，郵便により不在者投票を行うか，登録していれば日本国内の選挙管理委員会にて直接投票する資格を得る。海外に居住する有権者は，約59万人になると見積もられている。そのうち在外選挙人名簿に登録したのは5万8,598人（2000年6月1日現在），すなわち在外有権者全体の1割程度である。さらに実際の投票者総数は1万6,996人であった。これは在外有権者全体の30人に1人弱の割合であり，名簿登録者全体の29%が投票したことになる（『朝日新聞』2000年6月26日；*Japan Times* 14 June 2000）。

この在外投票の事例は，日本の市民権戦略をとてもよく反映している。外国人地方参政権法案が二国間関係を通じた圧力の下，政治的アリーナで論じられているとき，日本政府は，外国人永住者と海外在住日本人の地位の一貫性を追求しているように見える。そして少なくとも結果的に，日本は自らの領土を越

えてまで「血縁主義」に基づいた「国民国家」という準拠共同社会を強化しようとしたのである。

8　市民権の日本モデルか？

ポストナショナル・メンバーシップは，ナショナル市民権の安定的な代替物なのだろうか。それとも，ナショナル市民権からの一時的な逸脱にすぎないのだろうか。日本の経験は，ポストナショナル・メンバーシップが一時的な逸脱である可能性を明らかに示している。

明治時代に入って鎖国政策を終了し，「門戸開放」を始めて以来，戦前日本は国際的圧力と法的一貫性というふたつの要求を満たす方向で「血縁原理」に基づいた「帝国」を準拠共同社会と定義してきた。しかし第二次大戦直後，敗戦国である日本は「1952年体制」をつくり準拠共同社会を「帝国」から「国民国家」へと急激に変化させた。その結果，韓国・朝鮮や台湾からのオールドカマーたちは，日本に定住し少なくとも形式的には市民権を享受していたにもかかわらず，その市民権を奪われてしまった。

「国民国家」という準拠共同社会は，石油危機に至るまでの時期は比較的安定していた。しかし1970年代の終わりから1980年代の初めにかけて，「ボートピープル」に先導された「国際人権レジーム」が「国民国家」に対して影響を及ぼした。このレジームへの加入の意図せざる結果として，日本における外国人住民はたとえ日本国籍を保持していない場合でも社会的諸権利を与えられることになった。

ところが1980年代半ば以降ニューカマーたちが到来し始め，日本政府は「人」に基づくのではなく，労働需要，国家主権，法的一貫性そして国際関係に基づいて，諸政策を決定していった。特に1989年に改正した出入国管理及び難民認定法によって「1990年体制」をつくりだした。このように「人」への配慮が希薄なまま「国民国家」という準拠共同社会を維持しようとする傾向は，世紀の変わり目にあってもなお残存し維持されている。

第Ⅲ部　ナショナル市民権への固執とその変容

「国民国家」を準拠共同社会として維持し,「人」を準拠共同社会として認めることに抵抗するという日本の経験から, 他の国々も普遍的戦略として採用可能な「移民と市民権」の政策モデルを抽出することができる。日本は, 人権の諸要求に直面したときでさえ, それら諸要求を次のようなやり方で「ナショナルな事柄」へと翻訳してきた。第一に, 日本は国際的圧力の下でのみ外国人の諸権利の保証へと動く。第二に, 日本が変化を強いられるとき, 日本は行為の主要原理として,「血縁原理」に基づいた「国民国家」という準拠共同社会を守ろうとする。第三に, 日本は国内法の枠組み内部における法的一貫性を追求する。特に, 国民およびその子孫と, 国民でない者の間には, 法的に前者が後者よりも劣らないような一貫性を維持しようとする。第四に, 日本は外国人の権利要求を戦争の歴史的遺産と, 国籍に基づいた二国間の互酬的関係に位置づける。この日本的政策モデルは, 自民党が一党優位を保つ55年体制のような政治的安定等によって支えられていたのである。

ここまで考察を積み重ねた後でさえも, 日本は例外的事例にすぎないという異論が必ずや持ち上がるであろう。例えば, 前で触れたように日本には比較的少数の外国人しか居住していない, または日本の経験はあまりにもありふれており普遍的で,「市民権に対する挑戦」論争を再考するには有用でない等々。しかし, 安易な例外主義や思慮なき普遍主義に陥る前に,「市民権に対する挑戦」論争を, 非西側諸国の事例を含めたものへと変えなくてはならないのである。

第7章

日本おける多文化ガバナンスの不在

1 多文化社会のガバナンスという研究課題

「国際移民による市民権への挑戦」は，多文化化した社会をいかに統治するかという課題をもたらしたと言われる。しかし，この「多文化社会のガバナンス」という研究課題はどのような問いを探究することを意味するのだろうか。

「ヨーロッパ諸都市における多文化主義と政治的統合」(Multiculturalism and Political Integration in European Cities) の共同研究プロジェクトにおいて，ジョン・レックス (John Rex) とユナス・サマド (Yunas Samad) は移民と多文化主義を研究するための主要な問いを次のように提示した (Rex and Samad 1996：11)。

(a) 多文化主義の考えは，西ヨーロッパにおいて確立した政治構造と両立するのだろうか。
(b) 移民・エスニック・マイノリティの政治的動員の中で，主要な形態はどのようなものか。
(c) 中央政府および地方政府はこれらマイノリティの存在や動員にどのように対応してきたのか。
(d) ホスト社会とマイノリティとの間に結果として現れたのはどのような本質を持つ政治的関係か。

(e) この関係は，(1) 国家のニーズ，(2) マイノリティのニーズ，(3) 民主主義のニーズをどの程度満たすものなのか。

　これらの問いは，少々の修正を要するかもしれないが，疑いなく「多文化社会のガバナンス」の中核的イシューと見なすことができる[1]。本章では，上記の問いの (c) のうち中央政府の対応に焦点を合わせ，市民権政策の観点から多文化社会をどのように統治できるのかに関して検討を加えていく。その際，東アジアの1国である日本を議論の俎上にのせることで，西側諸国以外の国民国家へと分析を広げる契機を提供することを目的とする。多文化社会を確立し安定させるという点で，市民権は中央政府にとって中心的な公共政策手段である。本章で検討される問いは，日本という国家がどのような市民権政策によって外国人・移民やエスニック・マイノリティの出現に対応してきたか，それはなぜか，である。

　まず示すべきは，単一民族社会や移民流入をまぬがれている社会といった「神話」とは裏腹に，日本は多文化社会になってきているという現実である。さらに，どのように日本政府が多文化的現実に対処しようとしているかを理解するために，日本における市民権政策を概観する。上記の問いは，多文化的なイシューや出来事が他の社会という外側からの影響とは独立に，当該社会の内部の事情から生じてきているという前提を持っているように思われる。そこで最後に，市民権政策の形成と実施に関して，日本という国家が多文化的現実という社会内的状況に反応しているのか，それとも外的要因に反応しているのかに着目して探究していく。

2　3つの多文化主義

　国境を越えてやってくる移民をいかにして社会に統合するか。この問いに社会科学の観点から初めて与えられた解答は，移民が自らの文化・習慣を捨て去

---
[1] 多文化社会に関する問いについて他には，Rex and Drury eds. (1994) も参照。

り，ホスト社会の文化・習慣を身につけるというものである。しかし1960年代後半からグローバル化が進みより多くの移民が国境を越えるようになると，この同化主義は様々な批判を受け，1990年代の再評価および再理論化まで持ち出されなくなった。その代わりに提唱されたのが多文化主義（multiculturalism）である。[2]

現在までのところ多文化主義は多義的な概念である。大きく分けると相互に関連した3つのタイプに分けることができる。人口学的－記述的，イデオロギー的－規範的，プログラム的－政治的の3つである（Inglis 1996）。それぞれを短縮し，人口的多文化主義，規範的多文化主義，政治的多文化主義と表記することにしよう。

ひとつめの人口的多文化主義は，ホスト文化とは異なる文化を持った行為者がホスト社会内で増加した事態を示す。このような人口的な変化がどのような意味で「主義」（ism）なのかという論点は残されているけれども，現実に流通している用語法であることは確かであり，指示対象も比較的明らかである。

第二に，規範的多文化主義は「どのような社会が望ましいか」という問いに対応したタイプである。多文化主義を社会原理とした社会を多文化社会と呼ぶとするならば，「望ましい社会」は時代によって場所によって異なり，多文化社会が望ましいと見なされるとは必ずしも限らない。例えば，社会の「公的領域／私的領域」と文化の「同質性／多様性」のふたつの軸によって4つの社会を区別した場合，多文化社会はその中のひとつである（表7-1）。

第一の社会は公的領域と私的領域の両者において文化的同質性が追求される「同化社会」（assimilationist society）である。単一文化，単一民族による国家形成を追求するような国民国家の理想型と言える。第二の社会は公的領域と私的領域の両者で文化的多様性が優位になる「多元社会」（plural society）である。東南アジアにかつて存在したと言われるような，市場でのみ複数のエスニック集団が出会う社会がその例となる。第三の社会は，「南部アメリカ型社会」（'Deep

---

[2] 多文化主義と共に，同化主義，編入，社会的結合など社会統合の考え方について詳しくは，樽本（2009a: 62-83）を参照。ここでは多文化主義に関して，議論に必要な最小限の論述にとどめる。

表 7-1 文化的多様性と社会のタイプ

公的領域	私的領域	
	同質性	多様性
同質性	同化社会	多文化社会
多様性	南部アメリカ型社会	多元社会

South' society) と名付けられる。私的領域において文化や生活習慣が同質的であるにもかかわらず，公的領域において多様な文化や政治参加の格差が見られるものである。白人系と黒人系が隔離していた公民権運動以前の合衆国南部に典型例があるとされるため，上記の名前になっている。最後に，私的領域においては文化や生活習慣が多様である一方，公的領域においては市民権や福祉給付を通じて単一の同質的な文化や習慣が現れるのが多文化社会である。換言すれば，行為者は公的領域においては自らの文化・習慣の表出を控え，私的領域における活動で示すだけにとどめるべきだという含意が存在する（Rex 1997：207-8）。

規範的多文化主義は，最後の「多文化社会」こそが外国人・移民の社会統合を達成可能にするということをしばしば含意する。ただし，公的領域においてどの程度同質性を要求するか／多文化を許容するかという観点から，「多文化社会」にはバリエーションが生まれることも付け加えておかなくてはならない。例えば多文化主義を，(1) シンボリック多文化主義，(2) リベラル多文化主義，(3) コーポレイト多文化主義，(4) 連邦制多文化主義／地域分権多文化主義，(5) 分断的多文化主義，(6) 分離・独立主義多文化主義の 6 つに分けるとき，後者にいくほど公的領域における多文化の許容度は増し，上の 4 つの社会類型の「多元社会」に極めて近くなるのである（関根 2000：50-9）。いずれにせよ何らかの多文化主義を提唱し，「それこそが望ましい社会をつくる」と主張する規範的な考えのことを規範的多文化主義と呼ぶのである。

人口的多文化主義，規範的多文化主義に続く 3 つめのタイプは，政治的多文化主義と呼べる。政治的多文化主義は，現実の政策の中で多文化を維持・促進する施策がどの程度実現しているかに焦点を当てる。例えば，エスニック学校，

エスニック・メディア，通訳・翻訳サービスに財政的な援助が行われているかどうかが問われる。また，アファーマティヴ・アクション，移民・外国人への選挙権付与，差別禁止法など権利的な側面が整備されているかどうかも問題になる。

以下では，以上の3つの側面に即して日本の状況を考察していくことにしよう。

3 人口的多文化主義の進展

ふたつの「神話」

19世紀に近代国家制度を確立して以来，日本はふたつの強力な「神話」によって特徴づけられてきた。日本は「単一民族社会」であり，そして「移民流入をまぬがれている国」であると。これらの「神話」は海外においても信じ込まれている。例えば2011年7月22日，男がノルウェーの首都オスロの官庁街を爆破し，その後，オスロ近郊の島で開かれていた与党青年部集会で銃を乱射した。77人の死者を出すに至った動機は，「イスラム教からこの国と欧州を守るためだ」「（移民に関して）誤った政策をとってきた与党への罰だ」というものであった。同時に供述で容疑者は日本を賛美していたという。「日本は移民や難民が少なく，多文化主義を拒絶して経済発展を成し遂げた」と（『朝日新聞』2011年7月27日）。日本社会では，「ひとつのネーション，ひとつのエスニシティ」というスローガンで象徴されるエスニックな同質性という理念は強固である。そしてこの理念は，人々がみんな平等なのは日本人であるがゆえであるという日本民主主義の基礎になっている信念を強化するのに重要な役割を果たしてきた（Yamanaka 1994 : 413）。

日本がエスニックに同質的な社会であるという「神話」は，明治時代にさかのぼる1899年国籍法で国籍の継承原理を血縁主義（*jus sanguinis*）に定めて以来，強化されてきた。第二次大戦後の1950年，国籍法が改正され，父子関係を基本とする血縁主義が明治民法典と戸籍制度の影響の下で採用された。その

表7-2 主要OECD諸国における外国人人口[1]

	1983	1989	1995	1997	1999	2005	2009	(千人, 2009年現在)
オーストリア	3.9	5.1	9.0	9.1	9.2	9.7	10.7	(892.2)
ベルギー	9.0	8.9	9.0	8.9	8.8	8.6	9.8	(1057.5)
デンマーク	2.0	2.9	4.2	4.7	4.9	5.0	6.0	(329.9)
フィンランド	0.3	0.4	1.3	1.6	1.7	2.2	2.9	(155.7)
フランス	n.a.	6.3[2]	n.a.	n.a.	5.6	5.7[3]	n.a.	(n.a.)
ドイツ	7.4	7.7	8.8	9.0	8.9	8.2	8.2	(6694.4)
アイルランド	2.4	2.3	2.7	3.1	3.1	9.7[3]	n.a.	(n.a.)
イタリア	0.7	0.9	1.7	2.1	2.2	4.6	7.1	(4235.1)
日本	0.7	0.8	1.1	1.2	1.2	1.6	1.7	(2184.7)
ルクセンブルグ	26.3	27.9	33.4	34.9	36.0	41.5	43.8	(216.3)
オランダ	3.8	4.3	5.0	4.3	4.1	4.2	4.4	(735.2)
ノルウェー	2.3	3.3	3.7	3.6	4.0	4.8	6.9	(333.9)
ポルトガル	n.a.	1.0	1.7	1.8	1.9	4.1	4.3	(457.3)
スペイン	0.5	0.6	1.2	1.6	2.0	9.5	12.4	(5708.9)
スウェーデン	4.8	5.3	5.2	6.0	5.5	5.1	6.4	(595.1)
スイス	14.4	15.6	18.9	19.0	19.2	20.3	21.7	(1680.2)
イギリス	3.1[4]	3.2	3.4	3.6	3.8	5.1	7.1	(4348.0)

注:(1) 全人口に対する割合(%)。帰化した人々および当該国の市民権を持っている者は除外されてる。以上は,人口登録または外国人登録からのデータである。ただし,フランス(センサス),ポルトガル(居住許可),アイルランドと英国(労働力調査)を除く。
(2) 1990年のデータ。
(3) 2006年のデータ。
(4) 1985年のデータ。
出所:OECD (1995:194; 1997:218; 2001:282; 2011:403-4)

後,いわゆる1982年体制の一要素として国籍法は1984年に改正された。女子差別撤廃条約(the Convention on the Elimination of All Forms of Discrimination against Women)の批准前であったため,この改正において父系だけではなく母系も日本国籍取得を可能にすることになった。しかし,血縁主義に関しては手つかずのままだった。

エスニックに同質的な日本という神話は,日本が外国人,移民,先住民,エスニック・マイノリティのような多文化的行為者による市民権の要求をまぬが

---

[3] 第3章で見たように,市民権を配分するために主にふたつのシステムが使用されてきた。出生地主義(jus soli)と血縁主義(jus sanguinis)である。出生地主義の下では,ある国の領域内で生まれた者ならば誰でも,非市民の子であったとしても,その国の市民権を獲得することができる。対照的に,血縁主義は親子関係を通じて,市民の子どもや孫などにしか市民権の伝達を許容しない。近年,居住している事実に従って市民権が配分される居住主義(jus domicili)のような新たな原理がいくつかの国で併用されるようになってきた。

表7-3 帰化許可者数等の推移（人数）

年	帰化許可申請者数	帰化許可者数				不許可者数
		合計	韓国・朝鮮	中国	その他	
2001	13,442	15,291	10,295	4,377	619	130
2002	13,344	14,339	9,188	4,442	709	107
2003	15,666	17,633	11,778	4,722	1,133	150
2004	16,790	16,336	11,031	4,122	1,183	148
2005	14,666	15,251	9,689	4,427	1,135	166
2006	15,340	14,108	8,531	4,347	1,230	255
2007	16,107	14,680	8,546	4,740	1,394	260
2008	15,440	13,218	7,412	4,322	1,484	269
2009	14,878	14,784	7,637	5,391	1,756	202
2010	13,391	13,072	6,668	4,816	1,588	234

注：申請者数が許可者数より少ないことがあるのは，申請の年と許可の年が一致しないことがあるためである。
出所：法務省（http://www.moj.go.jp/MINJI/toukei_t_minj03.html；2011年8月6日取得）

れてきた国だという印象を生み出してきた可能性がある。1980年代以降でさえ，日本には他のOECD諸国よりも少数の外国人・移民人口しかいない（表7-2）。例えば日本同様遅れて先進国の仲間入りをしたドイツ（8.2％，2009年現在）やイタリア（2.1％，2009年現在）に比べても，日本の全人口に対する外国人・移民の割合は小さい。1999年において外国人・移民人口は全人口の1.2％，2009年においても1.7％である。

さらに，帰化の許可数は1993年に1万を超え，2000年には1万5,000人以上が帰化によって日本国籍を獲得し，その後1万3,000人から1万7,000人台半ばで推移している。その多くが韓国，北朝鮮または中国の国籍を持っていた（表7-3）。この帰化数は，人口規模の小さいオーストリア，デンマーク，フィンランドなどよりは多いものの，他の先進諸国と比べてかなり少ない（表7-4）。例えば，ドイツ（9万6,122人，2009年現在）やイタリア（4万84人，2009年現在）と比べるとかなり少ないことがわかる。実際，外国人数に占める帰化人数は0.7％でしかない。

このような状況の下，2000年1月半ばには自由民主党，公明党，保守党の連立政権が国籍法改正を検討するために「国籍等に関するプロジェクトチー

表7-4 主要 OECD 諸国における国籍取得 [1]

	1997	2000	2003	2006	2009	(人, 2009年)
オーストリア	2.3	3.5	5.9	3.2	0.9	(7,933)
ベルギー	3.5	6.9	4.0	3.5	3.2	(32,767)
デンマーク	2.3	7.3	2.5	2.9	2.0	(6,537)
フィンランド	1.8	3.3	4.3	3.9	2.4	(3,413)
フランス	n.a.	4.6	n.a.	4.2	n.a.	(135,842)
ドイツ	1.1	2.5	1.9	1.8	1.4	(96,122)
アイルランド	n.a.	n.a.	1.8	1.6[2]	n.a.	(4,594)
イタリア	1.0	0.7	0.9	1.3	1.0	(40,084)
日本	1.1	1.0	1.0	0.7	0.7	(14,785)
韓国	n.a.	n.a.	2.8	1.6	1.9[3]	(15,258)[3]
ルクセンブルグ	0.5	0.4	0.5	0.6	1.9	(4,022)
オランダ	8.8	7.7	4.1	4.2	4.1	(39,754)
ノルウェー	7.6	5.3	4.0	5.4	3.8	(11,442)
ポルトガル	0.8	0.4	0.4	0.8	6.5	(28,888)
スペイン	1.9	1.5	2.0	2.3	1.6[3]	(84,170)[3]
スウェーデン	5.5	8.9	7.0	10.7	5.1	(28,562)
スイス	1.4	2.1	2.4	3.1	2.7	(43,440)
イギリス	1.9	3.7	4.9	5.1	4.9	(203,705)

注:(1) 外国人人口に占める割合(%)。帰化だけではなく,宣言,選択(option),前国籍の回復などによる国籍取得を含む。
(2) 2007年のデータ。
(3) 2008年のデータ。
出所:OECD (2008: 354 ; 2011: 421-2)

ム」をつくった。その多くが朝鮮半島または台湾出自のオールドカマーで構成される特別永住者に,登録の手続きだけで日本国籍を与えることが検討された(『毎日新聞』2001年2月8日)。しかし,法案は2012年初時点においても提出されてはいない。

多文化社会化の進展

以上のように見ていくと,日本はアイヌ文化や琉球文化を圧制して以来,エスニック文化における同一性と安定性を享受してきたかのように見える。ところが戦前日本の準拠共同社会は「帝国」であった。現実には同質性の神話は,第二次大戦前からエスニック・マイノリティの出現で挑戦を受けてきたのである。このマイノリティたちはオールドカマーと呼ばれ,主に韓国・朝鮮系およ

第7章　日本おける多文化ガバナンスの不在

表7-5　外国人の人口構成（人）[1]

出身国	オールドカマー[2]	ニューカマー	超過滞在者	計
韓国・北朝鮮	528,450	108,463	62,577	699,490
中国	4,349	266,426	44,237	315,012
ブラジル	14	220,549	—[3]	220,563
フィリピン	21	103,765	40,420	144,206
タイ	1	22,933	30,065	52,999
ペルー	2	40,788	10,320	51,110
合衆国	181	42,475	—[3]	42,656
マレーシア	4	6,584	9,989	16,577
インドネシア	3	14,928	—[3]	14,931
イラン	5	7,139	7,304	14,448
バングラデシュ	1	6,362	4,936	11,299
パキスタン	6	5,886	4,307	10,199
ミャンマー	1	4,498	5,487	9,986
その他	358	118,627	51,406	170,391
計	533,396	969,423	271,048	1,773,867

注：(1) 1998年12月末および1999年1月1日現在。ただし，「外交」「公用」の在留資格を持つ者，および日米地位協定などに該当する軍人，軍属とのその家族などを除く。
(2) 在留資格「特別永住者」の人数である。
(3) 少数なのでその他に含めてある。
出所：法務省出入国管理局（1999）；Komai（2000：318-9）

び台湾出身者を含む中国系で構成され，第二次大戦終了後も日本社会に留まりその子孫も日本に居住し続けている。20世紀末の外国人人口構成をオールドカマー，ニューカマー，超過滞在者に分けると，オールドカマーは約3分の1を占める（表7-5）。エスニックな同質性の「神話」の下，戦前は大日本帝国の「臣民」であり今は永住外国人として日本で生まれ教育を受け生活していても，諸権利の付与を長い間阻まれてきた（Yamanaka 1994：413）。しかし同質性の神話にもかかわらず，このようなオールドカマーが多文化的状況を社会内に創出していたのは確かなことである。

加えて，1980年代半ば以降になると日本にニューカマーが流入し，20世紀末には外国人人口の半分以上を占めることになった。出身地や来日目的などニューカマーは多様な性格を持つけれども，その中である程度一定の性格を共有しまとまった人数で日本に暮らす集団としてブラジルやペルーからやってきた

日系人がいる。日系人は帰化しなくとも，「知識労働」から「単純労働」まですべての技能水準の職に就労する許可が得られる。法的には日本国籍を持たない一方，血のつながりを持つ「エスニックな日本人」である。しかし，ブラジルやペルーといった出自国の文化をもたらす存在でもある。

　また，出身国別のデータには顕在化しないものの，「単純労働力」不足を補っているという点で，外国人研修生や就学生がニューカマーの中でも重要である。日本滞在の公式的な目的は，技能や技術を学びそれらを国際的に移転させたり，自身の個人的能力を伸ばすために日本語を学ぶことである。しかし研修生や就学生のほとんどは入国後，現実には非熟練労働に従事している。そして日本社会の多文化化を進展させてもいるのである。

　最後に，外国人人口全体のほぼ7分の1は「超過滞在者」である。典型的にはバブル経済の時期に日本に入国し，査証が切れた後もそのまま滞在し続け非合法に労働している人々である。

　以上のように日本においても人口的多文化主義が展開していった。日本はオールドカマー，ニューカマー，超過滞在者といったカテゴリーで分けられる外国人・移民構造を内包する「多文化社会」となったのである。そして，エスニック文化的な多様性を統治するという課題を持つに至った。日本も欧米諸国と同じように，「多文化社会のガバナンス」研究の格好の対象となったのである。

4　移民・外国人に対する市民権政策

市民権という視角

　人口的多文化主義が進行する日本において，政治的多文化主義はどのように進展したのだろうか。この問いに，国家レベルに着目しつつ市民権という視角から接近していくことにしよう。

　外国人・移民の市民権は社会の多文化化に対処するための有効な手段であると信じられている。すべての先進諸国において，市民権は公共政策の主要な領

域に設定されているのである。ただし国家によって，市民権付与に寛容的になるかそれとも制限的になるかという相違が生まれる。この点は，市民権の機能の二面性に緊密に関連している。すなわち市民権は，地位を持つ者には諸権利を付与するという開放性と同時に，持たない者には付与しないという閉鎖性を合わせ持つのである（Brubaker 1992＝2005）。

　日本の場合，市民権の閉鎖性を重視した政策形成が見られた。第二次世界大戦における敗戦後，「帝国」から「国民国家」への変化を希求し，韓国・朝鮮系や台湾系出身など「帝国臣民」であったオールドカマーの日本国籍を剥奪してしまった。その剥奪以来，日本では国民は国籍を持っているがゆえに諸権利の完全なセットを享受することとなり，一方で国民でない者は限られた権利のみしか享受できず，日本というホスト社会内部で周辺化されることとなった。T.H.マーシャル（Marshall［1950］1992＝1994）の市民権概念に従うと，公民的諸権利から社会的諸権利，そして政治的諸権利に至るまでのすべてが，特に1970年代までは厳しく制限されていた。オールドカマーは戦後はもはや日本国民ではないとされたからである。この意味で，日本の市民権はほぼ完全に国籍と等価であると見なされ，諸権利を享受する機会から国民でない者を排除した。市民権的地位へのアクセスは，出自文化を捨て「エスニックな国民」になることと同一視されたため，外国人たちは帰化を強く嫌うようになった。しかしこのような状況の下でも，「国民でない者」の市民権に関するいくつかのイシューとそれらのある程度の「改善」が観察できる。戦後日本の移民・外国人に対する市民権政策を，上記で触れた3つの諸権利のセットにそって検討しよう。

諸権利における「改善」

　前章で時系列的に概観した日本の政策の要点を諸権利ごとにまとめると，以下のようになる。

　まず公民的諸権利に関しては，1950年代初めに独立を回復しまた1952年体制を確立して以来，日本はオールドカマーの法的地位をいったん剥奪した。居住者としての地位の安定化は，半世紀にもわたる緩やかな過程で実現していっ

た。1965年に日韓条約が締結されて，韓国系住民の第一世代と第二世代には「協定永住」という地位が与えられ，1982年体制においては，1982年出入国管理及び難民認定法の下で，いくつかの条件が満たされれば「一般永住」という地位が北朝鮮出身の居住者と韓国出自の第二世代等に与えられた。1990年に同法は改正され，「特別永住者」という地位が韓国系三世を含むオールドカマーに与えられることになった。

類似した流れで，日本に1年以上滞在するための要件とされていた外国人登録証の指紋押捺が，段階的にその規則を緩和され，そしてついには廃止された。外国人登録法の規定では，1952年には1年以上滞在する14歳以上の外国人には登録時に指紋押捺を求め，3年ごとの登録証更新時にも押捺を求めた。同法は1980年代に何度か改正され，16歳以上の外国人のみが指紋押捺するように定められた。さらに登録証の更新が5年ごとへと期間を延ばされ，その後1992年の同法改正で，永住者は登録時に指紋ではなく署名をするように規則が変更された(4)（Komai 2000：313）。2012年7月には外国人登録制度自体が廃止され，代わりに住民基本台帳，「在留カード」，「特別永住者証明書」を用いた新たな在留管理制度が導入されることが決定済みである。この結果，外国人居住者は署名もする必要がなくなる見込みである(5)。

公民的諸権利にまつわる問題のうち最近の例は，超過滞在者の在留資格に関するものである。1980年代終わりから90年代初めのバブル経済時に，かなりの数の移民・外国人が観光ビザなどによって日本に入国して就労し，ビザが切れた後も滞在と就労を続けた。前章で触れたように，1999年9月1日には21名の超過滞在者が入国管理局を訪れ，日本に滞在し続けるため在留特別許可を与えるか，またはアムネスティを実施するよう要求した。その結果，翌2000年に日本の小学校，中学校，高校に通う子どもを持つ4家族に在留特別許可が

---

(4) 最終的に，外国人登録の際の指紋押捺制度がすべての外国人居住者に対して廃止されたのは，1999年のことである。

(5) 法務省入国管理局広報係への聞き取り調査（2011年10月7日）。ちなみに，外国人居住者が住民基本台帳へも署名をする必要がない理由として，「日本人もする必要がないので」とのことであった。

与えられることになった。人権の確保といった観点からは小さな「改善」と見なされるかもしれないけれども,「日本人または永住者と血縁関係にある者」だけに限られていた在留特別許可の対象者を広げることにはなった。

社会的諸権利に関しても,国籍条項が設けられていたり,運用上排除されるなどされて,外国人が権利を享受できない場合が多かった。しかし1982年体制の下,日本政府は公営住宅入居,住宅金融公庫借り入れ,国民年金加入,児童手当と児童扶養手当の受給に関する制限を撤廃した。健康保険に関しても,職場の被用者保険に加入できない外国人は地方自治体が運営している国民健康保険への加入を許された。このように,オールドカマーを中心とした外国人居住者は,国民年金などに問題がありながらも,基本的な社会的諸権利を享受できるようになったのである。[6]

こうして移民・外国人に関する限り,マーシャルが英国で発見した順番とは異なり,公民的諸権利がまず与えられ,そして社会的諸権利が付与されてきた。市民権の諸権利の3つのセットのうち,政治的権利を付与するか否かは最後に議論されることになった(Layton-Henry 1990)。前章で触れたように,日本において永住外国人に地方参政権を与える法案が,1994年以来断続的に国会に提出されている(Tarumoto 2002)。法案は2012年初時点で可決されてはいないものの,他のいくつかの先進諸国と同じように日本においても,外国人の政治的諸権利は政治的アジェンダにのぼっているのである。

カッスルズ(Castles 1997)は,エスニックな多様性に対する各国の反応を類型化し,「格差的排除」(differential exclusion),「同化」(assimilation),「多元主義」(pluralism)というカテゴリーをつくった。そして,日本を「格差的排除」に位置づけた。日本では,移民・外国人は労働市場のような社会のある特定の領域に編入され,移民に対する公式の統合政策はなく,福祉制度や政治参加のような社会の他の領域へのアクセスも許されていないと。しかし,これまで見てきたように,国家レベルの市民権政策が,在留資格,外国人登録,社会的給

---

[6] 1981年の国民年金法改正時に35歳以上であった外国人は,拠出金を支払う期間を満たせないため,老齢年金を受け取ることができないという問題がある(Kondo ed. 2001: 17)。

付，そして地方参政権付与の検討といった観点で，「改善」されてきたことは明らかである。これらの「改善」は，事実上の多文化主義という形態しかとっていないとしても，国民の市民権的地位から派生する諸権利と，国民でない者の地位から派生する諸権利との溝を小さくしているように見えるのである。

5 多文化ロジックの内在性

非ナショナルな市民権モデル

　日本における移民の市民権に関するこのような「改善」を一見すると，次のように結論づけたくなる。日本は異文化の背景を持つ行為者たちをその社会的劣位さから救い，社会正義を確立し，多文化社会を安定させようとして反応しているのだと。ところが「改善」の諸過程や諸原因を検討すると，多文化化に対処しようとするロジックではない他の要因が移民の市民権に関する変化を規定しているとわかるのである。

　ここで市民権のロジックを確認しておこう。前で検討したように，単一文化に基づいたナショナルな市民権の代替案として，考察に値するいくつかの市民権モデルが提案されている。その代替案は，多様な文化の共存に基づく多文化市民権，居住に基づくデニズンシップ，人権に基づくポストナショナル・メンバーシップである（樽本 2001a, 2001b）。

　第1章で検討したように，これらの市民権はそのタイプによって権利を正統化するロジックも異なっている。第一に，ポストナショナル・メンバーシップは，移民・外国人に関する市民権制度が国民国家の外部の制度や組織を通じて「普遍的人権」という国際的規範の影響を受け変化してきたという含意を持つ。そして，当該社会に対する外在的影響としての「人権ロジック」を強調する（Soysal 1994）。ポストナショナル市民権の理念に異議を唱えている反ポストナショナリストは，市民権制度の変動を説明する際，逆に国内法制度や法執行的実践のような国内的な諸要因を強調する傾向にある。すなわち，国内的なロジックこそが移民・外国人に対して肯定的な市民権政策をつくりあげ実施するよ

う国家を促したのだと (Brubaker 1992＝2005, Joppke 2001)。

　一方デニズンシップ論者は，外国人居住者へのデニズンシップ政策の導入を国家に促す諸要因については，明確には述べていない。デニズンシップ論者が要因を探索する説明的アプローチに関心を持たなかった有力な理由のひとつは，移民・外国人に関する「望ましい社会状態」を提示する規範的アプローチに専心していたという事情がある。しかしながら，デニズンシップの提唱者が移民の諸権利発展にとって当該社会内における移民・外国人の状況および社会内の諸要因を強調する傾向にあったことは，否定することができない(Hammar 1990＝1999)。

　最後に，多文化主義および多文化市民権の諸研究は，そのほとんどが「望ましい社会」を探究する規範的アプローチをとる。しかしあえて言えば，国内の民主主義体制の発展や国内の劣位集団の処遇のような社会に内在した諸要因を強調する態度をデニズンシップ研究と共有している。すなわち多文化主義研究は，なぜ市民権政策が移民の市民権的地位を改善するよう計画され執行されたかという問いに対して，多文化的行為者の主張形成や行為，また多文化的問題に起因したある種の無秩序の生起のような社会内在的影響を暗黙の前提として議論を組み立てる傾向にあった。

社会内へのまなざし

　ある国家が，社会内の事情に基づいてネイションの単一エスニック文化的理解を多文化的理解に置き換えるために市民権政策を形成し実施するとき，その国家のロジックを「内在的多文化ロジック」と呼ぼう。この内在的多文化ロジックの帰結として国家は，自らと諸個人との直接的関係を弱めうる文化的差異や，自らと個人の間に位置するような属性的集団へと向かう人々の「媒介的な忠誠」を受け入れざるをえない。そして，「文化と政治の一致」として理解される国民国家の理念を偶有的な「他でもありうるもの」にしてしまうのである。

　カッスルズ (Castles 1997) が明快に定式化したように，多文化市民権はグローバル化が引き起こしてきた移民の増加や文化的多様性など社会の急激な変容

に対処する手段であり，先住民やナショナル・マイノリティへの処遇も射呈に収めようとする。周辺化された集団のメンバーを含む，ホスト社会に内属するすべての人々の諸権利を実現するために，多文化市民権は社会のメンバーが法の前における平等の原理に従うことを目指す。すなわち，諸権利の形式的平等と，尊厳・資源・機会・福祉の平等との間の不一致を認識すること，集団の代表性と参加を可能にする制度を確立すること，様々な性質・ニーズ・欲求を持った人々をその違いに応じて処遇すること，これらの事柄の実現を目指すのである。多文化主義のほとんどの理論家が，普遍的な民主主義システムがどのようにエスニック文化的な多様性に反応すべきかを議論してきた。換言すれば，集合的な文化的権利を普遍主義的な民主主義の内部で承認すべきか否かという基礎的なジレンマを社会内部の事情に着目しつつ探究してきたのである。

　前でも触れたように，例えばヤング（Young 1990）は劣位な集団の意思決定過程への参加を確保し，より優位な集団の経験に基づいた「普遍性や平等な扱い」の思慮なき採用を避けるべきだと主張して，多文化主義の1タイプとして「差異化した市民権」(differentiated citizenship) を提唱した。キムリッカ（Kymlicka 1995＝1998）も，多くの人々は「差異の政治」をリベラルな民主制の脅威と見なしていることをまず指摘する。しかし，民主主義政治が国境を引き，権力や資源を分配し，学校，法廷，行政や議会の公用語を選び，公休日を選ぶなどナショナルな次元から逃れられず，マイノリティ集団に対する疎外，不利益，不正義が生じる傾向にあるとした。そしてこのような状況を防ぐため，ホスト社会内部で周辺化されているエスニック集団を統合するためのエスニック文化権（polyethnic rights）や特別代表権（representation rights）を含む多文化市民権の確立が必要だとした。これらヤングやキムリッカの認識や方策も社会内部の事情から導き出されたものである。

　一方，多文化主義と民主主義との矛盾を問う議論も類似の志向性を持っている。テイラー（Taylor 1994）は，普遍主義の政治が権利やその享受の平等化によって諸個人に平等な尊厳を与えることを強調する一方，差異の政治は個人や集団のアイデンティティやその独自性に重点をおくという。多文化主義の出現

が普遍主義の政治と差異の政治との矛盾をもたらすという主張も，社会内部に根拠を求めている。またハバーマス（Habermas 1994）は，市民は政治的諸権利を集合的に行使することによってのみ自律できるのであるから，諸個人の諸権利と集団アイデンティティとは矛盾しないと主張している。社会的諸権利と文化的諸権利が社会運動や政治闘争の帰結としてすべての個人に保証されるような民主制と立憲国家との内在的結合が，多文化社会においても確立されるべきであると。この指摘も社会内部に焦点を当てたものである。

このように多文化主義論者は，移民の諸権利に関する改善が社会内部のエスニックな多様性の増大という多文化的挑戦への対応として発展してきたことを含意し，「個人であること」(individuality）でさえも現実の様々な社会的および文化的文脈で形成されることを認識すべきだと主張している。

しかしながら，日本の経験はこのような多文化主義が想定するロジックを示しているのだろうか。日本における移民・外国人の諸権利を「改善」させている原動力は，社会内部のエスニックな多様性の増大という多文化的挑戦だったのだろうか。

6　「改善」のロジック

日本において多文化社会のガバナンスは展開してきたのだろうか。市民権の権利的側面には，公民的，政治的，社会的諸権利の3つがあった。それぞれに即して市民権「改善」のロジックを見ていこう。

公民的諸権利

まず，公民的諸権利に属する在留資格と指紋押捺制度は外国人・移民の行為可能性や生活機会を大きく規定する。どちらも国家権力から個人の自由を確保するために緊要な権利要素であり，場合によっては国外追放などの厳しい処遇を受ける可能性をつくってしまうものである。そのため，様々なオールドカマーの団体や日本人の支持団体が社会運動を通じてオールドカマーに対する在留

資格と指紋押捺制度の「改善」を要求してきた（山脇 2001）。すなわち社会内からの働きかけが存在してきた。また，日本の裁判所は国際法でなく国内法を根拠として訴訟を判断する傾向が強いけれども，国際人権レジームがその判断に間接的ではあれ影響をもたらした可能性もある（Iwasawa 1998: 292-306）。しかしながら，在留資格と指紋押捺制度の「改善」を決定的に推進したのは，国民国家間関係の文脈に基づいた他国からの圧力であった。特に，韓国政府は約半世紀もの間，日本政府と交渉し戦争の遺産を「精算」しようとし，その過程の中で，日本国内に居住している韓国系住民の諸権利を安定化するという課題を重要なものとして掲げ続けてきた。オールドカマーに公民的諸権利を保証することは，社会内在的な多文化ロジックや国際人権規範というよりは，二国間関係の国際的文脈における他国からの圧力に基づいていたのである。

　他方，日系人に関するイシューは入国・滞在の権利と労働の権利に関する問題であり，公民的諸権利の一部と見なされる。出入国管理及び難民認定法の1989年改正において，法務省はまず非合法労働者の流入を阻止しようとした。在留資格の「知識労働者」への拡大と共に，ビザ申請過程の簡素化および非合法労働者を斡旋した者と雇用した者への罰則を規定に盛り込んだ。しかし現実には「バックドア」から非合法移民が流入し「単純労働」に従事したことは前章で論じた通りである。それと同時に行われたのが，日系人と外国人研修生・就学生を「サイドドア」から「偽装された安価な労働力」として導入することであった。それでは日系人の導入は，内在的多文化ロジックに従った結果と考えられるのであろうか。

　日系三世にすべての技能レベルの職に就くことができる「定住者」という在留資格を与えた理由についてはふたつの説があった。第一に，日系人が「単純労働」に就業することは政策目的として想定されていたとする「意図された結果説」。もうひとつはそのような想定はなされていないという「意図せざる結果説」である。もし「意図された結果説」が正しいとするならば，日本は多文化的な労働力の導入を極力避けつつ非熟練労働の需要を満たそうとしたという解釈が成り立つ。日系人は他の外国人と比較すれば，その内実はともかく，文

化的に「日本人に近い存在だ」と見なされているからである。

　一方，「意図せざる結果説」についても内在的多文化ロジックは当てはまりにくい。この説によれば，日系三世を「定住者」として受け入れることは，「単純労働力」確保が目的ではなかったという。この時期，日本政府は韓国政府から在日韓国人三世の在留資格を改善するよう強く要請されていた。韓国系三世の在留資格の改善が行政内過程において検討事項となると，日系三世の在留資格も国籍の配分原理である血縁主義の観点から引き上げる必要性が検討されるようになった。在日韓国人三世と日系三世の在留資格を血縁主義の観点から矛盾なく処遇するために，日系三世に入国・滞在と労働の諸権利を与えたというのである（梶田 1999）。やはりこの「意図せざる結果説」においても，日系人の権利付与が社会内の多文化的状況への対処としてなされたとは言えず，むしろエスニックな国民国家の維持を志向していると見なされるのである。

　超過滞在者の事例は，日本が多文化社会を統治するために内在的な多文化ロジックを採用していることを示すと期待させるものかもしれない。例えば，ロビイングを通じて1989年改正に人道的配慮を盛り込ませたなどNGO/NPOの活動の影響を指摘する意見もある[7]（鈴木 2009: 185-90）。しかし，1999年9月1日に出入国管理局を訪れた超過滞在者の事例においても，日本の学校に通っている子どもを持つ家族のみが法務大臣の裁量によって与えられる在留特別許可を得たにすぎなかった。非合法移民の地位を一度に合法化する「普遍的人権」に基づいたアムネスティが政府によって実施されたことは，これまで一度もない。超過滞在者の公民的諸権利に関しても，日本の政策は単一エスニック文化的なナショナル市民権と国家主権のロジックを中心に動いているのであり，内在的な多文化ロジックへの考慮は希薄なのである。

社会的諸権利

　社会的諸権利の「改善」に関しても，社会内の多文化化への対処という観点

---

[7] 衆議院で盛り込まれた付帯決議は，「不法就労外国人といえどもその人権は保護されるべきであり，人道的観点から適切な措置がとられるよう十分に配慮すること」であった（鈴木 2009: 230）。

第Ⅲ部　ナショナル市民権への固執とその変容

は見えてこない。もちろん外国人居住者やその支持者たちによる要求の動きは存在した。しかし前章でも触れたように，社会的諸権利を外国人居住者に与える決定的な動因は，制度的なメカニズムを突き動かした国際的圧力であった。

　まず国際的圧力は，インドシナ半島からの難民であるいわゆる「ボートピープル」の到着という形で現れた。当初日本は彼ら／彼女らを一時滞在者としてのみ受け入れようとしていたけれども，1978年以降定住を認めざるをえなくなった。さらに日本は1951年「難民の地位に関する条約」および1967年「難民の地位に関する覚書」に調印し，難民問題に対処するため，国内政治システムにおいては1982年に出入国管理及び難民認定法を中心とした「1982年体制」を成立させた。この1982年体制が「意図せざる結果」として抱え込んだのが，外国人居住者への社会的諸権利の付与である。難民問題に対処するため調印した難民条約および難民議定書は，国際人権レジームの一部を構成しており社会的諸権利に関する内外人平等の規定を含んでいたため，日本は国内でその実施を行う義務を背負った。

　これらの動きを推進したのは，もうひとつの国際的圧力である合衆国など他の先進諸国からの要求であった。日本は，サミット（先進国首脳会議（当時））のメンバーになることと引き換えに国際人権レジームの中に投げ出されることになった。社会的諸権利に関しても，内在的な多文化ロジックではなく国際的圧力が「改善」を決定づけたのである。

政治的諸権利

　最後に，市民権の政治的諸権利付与に関するロジックを検討しよう。日本で国政のアジェンダにのぼっている外国人地方参政権というイシューは日本政府が内在的な多文化ロジックに追随していることを示すのであろうか。

　これまで何度か外国人地方参政権法案は国会に提出されてきた。近年で言えば，自民党と共に連立政権を構成していた公明党と自由党が，自民党内の反対がありながらも，2000年1月国会に法案を提出した。この法案は，外国人参政権に関して与党が国会に提出した初めてのものであった。また公民的および

社会的諸権利の場合と同じように，外国人居住者への政治的諸権利を要求するオールドカマーや日本人支持者の社会運動が存在し，1986年在日本大韓民国居留民団が第36回中央委員会で公式に選挙権獲得運動の推進を決議して以来，徐々に参政権要求運動が現れるようになった。これに対して国内の裁判所も一定の影響を与えた。1995年2月28日，最高裁判所は外国人居住者のうち「永住者等であってその居住する区域の地方公共団体と特段に密接な関係を持つに至ったと認められるもの」に選挙権を付与することは憲法上禁止されないという判断を示した（廣田 2000：60-1）。また，政党の中には，より多くの票を集め選挙で有利な位置につきたいという動機等から法案に前向きなものもあるとも言われる。このような政党の態度は多文化社会への対処というよりは，功利的な政治的行為であると解釈される。

　このような状況において，再び国際的圧力が重要な動因となったのである。韓国政府は長い間日本国内の韓国系住民に選挙権を与えるよう日本に迫っていた。前述の在日本大韓民国居留民団は，決議の翌年選挙権獲得の要望を公式に韓国政府に伝え，韓国政府は日本政府への要望事項として取り上げたのである（木村 2006：271-2）。また韓国は自国内の外国人居住者への地方参政権を日本より先に推進してもいたのである。この国際的圧力が影響力を持っていたことを示すひとつの証拠は，地方参政権の対象から北朝鮮出自と見なされる居住者が排除されたことである。すなわち同法案は事実上，主に韓国出自の居住者への優遇措置を目指すという性質を帯びたのである[8]。

　政治的諸権利に関しても，内在的な多文化ロジックは日本によって行為基準として採用されていない。代わって，国際的な二国間関係という文脈における国際的圧力が再び移民の政治的諸権利を左右する推進力となったのである。そしてそこで現れたロジックは国籍と参政権が近接した国民国家的なものだったのである[9]。

---

[8]　「北朝鮮籍」と「韓国籍」の事情については，p.187注（24）を参照。
[9]　このような国籍と参政権をセットとに考える思考を，在日韓国・朝鮮系住民やその団体も1980年代半ばまで同じように持っていたとされる（木村 2006）。

7 非多文化ロジックの展開メカニズム

　本章冒頭で述べたように，多文化主義には人口学的－記述的，イデオロギー的－規範的，プログラム的－政治的の3つのタイプが区別される。

　他の諸国との程度の差はあれ，人口的－記述的には日本は多文化社会となった。オールドカマー，ニューカマー，非合法滞在者のようないくつかのカテゴリーに分けられる多くの外国人・移民が「日本は単一民族社会で移民の流入をまぬがれている社会である」という神話に疑問符を付け，人口的多文化主義を深化させている。しかし日本は，イデオロギー的－規範的およびプログラム的－政治的な意味での多文化主義を軽視しているかまたは拒否しているかのように見える。政治的多文化主義に関しては，外国人・移民を受け入れて人口的多文化主義を進展させた後でさえ，日本政府は多文化的行為者の周辺化を防ぐ積極的な政策を少なくともナショナルレベルでは実施していない。特に，政治的多文化主義を典型的に示すようなエスニック文化の維持やエスニック集団の自律性を支援する政策は見られなかった。

　ただし，極めてゆっくりではあるが外国人・移民の市民権的「改善」が実現する傾向にはある。クープマンスら（Koopmans et al. 2005）は多文化主義を，エスニック集団別の文化を尊重すると共に，諸個人の権利の平等性をエスニックな国民性ではなく公民的な（civic）国民性に基づいて追求することと規定している。日本の「改善」はこの諸個人の平等性を追求しているとも見えるだろう。しかし，ここに規範的多文化主義を読み込むこともかなり難しい。市民権の「改善」の際エスニックな国民性を優先しており，外国人・移民の存在の承認を志向したり多文化社会の安定や涵養を目的とするような内在的多文化ロジックは採用してはいないからである。日本政府が国民でない移民たちに市民権を与える政策を採用したとき，多文化社会化を推進する移民たちの諸行為や国際人権レジームが部分的には影響を与えたかもしれない。しかし，主要な要因は国際関係の文脈における国際的圧力だったのである。すなわち，日本におい

て規範的多文化主義は極めて希薄なのである。

　もちろんここでひとつの疑問が提出されうる。日本においても「多文化共生」という規範的多文化主義が存在するのではないかと。ところが，多文化共生概念に規範的多文化主義を読み込むことには留保を付けなくてはならない[10]。第一に，多文化共生概念の意味内容は明確に定まっているわけではない。例えば，「ひとつの社会で，複数の異質な文化集団が，相互の生活習慣や下位文化を理解し，お互いに尊重しつつコミュニケーションを持ち，対等な関係を形成している状態」という定義は最も規範的多文化主義に近いものであろう（都築 1997：154；1998：91）。しかし，その概念の持つ肯定的なイメージゆえに，移民・外国人が排除されたり差別されたりしていても，イメージに合う事実のみで研究が組み立てられてしまう傾向があるともされる（梶田他 2005：295-6）。また，「日本社会に住んでいるのだから同化すべきだ」という同化主義に近い解釈がなされることもある。逆に，日本国籍を取得せず外国人として日本に定住すべきだというトランスナショナルな規範的前提を持ち出すこともある（柏崎 2010）。第二に，多文化共生は外国人・移民が集住する地方自治体など地域社会で提唱される傾向にある。そのため，日本のナショナルレベルで広まっている考えとは必ずしも言い切れない。加えて，日本の中央政府による政策はほとんど多文化共生を取り入れたものになっていないことは上で論じたとおりである[11]。

　他国の経験は日本のそれを考察するヒントを与えてくれるだろう。カッスルズ（Castles 1997：21）は，オーストラリアにおける多文化主義の発展が市民権再考を目指した意識的戦略の結果ではなかったと主張する。すなわち，多文化主義の発展は市民権を文化的に多様なネイションに適するものにすることを意図したものではなかったという。むしろエスニック文化的な多様性に関わる諸

---

[10] 外国人・移民の社会統合に関する「共生」の理論的な位置づけについては，樽本（2009a：82-3）を参照。
[11] ほぼ唯一の例外は，総務省の発表した2006年「多文化共生推進プラン」である。しかしそれでもなお「うわべの多文化主義」と呼びたくなるような状況が日本にあることにはかわりはない（モーリス＝スズキ 2002；渡戸 2010：267-8）。

政策の本質は，トップダウン的な公共政策であった。多文化主義は，基本的には変化しにくいホスト社会にエスニック・コミュニティを統合する戦略として，アドホックに発展してきたのである。同じように，日本の市民権政策も，外国人・移民を包摂するための意識的で計画的な戦略としては理解できず，むしろアドホックに発展してきた諸政策のセットなのである。このアドホックな諸政策のセットが市民権的権利の享受という点で，ナショナル市民権のもたらす地位と外国人・移民の市民権のもたらす地位の格差を小さくするという帰結を多少なりとも生み出してきたのである。しかしながら，オーストラリアの例とは異なり日本の市民権の「改善」は，特に国民でない者に諸権利を与えることを拒み日本社会への統合を阻むという性質を維持しながら，他国からの国際的圧力に最小限の政策で対処した結果であった。

それでは，日本は国際人権レジームや多文化的行為者の要求に一定程度抵抗できた一方，なぜ他国からの政治的圧力には反応したのであろうか。

少なくとも3つの理由が考えられる。第一に，帝国－植民地関係の「負の遺産」がいまだ解消されておらず，日本の思考と行為を制約し続けている。前述した「改善」のいくつかにおいて，韓国は移民・外国人の市民権問題に関して主要な交渉相手であり，日本に外的な圧力をもたらしていた。そのような外的圧力は，日本にとっての移民・外国人の市民権問題を「韓国問題」に仕立て上げ，第二次大戦の戦後処理と関連づけることで，解決しにくい困難さを形成することになった。日本は21世紀を10年以上経た現在でも，前世紀の戦争の遺産である「帝国－植民地関係」に埋め込まれたままなのである。

第二に，欧米の先進諸国よりも「遅れて」国際社会に参加し始めたという事実は，日本の行為枠組みを一定の型に規定することになった。日本は「先行者」に追いつこうと努力し，先進諸国の完全なメンバーと承認されたいと切に願った。この後発性によって，日本は「単一エスニックな国民国家」であることを犠牲にしてまでも国際的圧力に反応してきたのである。「後発国」である日本は他国からの承認を得るために，国際条約や国際会議・国際機関の決議を受け入れると態度表明しなければならなかった。しかしこのことは「副作用」

を引き起こした。条約や決議の中には人権などに関して成文化された国際規範を持つものもあった。そのため日本はその国際規範をも同時に受け入れることになったのである。再び強調するならば，この態度表明は国内司法制度や多文化的行為者のような国内的影響によるものというよりは，国際的圧力を決定的な動因とするものであった。

　第三の理由は，国内の意思決定過程が外国人・移民の市民権の確保に応えるほど柔軟ではないというものである。例えば，国内裁判所は国際人権法に準拠しようとしない傾向にある。訴訟で国際法を活用しようとする原告や被告が存在し，結果的にはその人々に利する決定をするときでさえ，国内裁判所は直接には国際法を参照することはせず，憲法のような国内法を根拠として判決を下そうとする。裁判官は比較的新しい分野である国際法にあまり精通していないとも言われることがある (Iwasawa 1998)。もうひとつの事例は，省庁ごとに縦に分断された行政システムである。外国人労働者の導入が1980年代後半に検討されたとき，当時の労働省は積極的な姿勢をとった。他方，法務省は強く導入に反対し，反対の声を上げるようオールドカマーの団体までをも動員した（梶田2001b：182-8）。この例が明らかに示しているように，外国人・移民に関する市民権政策がある省庁で前向きに検討されたとしても，もし他の省庁の利益に反した場合，その市民権政策の実現は困難に直面するのである。さらに言えば，日本の政治家たちは移民・外国人政策に関して省庁の利害を媒介するような積極的行動を起こさない。その媒介の努力は，選挙における票の獲得に結びつかないからである。そこで市民権の「改善」が実現する際には，行政制度の外部からの力，特に国際的圧力が必要となるわけである。

　以上で検討してきたのは，日本における多文化主義と外国人・移民の市民権の最近の「改善」傾向とその理由であった。市民権の「改善」は内在的な多文化ロジックに基づくものではなく，帝国の「遺産」，後発国効果，国内意思決定過程の頑健さに経路を限定され，国際的圧力と国家主権を要因とするものであった。グローバル化とナショナルな制度およびアイデンティティとのジレンマに直面しつつ日本がとってきた道は，できる限り多文化主義的政策の採用を

拒否し続けることだったのである。この意味で日本は,「国際移民による市民権への挑戦」に対して抵抗し続けているとも言えよう。

第**8**章

国家主権の衰退か？
——日本における難民政策の展開——

1 国家主権と難民との緊張関係

　国家主権は，衰退しつつあるのか。グローバル化のため，国家は移民の流れや社会統合を管理する能力を失いつつあるのだろうか。前章では，多文化社会と多文化主義という観点からこれらの問いを考察していった。しかしもうひとつ重要な観点がある。それは「好ましくない移民」(unwanted migrants) にいかに対処するかというものである。

　国家主権は「ある領域内部における最終的権限の表明」および「人，商品，資本そして文化の国境を越える移動を管理する努力」といったことに関わっている (Krasner 1988 : 86)。ところが移民管理の有効性が衰退しつつあることは，移民研究における主要な仮説のひとつとなっている (Cornelius et al. eds. 2004 ; Freeman 1992, 1995, 1998 ; Joppke ed. 1998 a ; Joppke 1998 b)。すべての先進諸国は多かれ少なかれ，定住している移民の家族，非合法移民，そして難民・庇護希望者を好ましくない移民と見なし，「しぶしぶながら」受け入れている。国民国家への挑戦を研究する際，先進諸国の主権が衰退しているかどうかを吟味するために「好ましくない移民」への対処に注目することはひとつのポイントとなる。中でも難民・庇護希望者は，1980年代初頭以降劇的に急増し，国民国家への大きな挑戦を構成している。難民・庇護希望者は，定義上自分たちの国家による保護から排除されており，受け入れ候補国から政治的庇護を受け

ざるをえない（Castles 2003）。ここで議論の鍵は，国際人権レジームである。このレジームは，難民・庇護希望者を排除する政策を国家が執行しないように影響を与える可能性がある。すなわち，国際人権レジームが国家主権に抵抗しつつ，寛容な難民政策をつくりだし執行するよう受け入れ国を強制または誘導しているかどうかを問う必要がある。

　欧米の視点からは，難民・庇護希望者の受け入れを含む人権保護は，国外からの押しつけではなく，リベラルな国民国家内部の構成原理に組み込まれているとも言えるかもしれない（Joppke ed. 1998 a : 110）。欧米に属さない国民国家である日本の事例を探究することで，国外からの挑戦による国家主権衰退というテーマに新たな視角を付加することができるであろう。本章では，第一に国際人権レジームの一部を構成する国際難民レジームの発展と自己限定的な国家主権という理論的アイディアを検討する。第二に，これまで日本は「単独官僚的主権」（singular bureaucratic sovereignty）によって国際レジームに抵抗してきたと説明できることを示す。最後に，1990年代の終わりに難民政策の小さな転換点を経験したこと，法務省に属する難民問題特別委員会を通じて難民政策がわずかながら寛容なアプローチへと方向付けられたことを指摘する。

2　国際難民レジームとその効果

国際人権レジーム

　ステファン・クラズナー（Krasner 1982 : 85）に従うと，国際レジームとはあ

---

(1) 本章では，"refugee"，"asylum seekers" と呼ばれる人々にそれぞれ，「難民」「庇護希望者」という概念を当てる。そして，「庇護希望者」がいまだ難民認定を受けていない人々を指すのに対して，「難民」は難民認定を受けている者とそれを希望しつつもいまだ受けられていない者の両者を指すことにする。したがって，「難民」は「庇護希望者」をも含むことになる。ただし，「難民」を用いる際に難民認定を受けたかどうかを区別する必要性が出た場合は，前後の表現によって明確化することにする。また，ここで言う「難民」は1951年難民条約によって定義された「政治難民」のことであり，厳密な定義のない「経済難民」「環境難民」などの意味で使うときにはその都度本文の中で指摘していく。

(2) 本章では，"refugee policy"，"asylum policy" の両者を基本的には「難民政策」と呼び，文脈によっては「庇護政策」と呼ぶ。両者の意味は明記しない限り変わりがないと考えていただきたい。

る国際的なイシューに関して「行為者の期待が収斂する原理，規範，ルール，そして意思決定の手続き」と定義される。既存研究の中には，国際人権レジームによって確立された諸規範が国家主権を衰退させつつあると論じているものがある。例えば，デヴィッド・ヤコブソン（Jacobson 1996 : 2）は，「（北米および西ヨーロッパにおける）国家の正統性の基礎が，主権と国民自決の原理から国際人権へと移ってきている」と論じているし，ヤスミン・ニュホル・ソイサル（Soysal 1994 : 136-62）はより穏健な言い方で次のように主張する。「グローバルなシステム」は国民主権と普遍的人権の「制度的二重性」によって構成されるようになったのだと。

　国際レジームに起源を持つ人権規範が国家正統性の基礎や制度的二重性を構築したかどうかは自明ではない。外国人の処遇についてのいくつかの慣習法的な規則は，すでに第二次大戦以前に国際法の中に存在していた。しかし，国際人権レジームとして顕著に発展したのは同大戦以後である。この発展の第一段階は，1948年の世界人権宣言によってもたらされた。ただし当時の国連加盟国間で人権についての考え方が一致していなかったことから，この宣言は加盟国に対する法的な拘束力は持たなかった。発展の第二段階において，国際人権レジームは批准国に法的拘束力をもたらす性格を帯びるようになった。第二段階を構成した法的要素は国際人権規約である。同規約はA規約とB規約のふたつに分かれている。A規約とは「経済的，社会的及び文化的権利に関する国際規約」（International Covenant on Economic, Social, and Cultural Rights）のことであり，社会権規約とも呼ばれる。またB規約とは「市民的及び政治的権利に関する国際規約」（International Covenant on Civil and Political Rights）のことであり，自由権規約とも呼ばれる。国際人権規約は国際連合によって1966年に採択され，1976年に発効した。

　確かに国際人権レジームは，国家主権に制約を課したかのように見える。国家は外国人の諸権利のいくつかを確保する義務を持つと規定されたからである（Iwasawa 1998）。しかし国家主権の核心は維持された。同規約は移民の出入国を個人の権利とは言及せず，国家の裁量のままに据え置いたからである。加え

て，批准国が法的義務を持つと規定されたにもかかわらず，基本的に国際人権レジームは人権規範を現実化する執行機関を持っていない。このような理由のため，国家の正統性が変化してきているとか制度的二重性が構成されてきたといった国際人権派の主張には疑問が投げかけられているのである。

冷戦期における難民レジームの確立

国際難民レジームは，国際人権レジームの一部を構成しているとも言える。すなわち，国際人権レジームと共同で機能し，かつその理念を分かち合うものでもある。しかし同時に国際難民レジームは，1951年の「難民の地位に関する条約」(難民条約)と1967年の「難民の地位に関する議定書」(難民議定書)とに直接基づいた独自の論理をも持つ下位レジームである。まず難民条約は，難民(refugees)を次のように定義した。「人種，宗教，国籍もしくは特定の社会的集団の構成員であることまたは政治的意見を理由に迫害を受けるおそれがあるという十分に理由のある恐怖を有するために，国籍国の外にいるものであって，その国籍国の保護を受けることができない者またはそのような恐怖を有するためにその国籍国の保護を受けることを望まない者」(UNHCR 1987)。さらに人権レジームとは対照的に，難民レジームは国連難民高等弁務官事務所 (the United Nations High Commissioner for Refugees, UNHCR) という執行機関を持っている。UNHCRは，1951年に国連によって設立され，世界中の難民問題を担当している。UNHCRはいまだその目的が限定的で執行力も弱い機関ではあるけれども，国際人権派がその実現を望んできた真の国際レジームに近づく国家間協調の一例である。

執行機関の有無に加えて，ふたつのレジームにはもうひとつの顕著な違いがある。人権レジームとは異なり難民レジームは，国家主権の核心，すなわち移民・外国人の出入国管理の権限を国家が持つという原則に必然的に抵触する性質を持つのである。このような出入国に関する国家裁量を制限する最も重要な要素は，ノン・ルフールマン原則(the principle of non-refoulement)である。1951年難民条約の制定時に成文化されたこの原則は，出自国において難民・庇護希

望者が拷問や死に至る危険性を持つ場合，やってきた難民・庇護希望者を国家が送り返すことを禁じるものである（Goodwin-Gill 1978）。

　国家主権は，難民の在留期間，就労許可，拘留の厳格さ，滞在場所の地域的分散，さらには生活支援を現金の支給にするか引換券や現物の支給で行うかといった幅広い問題と関わっている。このような国家主権と，ノン・ルフールマン原則は鋭く対立する。1951 年難民条約は，難民が入国の権利を持つとまでは言及しなかったものの，特定の条件の下では国家はその意思の如何にかかわらず，難民・庇護希望者の入国を許可しなければならない義務を負うと定めた。なお，1980 年代末以前には，ノン・ルフールマン原則と国家主権との間のこの矛盾は，それほどはっきりと見えていなかった。特に資本主義と社会主義の間の和解しがたいイデオロギー的対立などのために覆い隠されていた（Joly 1996）。すなわち冷戦の間は，難民に関する国家主権衰退という主題は表面化していなかったのである。

ポスト冷戦期

　1970 年代半ば，国際難民レジームは政治難民の新たな状況に直面し始めた。

　1973 年の石油危機は，主要先進諸国への経済移民の入国を終結させた。それ以来移民は，経済移民という単一のカテゴリーでは把握できなくなり，家族移民，高度技能労働者，難民・庇護希望者，非合法移民といった様々なカテゴリーへと多様化した。さらに地域的出自に関しても，植民地から脱して独立したアフリカ諸国やアジア諸国の危機に陥った地域を含む世界中の多様な地域からやってくる人々で構成されるようになった（Castles and Miller 2009 = 2011）。加えて，難民を装い経済的動機や犯罪目的を隠してやって来る「偽装難民」（"bogus refugee"）の問題が，ますます広がりをみせた。庇護は，新たに移民しようとする者が先進諸国へ入国するほとんど唯一の合法的な道となった（Freeman 1992 : 1155）。「ジェット機時代の庇護希望」（jet-age asylum seeking）（Martin ed. 1988）と言われるほどの難民の増加と多様化は，強制的に移動せざるをえなくされた「本物の」難民・庇護希望者と自発的に移動し難民を「偽装した」

経済移民や非合法移民を識別しなければならないという重荷を国家に背負わせた。また，国家主権は大量の難民・庇護希望者が難民認定を受けやすい国々を求めて渡り歩く「庇護あさり」(asylum shopping) によっても挑戦を受けているのである。

さらに1980年代末以降，「本物の」難民を一見して区別する基準はなくなった。東側ブロックの国々からの難民は「本物」であり，西側ブロックの国々は受け入れなければならない，またはその逆に，西側ブロックの国々からの難民は「本物」で，東側ブロックの国々は受け入れなければならない。このようなイデオロギー的な仮定は，1989年にベルリンの壁が崩壊したことで終焉した。冷戦に代わってコソボ，旧ユーゴスラビア，アフリカ諸国などにおける内戦や地域紛争が広まる中，国家は，「東側対西側」という明確なイデオロギー的区別に依存することができなくなり，他の何らかの方法や基準で難民たちを「本物」かどうか「判別する」という難題を背負わなければならなくなった。

そうした困難に直面しつつ，国際難民レジームは複雑で大量の庇護申請を扱う努力の中で発展してきた。ノン・ルフールマン原則と国家主権との緊張関係を軸にして，特にヨーロッパ連合 (EU) が難民・庇護希望者のための地域レジームの発展に寄与した。その内容は，「庇護申請手続きの調和化」(hamonisation of asylum application)，「第一到達国家ルール」(the first state rule)，「最近接安全地域ルール」(the nearest safe area rule)，そして一時的保護 (temporary protection, TP) といったものである (Joly 2002 ; Koslowski 1998)。

このような冷戦後の状況下で，国際難民レジームは，国家正統性を変容させたり，制度的二重性を出現させたりしたのだろうか。

---

(3) 「庇護あさり」(asylum shopping) は，複数の国にまたがるなど度重なる申請による庇護申請過程の濫用と定義される (Koslowski 1998 : 169)。
(4) 難民・庇護希望者は EU 諸国のうち最初に到達した国で庇護申請を行わなければならないという規則のこと。
(5) EU 諸国に近接した諸国を安全な国々と定め，そこからやってきた難民・庇護希望者には難民認定を認めないという規則のこと。
(6) 難民・庇護希望者が，難民認定の基準は満たさないものの一時的な保護が必要だと判断され与えられる在留資格のこと。

3　国家と国内的制限

難民レジームの弱点

　国家主権に影響を及ぼしている国際難民レジームには，いくつかの弱点がある。第一に各国は，冷戦後の難民レジームの下で新たな難民・庇護希望者に対する制限主義的な抑止政策への収斂を生じさせた。この傾向は，国家正統性の国際人権へのシフトおよび制度的二重性の生起といった変化とは異なっているように思われる。第二に難民レジームは，厳重な監視を実施したり意思決定を強化したりする段階にはない。むしろ同レジームは，十分な監視手続きを欠いたまま，国際人権規範の各国国内における実現を促進させようとする「漸進的な」性格を持つにすぎない（阿部 1998：20）。第三に，庇護の権利は個人が求めることのできる権利ではなく，国家が付与の是非を判断する「恩恵」的な色彩を帯びている[7]。これは世界人権宣言の第14条第1項「すべて人は，迫害を免れるため，他国に避難することを求め，かつ，避難する権利を有する」を起草した経緯に由来する。国連参加国の一部が，「享受する」（enjoy）という用語の代わりとなる，「付与される」（be granted）という用語の使用を拒否したのである（本間 2001：19）。

　国際難民レジームが国家正統性を変容させたり制度的二重性を創出するというアイディアは魅力的であるにもかかわらず，難民レジームが国家に働きかけるというそのメカニズムは曖昧なままである（Tarumoto 2002）。もし先進諸国における難民政策の状態が難民レジームに言及することなく別の要因によって十分説明されてしまうならば，難民レジームは残余的な説明概念となってしまうであろう。

　クリスチャン・ヨプケ（Joppke ed. 1998 a：11-12）は，「グローバル制限主

---

[7]　ひとつの重要な例外は，アフリカ統一機構（the Organization of African Unity）が1969年「アフリカにおける難民問題の特殊な側面を統治するための条約」（the Convention Governing the Specific Aspects of Refugee Problems in Africa）を採択したことである。この条約には，入国の権利が含まれている（Sassen 1998：75）。

権」(globally limited sovereignty) の対概念として「自己制限主権」(self-limited sovereignty) という用語を用いた。前者が国際人権派らが強調したような国家主権に対して国外的な力が優位になるという考えを含意しているのに対して、後者は国家主権を制限する人権などの要素が国内に起源を持つという考えを大きく掲げる。さらに、自己制限的主権は法的なタイプと政治的なタイプのふたつに分かれる（Tarumoto 2002）。

法的自己制限

　法的自己制限主権の典型例は、難民・庇護希望者を寛容に扱う条項を含む憲法を持つ場合である。例えばアメリカ合衆国憲法は、市民と外国人とを明確に区別せず、市民の権利だけではなく、難民を含む移民の権利をも確保しようとする傾向がある。法的自己制限主権のもうひとつの例は、ドイツである。ドイツでは、憲法にあたる基本法の第16条に基づいた庇護の権利が長い間残存し、世界でも独特な、リベラルな庇護法を持っていた。難民・庇護希望者は、実際の処遇においてはリベラルとは言い難い面があるにもかかわらず、難民認定に関しては比較的容易に付与されていた。国家主権のこのタイプは、「憲法的主権」(constitutional sovereignty) とも呼ぶことができるであろう。

　このような庇護擁護的憲法は、国際レジームとは独立に影響力を持ち、難民政策を決定する優位な要因であるばかりではなく、同政策の元々の起源ともなっていると言われている（Joppke 1998b）。合衆国では、1960年代の公民権運動とリベラルな司法判断によって、難民政策は外交政策への考慮に基づくものから出自国を不問にする普遍的な処遇を実施する方向へ移行した。ただし、例えばキューバやニカラグアからの難民とハイチ、エルサルバドル、グアテマラからの難民との間には、処遇の仕方に違いがいまだ残っていた。一方、ドイツは対照的な事例となっていた。ナチスが人道に反して犯した犯罪のために、ドイツは西欧諸国における難民問題の源泉と見なされていた。そのためドイツの憲法上の庇護権は、そのナチスの犯罪に対する償いを自らに課した帰結となったのである。

以上のことは，庇護擁護的憲法が必ず難民・庇護希望者に対して寛容性を示し続けるということを意味するわけではない。大量の難民・庇護希望者の殺到や，合法的な入国と滞在を合理的に求める庇護申請の濫用といった事態に直面して，合衆国はゲートを閉める傾向を見せ，西ヨーロッパのアプローチに近づきつつあるように思える。またドイツは，難民政策のヨーロッパ的な「調和化」，大衆の反難民感情，右翼政党による庇護予算の削減要求の中で，1992年に基本法を改正し，自らの難民政策に関する独自性を失うことになった。EUと政策協調を行い，前述した「第一到達国家ルール」を基本法に取り入れた結果，庇護申請者数は激減したのである（Feldblum 1998：244；樽本 2009 a：189）。

法的自己制限主権が示唆するように，国際難民レジームがたとえ影響を与えていなかったとしても，いくつかの有力な国内的資源があれば寛容な難民政策が実現しうるのである。

政治的自己制限

法的自己制限主権とは別に，国内的要因に起因し国家主権に対して制限を課す方法が，もうひとつ存在する。それは政治的自己制限主権である。もし国家が難民擁護的な条項を含まない憲法を持っていたとしたら，あるいは憲法そのものを持っていなかったとしたら，議会や行政など政治的機関が難民政策を形成し実施する主導権を行使する可能性を持つことであろう。

例えば英国は，成文化された憲法を持たず，国内の地方自治法に盛り込まれたような人権規約も存在しない。また，立法府や行政府の行為を監視する司法審査の原理も十分発達していない。その代わり，議会が難民政策を含む様々な政策領域で主導権を握っている。このような「議会主権」（parliamentary sovereignty）は，難民政策の執行に関しては議論の余地のないほど権威があると見なされている行政機関，内務省（the Home Office）と協働する。行政機関に対して法的・憲法的な制約を持たない議会主権の原理は，難民の押し寄せる最前線（asylum front）においてゼロサム的な移民政策を遂行可能にし，難民の流入をわずかな「したたり」（trickle）程度に止めてきたのである（Joppke 1998 a, 1998 b)。

　英国を議会主権の国と捉える説には,検討すべき点が残されている。上で触れたように,英国では移民・難民政策の分野で内務省の権限も大きいため,英国を議会主権と言い切れるかという点がある。むしろ「議会・官僚主権」のように呼ぶべきなのかもしれない。しかし,確かに議会の権限は他国より大きいと見なしうるため,英国を議会主権の国ととりあえず捉えておこう。

　すると英国の事例は,国家主権に干渉するとされる国際難民レジームの影響力に疑問を投げかける。国外からの力によって国家正統性が挑戦にさらされているとか,制度的二重性が形成されているといった事態が生じているのではなく,議会主権や慣習法といった国内の制度が,歴史的な経緯に基づきつつ力を持ち続けている国も存在するのである。英国の事例においては,国際難民レジームの一部を構成するヨーロッパ難民レジームが欧州司法裁判所を通じて議会主権に圧力をかけてはいる。しかし議会主権の下では,そうした外的圧力は議会制民主主義に対する耐え難い干渉と見なされる。加えて,国内有権者の代表として選出されている議員は,難民に対して好ましくない感情を持つ選挙区の有権者に敏感にならざるをえない。そこで,議会を中心として大衆に従順な難民政策がつくられる。これらの結果,議会主権は国際難民レジームに起因する国家の正統性の変容や制度的二重性の出現に抵抗することができるのである。

4　日本の反庇護態度

　欧米世界における自己制限主権の諸事例は,国際難民レジームが難民政策の決定に関して残余的な要因,またはせいぜい二次的な要因である可能性を示している。しかし,国際レジームの国家への影響のメカニズムを探究するためには,欧米の枠組みを超えた新たな視角が必要である。アジアの先進国家としての日本は,国外から国内領域へ国際人権規範が浸透してきたかどうかを見るには望ましい事例である (Gurowitz 1999, Mukae 2001)。日本の難民政策は,主に3つの時期に分けられる。

第8章　国家主権の衰退か？

長い平穏

　歴史上，日本の国家主権は比較的長期にわたり難民・庇護希望者の流入と国際難民レジームの影響を受けなかった。稀な事例として，第一次大戦直後，ロシアからの難民が極東地域に逃亡し，日本にもやってきた。しかし内務省警保局によれば，1937年の終わり時点でわずか1,310人のロシア人難民が日本の領土内に滞在しただけだった。またナチスから逃れてきた少数のユダヤ人が日本の領土にたどり着いた例もある。人権活動家のような難民擁護者は，日本の領土に到達した庇護希望者に「政治犯不引渡しの原則」の適用を求めた（本間 2001：11-14）。さらに，1948年の済州島四・三事件や1950年から53年の朝鮮戦争から逃れてきた朝鮮人は難民ではなく，密航者と見なされた。彼らの多くは済州島からやってきた者で，庇護を求めるというよりは，むしろ日本で自らの家族と合流することを目指している場合が多かったと言われる（高 1998：175-218）。1952年体制の下，1970年代の終わりまで日本には難民受け入れ政策はまったくなかった。1952年出入国管理令が難民・庇護希望者についての規定をまったく持っていなかったからである。難民受け入れの規定が設けられるには，1982年出入国管理及び難民認定法による1982年体制の成立を待たなくてはならなかった。

国際的政治圧力

　第二の特徴は，前章までで既に論じたように，日本が外的な力によって，つまり国際的政治圧力によって，国際難民レジームに投げ込まれたことである。その政治圧力に先行し，政治圧力出現の引き金になったもうひとつのきっかけも外的なものであった。ベトナム，ラオス，カンボジアからの「ボートピープル」の流入である。1975年4月のサイゴン陥落以来，ベトナムなどから近隣諸国への難民の脱出が急速に増加した。サイゴン陥落の1月後，最初のインドシナ難民が千葉港に到達した。その後も，難民を乗せた救助船や漂着船の日本への到着が相次ぎ，またこの時点で既にUNHCRが「対応を要請する」という政治圧力を形成していた。日本政府は1978年4月の閣議で，一定数のイン

ドシナ難民の定住を許可することを決めた。しかし，国際的圧力は増大し続けた。例えば合衆国は，自国から脱出し東南アジア近隣諸国の難民キャンプにいる者の定住を受け入れるよう日本に要請した。合衆国政府は冷戦がいまだ続く中，インドシナ難民流入による緊張の高まりによって東南アジア諸国が共産主義拡大の土壌になってしまうのではないかと懸念していたのである。日本はそうした国際的圧力に抗し得なかった。ちょうど日本がサミットのメンバーとしてふさわしいかどうかが試されていた時期だったためである。

　1979年6月の日米首脳会談と東京サミット，1979年7月の国連インドシナ難民対策会議を経て，最終的に日本は1981年10月に「難民の地位に関する条約」(難民条約)，そして1982年1月に「難民の地位に関する議定書」(難民議定書)を批准した。大部分のインドシナ難民は難民条約が定めた条約難民の定義に当てはまらないと想定されたていたけれども，難民条約および難民議定書の批准は日本が難民保護を行う道義的な責任を果たすかどうかをはかる試金石と位置づけられていた。日本国家を難民レジームへの加入と難民の受け入れに向かわせたのは，国際人権レジームや難民レジームそれ自体ではなく，国際的な政治圧力だったのである。[8]

単独官僚的主権

　第三に，そして最も重要なことに，日本は，憲法にドイツのような難民・庇護希望者の保護を規定する条項を持っておらず，アメリカ合衆国のように外国人にまで市民の権利を拡大する条項を持っていない。そのため政治的自己制限主権の1タイプに位置づけられるであろう。ただし強力な英国議会とは対照的に，日本の国会は移民・難民政策に対する影響力を行使していない。その代わりに単一の官僚機関が，難民政策を含め移民政策全般を主導し履行してきた。すなわち難民・庇護希望者や国際難民レジームに対抗する国家主権はもっぱら

---

[8] 既に論じたように，レジームへの内属によって日本は，難民条約の第24条の下，難民に対してだけでなく外国人居住者一般に対しても社会的諸権利を保証しなければならなくなった。この社会的諸権利には，国民年金や国民健康保険への加入資格，児童手当の受給などが含まれていた。

法務省で具現化されてきた。中でも法務省入国管理局は，難民認定だけでなく，申請却下に対する異議申し立て制度をも担当するという矛盾した位置を維持してきた。もちろん，「ボートピープル」到着当初には内閣により「ヴィエトナム難民対策連絡会議」（後のインドシナ難民対策連絡調整会議）がつくられたり，難民受け入れが決定されるなど政府を主導とした対応がなされたことも確かである。しかしこれは危機管理のための一時的な措置という色彩が強い。また，外務省，厚生労働省などの他省庁は，移民政策にまつわる様々な点について利害を持っている。近年では，インドネシア，フィリピンとの経済連携協定（Economic Partnership Agreement, EPA）による看護師・介護士候補者の導入など，複数の省庁が移民政策に関与する場合も出てきた（Tarumoto 2010）。しかし，他省庁が法務省の移民政策形成および実施に影響力を及ぼしにくいという日本の縦割り行政の基本構造は変わっていない。

　こうした事情のため，日本の難民政策は「偽装難民」の受け入れを完全に妨げるという目標の下，「完全主義」の装いを貫き続けることができたのである。完全主義はまず，日本にやってくる庇護申請者数が他の先進諸国と比較すると驚くほど少なく（表8-1），難民認定者数も同じく少数であるという点に現れている。さらに完全主義は，難民認定を求める者が日本到着60日以内に庇護申請を行わなければならないという「60日ルール」に象徴されていた。

　申請が入国後60日を超えて遅れた場合，それが認定手続きで検討されることはなかった。この「60日ルール」は，すぐ後に見るように近年大きく緩和された。しかし，難民条約やノン・ルフールマン原則に反するとの批判が多かったにもかかわらず，少なくともふたつの理由から長い間，日本の難民政策の根本を構成してきた。第一に，日本に長期滞在した後では，難民・庇護希望者は適切で公平な認定に必要とされる出自国における状況の情報を当局に提供することができない。そして第二に，60日をすぎてなされた申請は「本当の難民」（genuine refugee）からのものとは見なされないというものであった（阿部2003 : 169-94）。

　上記のことから明らかなように，日本は少なくとも難民問題に対して単独官

第Ⅲ部　ナショナル市民権への固執とその変容

表 8-1　主な OECD 諸国への庇護申請者流入数（千人）(1)

	1992	1994	1996	1998	2000	2002	2004	2006	2008	2010(2)
オーストラリア	13.4	8.1	8.1	8.1	13.1	5.9	3.2	3.5	4.8	8.3
オーストリア	16.2	5.1	7.0	13.8	18.3	39.4	24.6	13.3	12.8	11.0
ベルギー	17.6	14.7	12.4	22.1	42.7	18.8	15.3	11.6	12.3	19.9
カナダ	37.7	22.0	26.1	23.8	34.3	39.5	25.8	22.9	34.8	23.2
チェコ共和国	0.9	1.2	2.2	4.1	8.8	8.5	5.5	3.0	1.7	0.5
デンマーク	13.9	6.7	5.9	5.7	12.2	6.1	3.2	1.9	2.4	5.0
フィンランド	3.6	0.8	0.7	1.3	3.2	3.4	3.9	2.3	4.0	4.0
フランス	28.9	26.0	17.4	22.4	38.7	59.0	58.5	30.7	35.4	47.8
ドイツ	438.2	127.2	116.4	98.6	78.6	71.1	35.6	21.0	22.1	41.3
ギリシア	2.0	1.3	1.6	2.6	3.1	5.7	4.4	12.3	19.9	10.3
ハンガリー	−	−	−	7.4	7.8	6.4	1.6	2.1	3.1	2.5
アイルランド	−	0.4	1.2	4.6	10.9	11.6	4.8	4.3	3.9	1.9
イタリア	6.0	1.8	0.7	11.1	15.6	16.0	9.7	10.3	30.3	8.2
日本(3)	0.8	0.5	0.2	0.1	0.2	0.3	0.4	1.0	1.6	1.2
ルクセンブルグ	0.1	0.2	0.3	1.6	0.6	1.0	1.6	0.5	0.5	0.8
オランダ	20.3	52.6	22.9	45.2	43.9	18.7	9.8	14.5	13.4	13.3
ニュージーランド	0.3	0.5	1.3	2.9	1.6	1.0	0.6	0.3	0.3	0.3
ノルウェー	5.2	3.4	1.5	2.3	10.8	17.5	7.9	5.3	14.4	10.1
ポーランド	−	0.6	0.8	3.4	4.6	5.2	8.1	4.4	7.2	6.5
ポルトガル	0.5	0.6	0.2	0.3	0.2	0.2	0.1	0.1	0.2	0.2
スロバキア共和国	−	−	−	−	1.6	9.7	11.4	2.7	0.9	0.5
スペイン	11.7	12.0	4.7	6.8	7.9	6.3	5.5	5.3	4.5	2.7
スウェーデン	84.0	18.6	5.8	12.5	16.3	33.0	23.2	24.3	24.4	31.8
スイス	18.0	16.1	18.0	41.3	17.6	26.1	14.2	10.5	16.6	13.5
英国	32.3	42.2	37.0	58.0	98.9	103.0	40.6	28.3	31.3	22.1
合衆国	104.0	146.5	128.2	55.0	40.9	58.4	45.0	41.1	39.4	41.0

注：(1) 最初に庇護申請を行った者の数，複数回の申請，検討および異議申し立ての申請は含まない。
　　(2) 暫定的な数。
　　(3) 条約難民とインドシナ難民の両者を含んだ数。
出所：法務省（http://www.moj.go.jp/PRESS/040227-1/040227-1-1.html；2004 年 3 月 22 日取得）；OECD（2001：280）；OECD（2011：365）；財団法人アジア福祉教育財団難民事業本部（http://www.rhq.gr.jp/know/ukeire.htm；2004 年 3 月 22 日取得）

僚的主権（singular bureaucratic sovereignty）に基づき対処してきたのである。

5　反難民政策からの転換？

難民認定に関する時期区分

以上のような日本の難民政策の展開は，国際人権派の主張するような，国家

第8章　国家主権の衰退か？

正統性の変化または制度的二重性の出現を起こすはずの国際難民レジームの影響の可能性をほとんど残していないようにも思われる。

　しかしその単独官僚的主権にもかかわらず，日本の難民政策は小さいながらもある変容を経験してきている。難民認定者の数に基づくと，4つの時期が区分できる。1978年から1988年まで，1989年から1997年まで，1998年から2004年，そして2005年以降の4つである(9)（表8-2）。

　第一の時期，最初の2年間は67件，63件とかなり多いものの，その後減少していく。ただし第二期以降の日本の経験と比べると少なくはない。認定のほとんどは，日本政府によって在留許可を与えられていながら日本における在留を安定させるために条約難民の地位を得ようとしたインドシナ難民だと推測される(10)。インドシナ難民はこの時期の認定者のうち80%を占めるとも言われる（本間 1990：151-52）。注目すべきは，日本のインドシナ難民受け入れが前述したように冷戦期を反映した国際的政治圧力の結果だということである。この時期，国際難民レジームまたは国際人権レジームが単独官僚的主権に直接の影響を与えたと言うことはできない。

　1989年から1997年までの第二期，冷戦が終わり，難民認定者の数は著しく減少した。主な理由のひとつは，インドシナ難民たちが受け入れ体制の整備により条約難民の地位を申請することが必要だと判断しなくなったこと。もうひとつは，貨物船などに潜んで非合法入国を試みる中国人が多数発見され（偽装難民事件），1989年9月に日本政府は「ボートピープル」にスクリーニングを実施することを閣議了解したこと。第一期の後半あたりに，「バブル経済」に引き寄せられ査証が切れた後も在留する「超過滞在者」と呼ばれる非合法移民の問題が表面化していた。第二期の最初，1989年に，非合法移民の管理を主目的とする出入国管理及び難民認定法の改正法が施行され，1990年体制が始まった。バブル経済が破綻したそのわずか1年後であった。

---

(9)　石川（2002：230-32）は，第一期，第二期を本章と同様の時期とし，1998年以降を第三期というように3つに区切っている。

(10)　日本における難民のタイプは，インドシナ難民，（国連）条約難民，UNHCRによって定義されたマンデート難民（mandate refugee）の3つに分けられている。

第Ⅲ部　ナショナル市民権への固執とその変容

表8-2　難民認定申請および処理数

	申請数	認定(1)	不認定	取り下げ等	人道配慮による在留(2)	インドシナ難民の定住
1978	-	(-)	-	-	-	3
1979	-	(-)	-	-	-	94
1980	-	(-)	-	-	-	396
1981	-	(-)	-	-	-	1,203
1982	530	67(-)	40	59	-	456
1983	44	63(-)	177	23	-	675
1984	62	31(-)	114	18	-	979
1985	29	10(-)	28	7	-	730
1986	54	3(-)	5	5	-	306
1987	48	6(-)	35	11	-	579
1988	47	12(-)	62	7	-	500
1989	50	2(-)	23	7	-	461
1990	32	2(-)	31	4	-	734
1991	42	1(-)	13	5	7	780
1992	68	3(-)	40	2	2	792
1993	50	6(-)	33	16	3	558
1994	73	1(-)	41	9	9	456
1995	52	2(1)	32	24	3	231
1996	147	1(-)	43	6	3	151
1997	242	1(-)	80	27	3	157
1998	133	16(1)	293	41	42	132
1999	260	16(3)	177	16	44	158
2000	216	22(-)	138	25	36	135
2001	353	26(2)	316	28	67	131
2002	250	14(-)	211	39	40	144
2003	336	10(4)	298	23	16	146
2004	426	15(6)	294	41	9	144
2005	384	46(15)	249	32	97	88(3)
2006	954	34(12)	389	48	53	-
2007	816	41(4)	446	61	88	-
2008	1,599	57(17)	791	87	360	-
2009	1,388	30(8)	1848	123	501	-
2010	1,202	39(13)	1336	93	363	-

注：(1) 括弧内は、難民不認定とされた後、異議申し立ての結果、認定された数。
　　(2) 難民不認定者のうち、人道配慮された者の数。在留資格変更許可および期間更新許可数も含む。
　　(3) インドシナ難民の受け入れは、2005年12月31日をもって終了した。
出所：法務省「統計に関するプレスリリース」(http://www.moj.go.jp/nyuukokukanri/ kouhou/nyuukokukanri 01_00013.html；2011年8月24日取得)；財団法人アジア福祉教育財団難民事業本部 (http://www.rhq.gr.jp/japanese/know/ukeire.htm；2011年8月24日取得)

申請の却下に対する異議申し立て制度は1995年に初めて実施され，異議申し立て後ひとりが難民認定された。1991年以来，難民申請を却下された者の中には人道的理由から在留特別許可を与えられる者もいた。しかし，国際難民レジームの影響で単独官僚的主権が大きく変化したような気配はなかった。

第三期は1998年に始まる。申請を却下された後に異議申立を行って認められたひとりを含む申請者16人が難民認定を受けた。これ以後法務省は毎年10人以上の難民・庇護申請者に認定を与えている。さらにこの時期，人道的理由に基づく在留特別許可の認定も増加した。果たしてこれらのデータは，日本が国際難民レジームの影響を受けていたことを示唆しているのであろうか。

2005年から始まる第四期には，常に30件以上の難民認定がなされていると同時に，在留特別許可もそれ以前よりは格段に多く付与されている。これは日本にとっては大きな変化に見えるけれども，後述するように，この変化は第三期における制度改革が結実し「経路依存性」(path dependency) がつくりだされた結果であると見なすことができる。したがって，日本が国際難民レジームの影響を受けたのかどうかという問いを考察する鍵は，第三期に存在するのである。

人権レジームの影響

第三期において，日本の単独官僚的主権は国際難民レジームに屈しつつあったのだろうか。実際，1998年前後の日本は人権に関わるいくつかの条約の批准を通じて以前より深く国際人権レジームに統合されたようにも見える。批准した主な条約は，1985年に女子差別撤廃条約 (the Convention on the Elimination of All Forms of Discrimination against Women)，1994年に子どもの権利条約 (the Convention on the Rights of the Child)，1995年に人種差別撤廃条約 (the International Convention on the Elimination of All Forms of Racial Discrimination) そして1999年に拷問等禁止条約 (the Convention Against Torture and Other Cruel, Inhuman or Degrading Treatment or Punishment) である (樽本 2009 a : 126-7)。

ひとつの可能性は，条約批准を通じた国際人権規範の国内への浸透と，日本

人である緒方貞子が当時国連難民高等弁務官に就任していたために，国際難民レジームが法務省の単独官僚的主権に影響を与えていたというものである。しかしながら，このような言明は，レジームが日本の難民政策へどのように影響を与えたかを説明しているわけではない。国際人権規範が移民・難民権利の拡大を引き起こすメカニズムを説明するために，ふたつの経路が主に想定される (Tarumoto 2002)。ひとつは，NGO／NPO や社会運動を経由する政治的経路，そしてもうひとつが国内司法裁判所を経由する法的な経路である。

政治的経路で最も注目すべき出来事は，アムネスティ・インターナショナルが1997年の3月から11月にかけて行った難民認定制度を改善しようというキャンペーンである。しかし土岐日名子 (2001:66-68) が言及しているように，同キャンペーンは難民に関する国際的な圧力の存在を法務省官僚に気づかせたかもしれないけれども，難民保護の改善に直接影響を与えたかどうかははっきりしない。同じように，他のNGO／NPO や市民団体の活動による影響も確認できない。

第二のありうる経路は国内裁判所を通したものである。難民認定の時期区分でいう第二期あたりで，難民認定に関する裁判がいくつかあった。東京地裁は，2001年11月6日に難民・庇護希望者への拘留命令執行の停止を命じた際，難民条約は国内法（この事例では出入国管理及び難民認定法）に対し「上位の規範」と考えられると言及した。そして，難民条約に反した入管法の履行は「国際慣行に反し，公共の福祉に重大な影響をもたらす」と主張した（阿部 2003:175）。しかし，国際法や国際規範に言及するこの種の判断は日本の法分野では一般的ではない (Iwasawa 1998)。

国内政治変動と「透明性」

政治的，法的経路によって，国際人権レジームは，法務省の単独官僚的主権を庇護に対して寛大な方向へと向かわせたのかもしれない。しかし，レジームが決定的な力を持っていたかどうかはいまだ明らかではない。さらにそのメカニズムを考察するために，国内官僚制という要因を検討しよう。

第8章 国家主権の衰退か？

　まず最初に，難民認定の数が1996年以降増加したことに注目せねばならない。その増加は，一方ではある程度難民送り出し国における状況の悪化のためである。この時期の難民・庇護希望者の内訳は，天安門事件後1996年の中国人民主化活動家30人に加え，1996年と1997年のクルド人，そして他には1999年のパキスタン，ビルマ，アフガニスタン，イラン出身者が多かった。他方，内的な要因も難民・庇護希望者増加の原因である。例えば1997年頃から地方入国管理局が「60日ルール」に抵触するような難民・庇護希望者の申請を受け入れていたと言われる（Iwasawa 2002：231-32）。内的，外的な要因による難民・庇護希望者の増加によって，法務省は認定過程の改善を模索する方向へ向かったのかもしれない。この改善には，調査官の研修，人員の増加，事務室開室の延長そして手続きの迅速化が含まれ，「失敗したと見なされたくない」という「官僚制の論理」に後押しされた可能性がある。この線で考えるならば，庇護申請の未処理の事例の多くなったことが，認定過程の「改善」を生み出したと言えるのである。

　「官僚制の論理」は難民問題を注目させるメカニズムなしにはうまく働かなかっただろう。そうしたメカニズムのひとつは日本の難民認定者の少なさや難民認定過程の「遅さ」を報道したマスメディアによって構成される（石川 2002：231-32）。しかし，マスメディアは政策上の変化に対して大きな影響を与えることができたとは見なされない。というのはマスメディアが訴えかける対象である日本の大衆は難民問題に必ずしも関心を持っていなかったからである。

　もうひとつのメカニズムは国内の政治状況である。1997，98年頃衆議院のいくつかの委員会で，当時連立政権を組んでいた与党のひとつである社会党の保坂展人議員が，未処理の申請が増大しているにもかかわらず，難民認定の数がかなり少ないのはなぜかと繰り返し質問をした。すると1998年4月28日の法務委員会で下稲葉耕吉法相（当時）は迅速な認定過程の導入と認定の増加に言及した。しかし先に指摘したように，議会は以前から難民政策にほとんど影響力を持っていなかった。以上のような批判に対し行政・官僚が敏感になるためには別のメカニズムが必要であった。

それは，当時日本の政治システム全体が経験していた大きな変動である。1993年に自民党の一党優位体制が崩壊し，1995年以後，金融制度・政策に典型的に見られたような様々な政治制度に著しい変動が生じた（戸谷 2003）。政治家，官僚そして雇用者団体といった様々な政治的行為者は国内的および国際的な世論を考慮に入れ始めた。様々な政策過程における「透明性」（transparency）の確保を避けることができなくなったのである。既にこうした問題に敏感になっていた法務省も例外ではなく，その既得権益の一部を構成していた難民の取り扱い方も変えざるをえなかった。この傾向は，新たな世代に属する若手官僚がよりリベラルな世界観を持つならばさらに加速する可能性もある。[11]

現状維持か，庇護志向か，庇護への反動か？

官僚制への働きかけを行うメカニズムは，将来日本の難民政策をより寛容な方向へと導くのだろうか。その政策変容の契機となりうる焦点が2002年に形成された。[12]同年5月8日に北朝鮮からの脱北者たち，幼児を含む5人が，NGOに支援されて中国瀋陽の日本総領事館構内に駆け込んだのである。日本側の主張によれば，中国の警察は外国領事館および大使館への不可侵を定めた1961年「外交関係に関するウィーン条約」を無視し，構内に立ち入り，脱北者たちを連れ出した (*The Japan Times* 16 May 2002)。

この瀋陽の事件はビデオに撮られ，テレビで繰り返し放映されて，朝鮮半島にいまだ残存する冷戦の現実を背景に，日中政府間の外交問題に発展した。日本の難民・庇護希望者に対する「非人道的扱い」も問題になった。森山真弓法相（当時）は，第四次出入国管理政策懇談会の下に「難民問題に関する専門部会」を設置した[13] (*The Japan Times* 25 May 2002)。同法相が専門部会を設置した動機ではっきりしているものは，中国，韓国，北朝鮮との国際的なあつれきを

---

[11] 2004年4月9日，第四次出入国管理政策懇談会の難民問題に関する専門部会のメンバーである目黒依子上智大学教授（現，名誉教授）への面接調査による。

[12] 前年の2001年2月に，森喜朗元首相を中心として超党派のUNHCR国会議員連盟が発足していた。しかし，すぐ後に見る「瀋陽総領事館事件」と比べると難民政策を変化させる力は極めて限られていたと言える。

避けること，難民受け入れに関する国際的な評判を勝ち取ることであった。2002年6月11日の設置以降，北朝鮮による日本人拉致が一般大衆の注目を集めていた時期に，同部会は何度か会合を開き，難民認定をめぐる事務組織や手続きに関する調査を行った。同年10月には中間報告を出し，2003年12月に出入国管理政策懇談会による非合法移民などへの言及も加えた最終報告を提出した（法務省 2004 b）。

これらふたつの報告書は主に3つの提案をした。「60日ルール」の改定，難民・庇護希望者の法的地位の保証，申請却下に対する異議申し立て制度の改善である（法務省 2002, 2003）。第一に，「60日ルール」が難民不認定の裁判で主要な争点になったこともあり（難波 2003），報告書はルールを60日から6か月または1年へと変更することを提案している。第二に，強制退去の事由が存在しても，手続き中の申請者が強制送還されないよう法的に保証されるべきであり，そのための具体的な条項がつくられるべきであるとした。第三に，異議申し立て制度の改革についてである。それ以前は，法務省入国管理局の総務課が難民認定を請け負い，同じ局内の審判課が異議申し立てを扱うという矛盾した制度となっていた。それに対して報告書は，法曹実務経験，法律的，外交的知識を持つ第三者により構成された大臣の諮問委員会が異議申し立ての判断のために創設されるべきだとした。

ふたつの報告書が公表される間の時期であった2003年3月4日，新任された野沢太三法相（当時）は出入国管理及び難民認定法の改正案を議会に提出した。2003年10月の衆議院の閉会に伴い，法案がいったん廃案になった後，2004

---

(13) 2002年7月には，自民党政務調査会の「亡命者・難民等に関する検討会」が「わが国の取るべき難民対策の基本的な方針」を発表した。また同月公明党は，外交安保部会と法務部会のとりまとめで「難民政策の見直しに関する政策提言」を公表した。民主党も，自民党の「方針」発表の翌日，「中間まとめ」を発表した。外務省は7月上旬に「瀋陽総領事館事件を踏まえた改善策」を公表した（明石 2010：241）。

(14) この間，2002年8月政府の「インドシナ難民対策連絡調整会議」は「難民対策連絡調整会議」へと改組され，同会議は定住支援策を行う「国際救援センター」をインドシナ難民だけでなく条約難民も対象としたものにするという決定をした（明石 2010：241-2）。

(15) 難民対策連絡調整会議も，2003年1月に「60日ルール」の見直しを検討し，同年7月に難民に対する情報提供体制や定住支援策の具体的措置についての方針を決めた（明石 2010：242）。

年5月の衆院本会議で可決成立し，2005年5月に施行された（参議院；衆議院）。その結果，「60日ルール」の撤廃，民間の第三者からなる「難民審査参与員」の「異議申し立て制度」への関与，難民認定申請中の非合法移民の法的地位を安定化させる「仮滞在許可制度」が導入された。この後，2005年に始まる第四期において難民認定数と在留特別許可数は日本の経験としては顕著に増加した。また，外務省とNGOとの連携で庇護申請者に宿泊施設を提供する事業も始まり，「第三国定住」という新たな試みもなされ始めた。確かに，法改正のアナウンスメント効果が庇護申請者を増加させたということはありうる。また，第四期における難民認定の内訳にはミャンマー出身者が多く中国出身者が少ない点には国家主権の作用が働いている可能性はある。さらに，難民認定手続関係訴訟の増加が司法の判断を織り込んだ上での難民認定手続きとなっている可能性もある。しかし，概ね第四期における難民認定および在留特別許可の「改善」は，第三期に行われた制度改革がそれらの増加の経路をつくりあげた結果であることは否定しにくいと思われる。それでもなお，司法判断，北朝鮮の状況[16]，入国管理官の厳格すぎる業務実施[17]，法務省による不法移民の取り締まりキャンペーン[18]といったいくつかの点で不確実性がある[19]。しかし，国際的政治圧力を契機とし国内制度の「透明性」に媒介された制度の改革は，単独官僚的主権との緊張関係を維持しながらも日本の難民政策の小さな改善につながっているのである。

---

[16] 家族とともに10年以上日本に居住したミャンマー出身の民主活動家が庇護申請却下後国外退去を命令された。しかし，最終的には人道的見地から在留特別許可が認められた（*The Japan Times* 17 January 2004）。また，名古屋地裁がトルコ国籍を持つクルド系男性に難民認定を与えた例もある。これは難民認定の申請を却下した政府の決定を国内裁判所が覆したふたつめの事例である。

[17] もし何かのきっかけで北朝鮮からまとまった数の難民が流入すれば，反難民感情が高まり，難民政策の改善を妨げるであろう。

[18] うつ病と心的外傷後ストレス障害をわずらったアフガン人庇護希望者が，病院から拘留施設への移動中，ナイフによる自殺を図った。その際，担当官は怪我の治療のために彼を病院に連れて行き，3時間の手術の後，すぐさま彼を拘留施設に移送した（*The Japan Times* 27 March 2004）。

[19] 2004年2月16日，法務省入国管理局はホームページを使って不法滞在者の情報を集め始め，このことがNGOからの批判を呼び起こした。さらに入国管理局は2004年6月に，不法移民労働者取り締まりの特別キャンペーンを行い，他省庁，地方自治体，雇用者団体や他の関連団体からの協力を引き出し，日本内外の関係者や外国人に非合法移民についての冊子を配布した（法務省 2004 c）。

6 国家主権の堅持と難民レジーム

　日本は，人権のための国内的な資源を欠くことから，国際人権レジームおよび国際難民レジームという外部の制度が国内政策への影響を持つかどうかを検討するのに格好の事例である。第二次大戦で同じように敗戦を経験したにもかかわらず，ドイツが戦争へのつぐないを込めて基本法に庇護条項を付け加えた一方，日本は庇護のための国内条項を組み込む機会を逸した。合衆国やドイツのような庇護支持的な憲法がないことや，英国のような強力な議会がないことから，日本の難民政策は法務省の管轄の下，単独官僚的主権を維持してきた。

　前章までに見た移民・外国人への市民権政策の変化と同様に，インドシナ難民の事例や難民条約と難民議定書の批准は，国家間関係に基づく国際的圧力が日本の難民政策に強い影響を及ぼしていることを示している。

　1998年頃の難民認定の増加は，国際難民レジームの影響力を検証する事例となった。しかしその影響は，もしあったとしても人権規範から生じるとされる国家主権の変化や制度的二重性の確立からは程遠い。確かに，日本の単独官僚的主権が難民レジームに譲歩しつつあるとか，それに適合していったかのように解釈したい誘惑にかられるかもしれない。しかし，そうした変化がレジームによるものと確認することは容易ではない。むしろより明らかなことは，国内政治システムや政策過程の「透明性」の要請に起因する国内的な政治過程の変化が，難民政策の変化と近隣諸国との国家間関係の対処の変化に途を開いたことである。

　以上の考察から明らかなように，日本の事例は国際レジームの影響が他国においては国内的な帰結を生み出すのかどうか，他国の国家主権を衰退させているのかどうかといった，さらなる国際比較研究を呼び起こすことであろう。

終　章

国際移民と市民権の新たなガバナンスを求めて

1　20世紀システムへの疑問

　20世紀システムは，主権を持った国民国家を主要な行為者として措定して国際秩序を形成・維持するシステムである。そして，国家主権が相互に対立し国家間の交渉で対立を解決できない場合は，諸国家で構成された国際組織が調整の役割を担うことになる。このような20世紀システムは，1950年代から60年代にかけては国際政治経済関係の基盤として安定していたものの，現在，変容の時期を迎えており，新たなガバナンスが必要だとよく言われる（例えば，橋本1998）。ここではガバナンスを，利害関係者の利益に向けて諸行為者を規律づけ，公共財を供給可能にする統治の形式と捉えておこう（河野2006）。そしてガバナンスに変容を迫っている主な要因は，グローバル化だと言われる。モノ，カネ，人，情報・文化などの国境を越える急速な流れは，国民国家の制御能力を超え，国境管理の正統性に疑問符を付け，国家主権を無意味な「偽善」にしているのではないか。20世紀システムは機能不全に陥っているのではないか。グローバル化はこのような疑念を引き起こしているのである。

　特に国境を越える人の流れは，「国民国家に対する挑戦」問題の中核を構成している。ジェームズ・ホリフィールド（James Hollfield）は言う。「国際移民は国際システムのふたつの柱である市民権（国民）と主権（国家）を本当に浸食しているのであろうか。国際移民は，主権制度を弱体化し，世界政治を変容

させる潜在力を持っているのだろうか。この問いに答えるためには，移民と統合（編入）の関係を見なくてはならない」と（Hollfield 2000:175）。すなわち，人の流れに関して20世紀システムを考察する際重要になるのは，市民権制度である。そして20世紀システムにおける市民権制度はナショナルな様式を備えていた。国籍を持った者が当該国民国家の領域内で義務を果たし権利を行使し，国民国家を運営する主体となる。このような政治組織化原理がナショナル市民権である。しかし，ナショナル市民権制度は，国際移民との間に緊張関係をつくりだしているのではないか。いや，さらには国境を越える急速な流れによって形骸化しているのではないか。国境を越えて移動する人々が急増している現在，市民権制度を国民国家単位で想定し運営していくことには限界があるのではないか。そこで，国民国家を超えた市民権制度が必要なのではないか。その際，新たなガバナンスとはどのようなものなのか。こうした問いは，国民国家を超えた市民権制度をいかにしたら確立できるかという極めて難しい制度設計の問題に直面する。われわれは，このような問題に直面したとたん，国際移民問題の本質的論争性に巻き込まれる。国民国家を堅持すべきだ，いや国民国家を解体すべきだという二者択一的な言説的・規範的対立に身を置くことになるのである。

2　「国民国家に対する挑戦」の理論的含意

「国際移民は国民国家に対して挑戦をしているのか」という問いは，知的好奇心を大いにかき立てる一方，解答を十分導くことができるほどの定式化が加えられていない。すなわち，どのような現象のどのような事柄が明らかになれば，"Yes"や"No"などの答えに結びつくのか，いまだ曖昧であった。第2章で考察したように，1990年代以降，特に盛んになった学術的論争を検討すると，この「国民国家に対する挑戦か」という問いは次のように定式化できる。市民権という側面に焦点を合わせた場合，「国民国家に対する挑戦か」という問いは，「『新しい市民権』はナショナル市民権の安定的な代替案になっている

終章　国際移民と市民権の新たなガバナンスを求めて

のか，それとも一時的な逸脱にすぎないのか」という問いへと特定されるのである。

　ここでいう「新しい市民権」として具体的には，ポストナショナル市民権とデニズンシップのふたつが挙げられる。これらの「新しい市民権」は，ナショナル市民権の安定的な代替案なのだろうか。それとも，一時的な逸脱にすぎないのか。「新しい市民権」が観察される事例数，地理的範囲，時間的範囲はこの問いを判定する十分な基準とはならない。代わって原理論的根拠が必要である。「国民国家に対する挑戦かどうか」を巡る論争に，いかに原理論的に決着を付けるか。第2章では，この課題に対して市民権付与の正統化原理と集合的アイデンティティの観点から接近していった。

　ポストナショナル市民権を付与する際の正統化原理は「普遍的人権」であった。一方，デニズンシップ付与の正統化原理は「居住」であった。これらの正統化原理がナショナル市民権に匹敵するほどの正統性を供給可能な原理であれば，「新しい市民権」はナショナル市民権の安定的代替案と言うことができる。ところが市民権は，単に諸義務と諸権利を定める社会契約的側面，すなわち法的要素だけで成立しているのではない。「神聖」や「政治体と文化体の一致」といったアイデンティティ要素をも含み混んだ観念なのである。そしてそのような集合的アイデンティティが成立するためには，矛盾した選択形式が付随しなくてはならない。「私は日本人を選択した。しかし，私は日本人しか経験上選択できなかったのだ」というように。このような矛盾をはらんだ選択を先験的選択と第3章で名付けた。

　この先験的選択を，ポストナショナル市民権もデニズンシップも十分実現することはできない。ポストナショナル市民権の正統化原理である「普遍的人権」は，「人である」ことを基準として市民権を付与する原理である。しかし「普遍的人権」は，「人である」というアイデンティティを選択可能にする一方，社会契約の前提となる「人々」からその部分集合を選択するという形式をとることができなかった。また，デニズンシップの正統化原理である「居住」は，居住地を市民権付与の基準とする原理であった。「居住」は，アイデンティテ

ィの選択性を居住地という領域へと回収することで「選択肢集合からの選択」という形式を確保する一方，居住地の選択にまつわる経験性を払拭することができず，先験的選択の持つべき先験性を実現することができなかった。

　このような原理論的状況の下で，十分な正統化原理を装備しないまま市民権は多文化化し，世界に拡散していった。「政治体と文化体の一致」という条件が緩められて，様々な文化を持った者に諸義務と諸権利を付与し社会を構成するという型の市民権が広がっていったのである。このような多文化化してきた市民権は各社会や各国家にとっては積極的に選択したものとは言い難く，むしろ消極的に選択せざるをえなかった面が強い。多文化化した市民権は，特定の主体によって「意図的に」広められたというよりは，「意図せざる結果」として「事実上の世界標準」となりつつあるのである。

3　移民市民権ゲームの差異

　市民権は，ナショナルな形態から離れ，文化的に多様な人々に諸義務と諸権利を付与するという形態を目指し，世界中に拡散していった。こうして国民国家の要件のうち，少なくとも「政治体と文化体の一致」は動揺していった。しかし同じ多文化化していく市民権といっても，その拡散の理由，期待される機能および意味づけという観点では，異なる様相を示している。すなわち，同じように多文化化していく市民権にもかかわらず，社会ごとに異なるルールに基づいてプレイされ，異なるゲームが成立しているのである。その結果，異なるガバナンスが成立していく。

　それでは，ゲームの相違を考察するにはどのような視角が必要なのであろうか。この点については既に第1章で議論を行った。国際移民が「市民権に対する挑戦」を引き起こしているという「革新派」の見解に対して，いくつかの批判がなされているのであった。いわく，研究者による希望的観測にすぎないのではないか，研究者など特殊な対象者の経験に関するものではないか，地域的な相違を加味していないのではないか，分析の時期が曖昧ではないか，ローカ

終章　国際移民と市民権の新たなガバナンスを求めて

ルレベルの分析が欠如しているのではないか,「新しい市民権」は国内内在的な要請にすぎないのではないかと。これらの批判のうち「市民権に対する挑戦」を吟味するために最も重要なのは,地域的相違を加味すべきではないかという点,および国内内在的な要請にすぎないのではないかという点であった。そこで以下ではこれらの観点に従って,英国と日本の移民市民権ゲームの相違を見ていくことにしよう。

社会秩序達成の手段としての市民権——英国

　第3章で見たように,第二次大戦後,英国は1948年英国国籍法を皮切りに英連邦・パキスタン系移民の入国と居住を徐々に制限していった。そして1981年には英国国籍法を制定し,1983年前後にはNCWP移民の流入はほぼ終了した。しかしここに至るまでの過程で,政策的に無視できない人数の移民たちが居住することになり,エスニック・マイノリティとなっていった。このような事情の下,1960年代からストック移民への対処が政策的に模索されてきた。ストック移民を巡るコンフリクトのうち最も極端な例として,第4章で触れたいわゆる「人種暴動」が,戦後何度か生じ,その度に,社会当事者たちに統合政策や秩序維持政策の必要性を強く印象づけてきた。その結果,英国社会では国政レベルでも,地域政治レベルでも,あるいは一般大衆の認識レベルでも「多文化市民権」(multicultural citizenship)が移民に関する統合・秩序の達成に必要な,またはありうる手段として語られるようになっていったのである。

　多文化市民権は,英国流の政治構造にうまく適合していった。その適合の主な理由はふたつである。第一に,「帝国」が準拠共同社会としてと同時に,政治的枠組みとしても残存していたという事情である。大英帝国は戦後解体し,新英連邦という「遺構」だけが残った。しかし旧植民地からの移民は既に国内に居住し,かつ完全な市民権を所持していた。新英連邦という超国家的制度は,旧植民地移民という異なる文化を持った人々を「同じ市民」として処遇するための準拠枠組みとなる。いわば「内なる植民地」が認識枠組みとして国内に形

245

成された。その結果，多文化市民権が優位な政治組織化原理となったのである。

ふたつめの理由として，コミュニティを媒介単位とした国内統治制度も多文化市民権の優位化に寄与した。英国の政治組織化原理は，諸個人と国家（元首）との間に中間的単位であるコミュニティを介在させる「媒介タイプ」である。従来，地域コミュニティや労働者コミュニティなどが社会秩序の実現・維持のために重要視されてきたけれども，移民が流入してからは，エスニック・コミュニティが新たに付け加わった。エスニック・コミュニティを統治のための媒介単位として評価するということは，必然的に国内統治制度を多文化化していくことになる。その結果，多文化市民権が優位になったのである。第4章で触れたビクー・パレク（Bhikhu Parekh）を中心に執筆されたルニメード財団（Runnymede Trust Commission on the Future of Multi-Ethnic Britain 2000）の報告書『マルチエスニックな英国』(*The Multi-Ethnic Britain*) は，国民国家を「唯一のコミュニティ」(the community) として創り上げることを社会的目標とするのではなく，「複数のコミュニティを包摂するコミュニティ」(a community of communities) として創り上げることを提言した。このようにエスニック・コミュニティは，社会の構成単位である下位のコミュニティとして積極的に評価されている。さらに，下位のコミュニティは上位のコミュニティである国民国家を維持するために不可欠の要素とも措定されたのである。同じように，第5章で検討したローカル・ガバナンスも，エスニック・コミュニティの存在を望ましく，かつ必要不可欠な所与としつつ，平等政策の展開を模索していた。

以上のように，英国という事例は，多文化化していく市民権がストック移民への対処という国内事情から発展したことを示している。また，市民権が社会統合および社会秩序を実現・維持する手段として機能することを社会当事者たちは期待してきたのである。

このような内因に基づいて優位となった手段としての市民権が，英国における移民市民権ゲームの主要な特徴である。ただし，国外的要因による影響がまったく存在しないわけではない。第3章で見たような，難民・非合法移民の流入に直面して英国政府が行った市民権政策の「修正」や EU 政策と国内政策

とのすりあわせといった状況は，英国の移民市民権ゲームが国外的要因の影響を完全には回避できないことを示しているのである。

国外対応の結果としての市民権——日本

　外国人・移民に諸権利を付与するようになってきたという意味では，日本においても多文化化した市民権が徐々にではあるけれども，「事実上」広まってきている。しかし，日本における移民に対する市民権は狭義の多文化市民権（multicultural citizenship）とは言い難い。第7章で検討したように，多文化主義が持つ内在的多文化ロジック（internal multicultural logic），すなわち国内のエスニック文化的な多様性への対処のために移民権利が拡充してきたとは言えない部分が大きい。むしろ，「多文化化してきた市民権」（multiculturalised citizenship）というように，まだ多文化化する過程であることを強調する名称の方がよりふさわしいであろう。というのも，日本の外国人・移民に対する市民権は，国外への対処のためにアド・ホックに拡大してきた面が強いからである。第6章および第8章で見たように，1970年代終わりから80年代初めに難民の受け入れや定住外国人への社会的諸権利の付与が進んだのは，アメリカ合衆国など先進諸国の国際的政治圧力に起因するものであった。また，オールドカマー等の在留資格や外国人登録証に関する処遇が改善したのは，韓国との二国間交渉が戦後処理という枠組みに基づいて進行していった結果であった。さらに，近年経済連携協定（EPA）に基づいてインドネシアおよびフィリピンから看護師・介護士候補者の受け入れが決まったのも，両政府との個別の二国間交渉において，日本国内の労働力確保と他の産品の輸出の拡大を進展させるための「戦術的譲歩」を採用したことによるものであった（Tarumoto 2010）。

　このように移民・外国人の市民権拡大は，日本の場合，外因に起因し，市民権拡大それ自体ではなく，別の政策目的を達成する過程で生じた「意図せざる結果」として，換言すれば主目的を追求する過程と結果から生じた「副産物的な結果」として生じたものであった。

　日本においては外因が優位な要因であるとはいえ，いくつかの事例は国内に

おける社会内的要因が影響力を持つことも示唆している。例えば，1990年代後半以降の難民政策の改善は，国内政治過程の「透明化」要請の副産物という面が強い。また，移民・外国人への市民権は「改善」の方向へとリニアな発展傾向を示しているばかりではない。近年の偽装留学生など非合法移民への厳しい政策の導入や，在留特別許可の緩和と厳格化の混合政策は，日本が国家主権の維持・強化にいまだ意欲を持ち続け，実際に主権の保持に成功している証拠でもある。

4 移民市民権ゲームの社会的構築メカニズム

以上のように移民市民権ゲームはその主要な様式として，英国では内因に基づく手段としての市民権を追求するゲームとなり，日本では外因に基づく結果としての市民権を巡るゲームとなった。その結果，国際移民と市民権をめぐる異なるガバナンスが成立したのである。両社会間のこのような差異はなぜ生じたのだろうか。それぞれの社会における移民市民権ゲームはなぜ異なる様態へと社会的に構築されたのだろうか。

先行研究の含意

次のような国際移民現象に関する先行研究は，この問いを考察する方向性を与えてくれる。

第一に，顧客政治 (client politics) 仮説は，組織的利益を追求する集団，特に移民労働力を必要とする経済団体や企業，あるいは既に国内に居住しているエスニック集団などが政府，議員，行政に対してロビー活動などを行っているために，国際移民の流入を減少させることができず，むしろ増加させていると主張する (Freeman 1995, 1998)。この仮説から，利益団体が政治的アクターとして政治的アリーナに働きかけ，移民市民権ゲームの形成・維持・変容を引き起こしている可能性が導かれる。

第二に，選挙誘因 (elective incentive) 仮説は，移民が特定地域に集中する結

果，マジョリティたちの不満が高まり，国政選挙の結果に影響を与える可能性を重視する。選挙で敗北する可能性が出てくると，主要政党は移民問題を国政アジェンダとして議会などで取り上げ，移民を制限する政策をつくるという（Money 1999）。この仮説は，有権者の意向を汲んだ議員が影響力を行使するという可能性を示唆している。

第三に，経路依存性（path dependency）仮説は，それまで歴史的慣行として続いてきた制度や文化的要因などがその後の国際移民への政策・処遇の仕方を決めるとする（Hansen 2002）。経路依存性自体は曖昧な概念であるけれども，ある社会における移民市民権ゲームの形態はその社会における既存制度の「慣性」から強い影響を与えられるという観点は否定することが難しい。

第四に，リベラル国家（liberal state）仮説である。この仮説によれば，先進諸国が国際移民の権利を剥奪したり国外追放したりできないのは，それら国家の存在根拠が諸個人の自由を尊重するリベラリズムだからである。リベラルな規範や観念は国内に埋め込まれ，国家アイデンティティやナショナル・アイデンティティとなり，移民市民権ゲームのルールを規定する（Hollifield 1992, 2000）。この仮説に従えば，移民国家かエスニック国家か，市民権継承の原理が血縁主義か出生地主義かなどによってリベラル国家の度合いが決まる。人権規範が国外起源ではなく国内の法体系や制度に起源を持つという国内人権規範仮説はこの仮説の系であろう（Joppke 1998 a, 1998 b）。

第五に，国際人権規範（international human rights norms）仮説は，上記のリベラル国家仮説と共通の主張を含みつつ，国内の規範よりもむしろ超国家的な国際人権レジームが国民国家に規範を供給し，国際移民に対する寛容な移民政策や市民権政策を実現させるという。すなわち，移民市民権ゲームは国際人権レジームによってその形態を決定されるというのである（Jacobson 1996；Soysal 1994）。

第六に，グローバル化（globalisation）仮説は，国境を越える様々な移動や移民たちが形成した国境を越えたネットワークが受け入れ社会の移民政策を左右するという。この仮説は，国境を越える移動やネットワークが移民市民権ゲー

ムの形態を決める決定的な要因となりうると示唆しているのである（Massey 1987 ; Portes 1996 ; Sassen 1991, 1996＝1999, 1998）。

最後に国際的政治圧力（international political pressures）仮説は，ホスト社会内における移民の処遇が国家間交渉等を通じた政治的圧力によって影響を受けるとする。典型的には，移民出自国が旧植民地であり，移民受け入れ国が旧宗主国の場合，移民の出自国は戦争の「負の遺産」などに言及しつつ，受け入れ国に対して自国民の手厚い処遇を交渉の中で要求しうる。すなわち，移民市民権ゲームの形態は，ホスト社会内の要因よりも国家間交渉の有無や影響力で決定されるというのである（Tarumoto 2002, 2003）。

「帝国」解体・統治媒介・国際レジームのモデル

上述の先行研究から，移民市民権ゲームの差異を社会的に構築する諸要因を取り出すことができる。英国と日本の間の共通点と相違点という観点で検討していくことにしよう。

共通点としては以下のことが挙げられる。第一にリベラル国家仮説の観点から見ると，英国も日本も合衆国やオーストラリアのような「移民国家」ではない。英国は19世紀まで出移民の国であったし，日本もラテンアメリカ諸国の日系人に見られるような出移民が一定程度存在した。また前で見たように，移民の本格的な流入は両国とも第二次大戦以降である。しかし両国は，建国の経緯および自己定義という観点からは「移民国家」ではなく「エスニック国家」なのである。

第二に，両国とも第二次大戦まで市民権の準拠共同社会が「帝国」であり，グローバル化仮説が強調する国際移動，特に国境を越える人の移動が比較的開放的であった。そして大戦後，「帝国」の解体問題に直面した。

第三に，顧客政治仮説と選挙誘因仮説の観点から見ると，国内政治体制において移民政策の所轄官庁である英国の内務省（the Home Office）と日本の法務省はいずれも移民政策と市民権政策に関して強い権限を持ち，経済団体や有権者の意見からかなりの程度独立した権限を維持している。ただし英国の場合は

終章　国際移民と市民権の新たなガバナンスを求めて

内務省に対して議会が優位な構造にあるとされる。

　最後に経路依存性仮説の流れで，人種差別の強さが移民市民権ゲームの形態を決めたという意見が提出されうる。しかし，差別の強弱を測定するのは極めて困難であることを前提としても，英国においても日本においても，移民マイノリティに対する差別は非常に強い。この点では両国間の差異を仮定しないことの方が適切であろう。

　これらの要因——「エスニック国家」という自己定義，「帝国」の解体問題，行政の権限，経済諸団体と諸企業の影響力，人種差別の強さ——は，英国と日本の共通の性質を示している。したがって，両国間の移民市民権ゲームの差異をつくりだすわけではない。すなわち，外因に基づく手段としての市民権と，内因に基づく結果としての市民権との差異は，これらの共通要因によって引き起こされたとは考えられない。そこで，英国と日本の間の相違点を検討していこう。

　第一に，市民権継承の原理である。一般に，英国が従来採用してきた出生地主義は，領域内で出生した移民の子どもに市民権を与えるという点で，社会の多文化化を促進する傾向にあると言われる。一方，日本が明治期以来採用してきた血縁主義は，親などの血縁者が市民権保持者であることを市民権付与の条件とするために，社会の多文化化に抗うと言われる。しかし，出生地主義と血縁主義という差異が直接，手段としての市民権と結果としての市民権という差異に結びつくわけではない。確かに経路依存性的な発想からは，出生地主義と血縁主義が移民市民権ゲームの形態を決める諸要因の現出の環境を準備したと考えることができるであろう。例えば，移民流入と定着を促進したというように。しかし，移民たちの流入と定着をより規定しているのは，後に見る諸要因であると想定される。

　第二に，選挙誘因仮説に見られる国内政治体制の差異，特に議会と地方自治体の影響力および選挙の影響がある。英国における議会は日本に比べて移民の市民権政策の策定に関して強い影響力を発揮している。また，遅くとも1970年代初めには選挙対策の場面で移民が顕在的イシューとなり，二大政党である

保守党と労働党は移民問題を政治課題として取り上げざるを得なくなった。それに対して日本では，移民はいまだ国政の主要問題とはなっていない。地方自治体の役割に関しても，英国ではエスニック平等政策の責任主体として法的に規定されているのに対して，日本ではそのような規定はなく，状況に応じて責任を担っているにすぎない。確かに国内政治体制の差異はこのように存在する。しかし，直接的な要因というよりは，移民市民権ゲームの環境を準備した要因と見なした方がよいかもしれない。そもそも議会，地方自治体，選挙の影響力の差異は，さらに別の要因によって説明される可能性が高い。例えば，移民の数・割合がこのような差異を創り上げたというように。また，移民問題を超えるより広義の政治体制が移民や市民権に関する政治体制の差異をつくりだしたというように。この点はさらなる検討を要する。

　第三に，顧客政治仮説の示唆する経済諸団体および諸企業の移民政策と市民権政策に対する影響力は，両国間で異なっていた可能性がある。1950年代終わりから60年代にかけて英国の民間セクターおよび公共セクターが移民労働力を導入していたことは，経済アクターが移民市民権ゲームの形態を規定していた可能性を含意する。一方日本は，同じく1950年代から60年代にかけて英国を上回る経済成長を遂げたにもかかわらず，英国とは異なり移民労働力の導入は行わなかった。経済アクターは政策へ関与する力を持たなかった。しかし，このような両国間の差異は，後述する第五の要因にその説明力を回収されていくと考えられるのである。

　第四の要因は，グローバル化仮説および選挙誘因仮説が強調したストック移民の数と割合である。確かに英国における移民およびエスニック・マイノリティの全人口に占める割合は2001年時点で8%程度であった。2051年には20%にのぼるという予測もある（*Guardian* 2010）。それに対して，日本におけるそれは1%代に留まっている。地域的な集中の度合いに関しても，英国の場合，ロンドンの行政区には移民およびエスニック・マイノリティの割合が全住民の半分を占めているところがあり，日本との大きな差異を形成している。このストック移民の数・割合は，第一の差異である出生地主義と血縁主義によって部

分的には生産されたと言える。また，移民数・割合が高ければ，第二の差異である議会，地方自治体の影響力を増加させ，選挙における移民イシューを突出させる可能性はある。またグローバル化仮説が示しているように，移民数・割合は，国境を越えた移民ネットワークの密度に関連していることであろう。このような意味で移民市民権ゲームの差異を形成した可能性はある。しかし，そもそもストック移民の数と割合を規定したのは，次の要因である。

　その要因とは，第五に，戦後「帝国」の解体速度に関する両国間の差異である。これが，移民市民権ゲームの差異形成に大きな影響力を持っていた。英国における「帝国」の解体は戦後30年以上をかけた段階的なものであった。その間，第四の要因であるストック移民を増加させることになり，国内の社会統合や社会秩序を問題化させることになった。一方，日本における「帝国」の解体は敗戦からサンフランシスコ平和条約締結前後の数年間で遂行された極めて早急なものであり，それも第二次大戦で勝利した合衆国を中心とする連合国主導という外因的な要素を持っていた。この事情は経路依存的に日本のストック移民を小規模なものとし，また日本を急激に「国民国家」とした。さらに重要なことは，市民権の準拠共同社会の理念的な側面である。つまり，移民を含む「帝国」という政治組織化原理に関する過去を反省させ，完全否定させたという理念的事実である。この反省と完全否定は，移民・外国人に対して市民権を手段として用いるという発想を日本の政策選択肢集合の外側へと追いやった。

　「帝国」の解体速度と関連しつつ異なる位相を示しているのは，第六の要因である国内の媒介統治制度である。国民国家の理想型は，国家と諸個人が直接結びつくという共和国型の統治制度である。しかしその中でさえ，英国も日本も国家と諸個人との間に中間集団を置く媒介型の統治制度を採用してきた。しかし，英国と日本の間には差異がある。前述したように，英国の場合，その媒介単位はコミュニティである。コミュニティは従来，居住地域や，労働者等の階級区分に関わるものであり，1950年代以降の新英連邦・パキスタン系移民の流入によりエスニック・コミュニティという形で応用されることになった。このコミュニティを媒介単位とする政治組織化原理は，多文化市民権の定着を

円滑にし，内因に基づく手段としての市民権を助長していったのである。一方，日本における媒介単位は家族である。戸籍制度の導入とそれに基づく血縁主義による明治以来の市民権継承システムは，経路依存的に家族の役割を強化した。また，「帝国」が早急に「国民国家」へと転換したことは，エスニック・コミュニティ的発想の芽を摘んだ。残された有力な媒介単位は家族しかなかった。その結果，移民・外国人に積極的に市民権を付与するという発想はなくなり，外因に基づいた「副産物的な結果」として，移民市民権が拡充されることになった。

　最後に，国際政治レジーム上の両国の位置の差異が，移民市民権ゲームの形態の差異をつくりだしていった。英国は国際政治レジーム上，近代化先発国であり先進国であった。このことで外因に対する強靭性を身につけることができた。それに対して日本は近代化後発国であり，サミットという「先進諸国クラブ」に加入すること，また加入後も正式メンバーとして承認されることを「国益」の観点から国家の最重要目標に掲げた。そのため，先進諸国からの諸要求に敏感になり，移民・外国人に対する市民権の拡大という「副産物」が生じた。ただし，両国が内属する国際政治レジームの種類には異なる部分がある。英国が「先進諸国レジーム」と共に「ヨーロッパ連合レジーム」に内属し，それらの中で政策決定を行いかつイニシアティヴをとっていったのに対して，日本は「先進諸国レジーム」と共に「アジア諸国レジーム」の中に埋め込まれている。第二次世界大戦時に侵攻したアジア諸国との関係の中で，移民権利の問題が二国間交渉における重要なイシューのひとつと規定され，また戦後補償という認識枠組みが活性化されやすい。このような国際政治レジーム上の位置の差は，国際人権レジームに対する態度の差異にも結びついていったのである。

移民市民権ゲームの差異化のメカニズム
　英国と日本において移民市民権ゲームが差異化し，異なるガバナンスが成立したのはなぜなのだろうか。上の考察を主要因に即してまとめると，次のようになる。

終章　国際移民と市民権の新たなガバナンスを求めて

Q　英国において，なぜ内因に基づく手段としての市民権が発達したか？

A1　「帝国」の解体速度が緩やかであったために，一定量の移民・外国人がストックし，社会統合・社会秩序が問題化した。

A2　コミュニティを媒介させる国民国家の統治制度の継続が，エスニック・コミュニティの承認につながった。

A3　国際政治レジームで高い位置を占め，選挙に基礎をおく議会が強いため，ヨーロッパ連合の影響を考慮したとしても，国外からの政治的・規範的圧力から比較的自由であった。

Q　日本では，なぜ外因に基づく結果としての市民権が発達したか？

A1　「帝国」の解体速度が急速であったために，英国と比べて少数の移民・外国人しかストックせず，統合・秩序問題は政策的に軽視できた。

A2　「帝国」を急激に反省し否定する一方，家族を媒介単位とした既存の媒介型国民国家統治制度を強固に維持したことが，エスニック・コミュニティ的発想の否定につながった。

A3　国際政治レジームに関しては，先進諸国の中の「後進国」であったため国際規範や最先進諸国の要求を拒否できず，アジア諸国の要求には戦後処理の認識枠組みが動員された。

5　今後の課題

　本書は，「国際移民による国民国家に対する挑戦」という問いを導き手に，国際移民と国民国家との緊張関係に見るガバナンスのゆらぎを，国際移民の市民権という観点から原理論的考察および英国と日本との「緩やかな比較」を通して明らかにしてきた。英国は，本書でとりあげたもうひとつの国，日本との共通点と相違点を持っている。最も主要な共通点はかつて「帝国」という政治的組織化原理のもとで社会が構成されていたということである。同じく主要な

表終-1　国際移民と市民権のトピック

	市民権	
	従属変数	独立変数
政策出力	(A) 移民権利法整備	(B) 出入国管理制度
政策帰結	(C) 実質的享受	(D) 移民増大・減少 (E) 統合・秩序

出所：樽本（2007）

　相違点は，日本の場合は第二次大戦後，外部から強制的かつ急激に「帝国」が解体させられたのに対して，英国の「帝国」は内部から自生的かつ緩やかに解体していったことである。このように対照的な性質を持っているという意味で，国際移民と市民権との関係性を考察する際，英国をとりあげることは，日本を理解するという点でも意義深いものであった。

　しかしすべての研究の宿命としてその射程は限定されざるをえず，多くの事柄が今後の課題として残されている。

　第一に，国際移民と市民権との関係性という研究課題に対して，規範的アプローチと説明的アプローチが区別されうる。前者は「どのタイプの国際移民にどのようなタイプの市民権を付与するべきか」という規範的研究課題を志向する。一方，後者は「なぜこのようなタイプの市民権がこのタイプの国際移民に付与されるのか」という「説明」を研究課題として設定する。「国際移民の市民権」論では，ひとつの研究プロジェクトの中で，両者が峻別されることなく混在することがよくある。両者の混同を避けるために，本書では説明的アプローチに射程を限定した。したがって，規範的アプローチは今後の課題とならざるをえない。

　第二に，説明的アプローチの内部においてさえも，国際移民と市民権をめぐる問題は多様である。政策的観点に絞っても，表終-1の各セルが示すような政策課題が例えばありうる。説明的アプローチを実施する場合，その従属変数を確定しなくてはならない。政策出力と政策帰結という対概念を導入するなら

---

(1) Hollifield（2000）は，移民政策形成の説明およびその政策による国際移民の増減の説明のそれぞれに対して，政策出力（policy output）と政策帰結（policy outcome）という概念を適用している。

終章　国際移民と市民権の新たなガバナンスを求めて

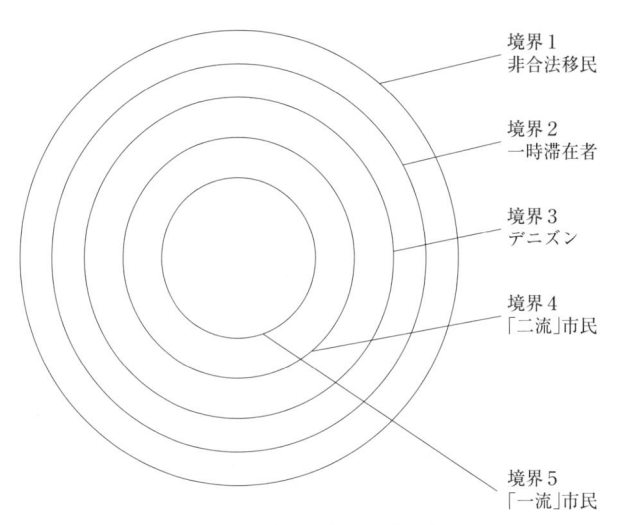

境界1
非合法移民

境界2
一時滞在者

境界3
デニズン

境界4
「二流」市民

境界5
「一流」市民

図終-1　ハマー＝小井土＝樽本モデル（HKTモデル）

ば，前者が「国際移民と市民権」に関して実行された政策それ自体を指すのに対して，後者はその政策によって産出された帰結を指す。さらには，国際移民を主な独立変数として市民権に関する政策出力や政策帰結を説明する場合もあれば，市民権を従属変数に置き政策出力や政策帰結の側面に着目して説明するという場合もありうる。今後は，それぞれを峻別しながら検討していく必要があろう。

　第三に，移民市民権は重層的かつ関連的である。例えば，ストック移民に対する市民権政策はフロー移民に対する市民権政策との関連で決定されることがよくある。したがって，例えばハマー＝小井土＝樽本モデル（HKTモデル）（図終-1）を用いて，市民権政策の重層性・関連性を分析することが課題として残されているのである。

　最後に，本書の後半は「緩やかな比較研究」と呼べる体裁をとっているものの，その内容ははなはだ不完全である。まずは比較の基準と要素をより精査しなくてはならない。また，英国と日本というふたつの社会への着目は，他の社

(2) HKTモデルについては，Tarumoto（2004 c, 2005），樽本（2007, 2009 b）を参照。

257

会をも含んだ分析視角へと発展していく必要がある。

　以上のような課題を通して国際移民と市民権をめぐるガバナンスを探究することは，21世紀における社会科学の最も大きな課題のひとつとして，今後も君臨し続けることであろう。そして特に国際社会学は，このそびえ立つ課題の探究に挑戦しなくてはならないのである。

参 照 文 献

阿部浩己 1998『人権の国際化——国際人権法の挑戦』現代人文社.
阿部浩己 2003『国際人権の地平』現代人文社.
明石純一 2010『入国管理政策——「1990年体制」の成立と展開』ナカニシヤ出版.
Aoki, Masahiko 2001 *Toward a Comparative Institutional Analysis*, Cambridge, Mass.: MIT Press.
蘭信三編 2000『「中国帰国者」の生活世界』行路社.
Arendt, Hannah 1958 *The Human Condition*, Chicago: University of Chicago Press. （＝1994 志水速雄訳『人間の条件』筑摩書房.）
Bagilhole, Barbara 1997 *Equal Opportunities and Social Policy*, Harlow: Longman.
Baldwin-Edwards, Martin 1991 Immigration after 1992, *Policy and Politics*, 19(3): 199-211.
Bauböck, Rainer 1994 *Transnational Citizenship: Membership and Rights in International Migration*, Aldershot: Edward Elgar.
Bartram, David 2000 Japan and Labor Migration: Theoretical and Methodological Implications of Negative Cases, *International Migration Review*, 34(1): 5-32.
BBC (British Broadcasting Corporation) 2009 Today: Friday 23rd October (http://news.bbc.co.uk/today/hi/today/newsid_8321000/8321710.stm; 2010年4月1日閲覧).
Blair, Tony 1998 *Leading the Way: A New Vision for Local Government*, London: Institute for Public Policy Research.
Blakemore, Kenneth and Robert F. Drake 1996 *Understanding Equal Opportunity Policies*, Hemel Hempstead: Prentice Hall/Harvester Wheatsheaf.
Bloemraad, Irene, Anna C. Korteweg and Gokce Yurdakul 2008 Citizenship and Immigration: Multiculturalism, Assimilation, and Challenges to the Nation-State, *Annual Review of Sociology*, 34: 153-179.
Bottomore, Tom 1992 Citizenship and Social Class, Forty Years on, T.H. Marshall and Tom Bottomore, *Citizenship and Social Class*, London: Pluto Press. （＝1994

岩崎信彦・中村健吾訳,「シティズンシップと社会的階級,その後の40年」『シティズンシップと社会的階級——近現代を総括するマニフェスト』法律文化社:131-168)

Bourn, Colin and John Whitmore 1996 *Anti-Discrimination Law in Britain*, London: Sweet and Maxwell.

Brubaker, William Rogers ed. 1989 *Immigration and the Politics of Citizenship in Europe and North America*, Lanham, MD: University Press of America.

Brubaker, William Rogers 1992 *Citizenship and Nationhood in France and Germany*, Cambridge, Mass.: Harvard University Press. (=2005 佐藤成基・佐々木てる監訳『フランスとドイツの国籍とネーション——国籍形成の比較歴史社会学』明石書店.)

Budge, Ian, Ivor Crewe, David McKay and Ken Newton 1998 *The New British Politics*, Harlow: Addison Wesley Longman.

Burnley Task Force 2001 *Burnley Task Force Report*, 11 December 2001.

Bunyan, Tony 1991 Towards an Authoritarian European State, *Race and Class,* 32 (3):19-27.

Castles, Stephen 1995 How Nation-State Respond to Immigration and Ethnic Diversity, *New Community,* 21(3):293-308.

Castles, Stephen 1997 Multicultural Citizenship: A Response to the Dilemma of Globalisation and National Identity, *Journal of Intercultural Studies*, 18(1):5-22.

Castles, Stephen 2003 Towards a Sociology of Forced Migration and Social Transformation, *Sociology,* 37(1):13-34.

Castles, Stephen and Alastair Davidson 2000 *Citizenship and Migration: Globalization and the Politics of Belonging*, London: Macmillan.

Castles, Stephen and Mark J. Miller 1993 *The Age of Migration: International Population Movements in the Modern World*, London: Macmillan. (=1996 関根政美・関根薫訳『国際移民の時代』名古屋大学出版会.)

Castles, Stephen and Mark J. Miller 2009 *The Age of Migration: International Population Movements in the Modern World* (4 th ed.), Basingstoke: Macmillan. (=2011 関根政美・関根薫訳『国際移民の時代』(第4版)名古屋大学出版会.)

Clarke, Paul Barry 1994 *Citizenship: Reader*, London: Pluto Press.

Commission for Racial Equality (CRE) 1997 *Racial Attacks and Harrassment, Factsheet*, London: CRE.

参照文献

Commission on the Future of Multi-Ethnic Britain 2000 *The Future of Multi-Ethnic Britain : The Parekh Report*, London : Profile Books.

Cornelius, Wayne A., Philip L. Martin and James F. Hollifield 1994, Introduction : The Ambivalent Quest for Immigration Control, Wayne A. Cornelius, Philip L. Martin and James F. Hollifield eds. *Controlling Immigration : A Global Perspective*, Stanford, CA : Stanford University Press : 3-41.

Cornelius, Wayne A. 1994 Japan : The illusion of Immigration Control, Wayne A. Cornelius, Philip L. Martin and James F. Hollifield eds. *Controlling Immigration : A Global Perspective*, Stanford, CA : Stanford University Press : 375-410

Cornelius, Wayne A., Takeyuki Tsuda, Philip L. Martin and James F. Hollifield eds. 2004 *Controlling Immigration : A Global Perspective* (2nd edition), Stanford : Stanford University Press.

Delanty, Gerard 2000 *Citizenship in a Global Age : Society, Culture, Politics*, Buckingham : Open University. (＝2004 佐藤康行訳『グローバル時代のシティズンシップ——新しい社会理論の地平』日本経済評論社 .)

Dummett, Ann 1994 The Acquisition of British Citizenship : From Imperial Tradition to National Definitions, Rainer Bauböck ed. *From Aliens to Citizens : Redefining the Status of Immigrants in Europe*, Aldershot : Avebury.

Ellis, Jean 1991 *Meeting Community Needs : A Study of Muslim Communities in Coventry, Monograph in Ethnic Relation No. 2*, Coventry : Centre for Research in Ethnic Relations.

遠藤乾 2002「思想としてのヨーロッパ統合——あるいは方法論的ナショナリズムへの懐疑」『創文』439 : 1-5.

遠藤乾編 2008『ヨーロッパ統合史』名古屋大学出版会.

Faist, Thomas and Peter Kivisto 2007 *Dual Citizenship in Global Perspective : From Unitary to Multiple Citizenship*, Basingstoke, Hampshire : Palgrave Macmillan.

Faulks, Keith 2000 *Citizenship*, London : Routledge.

Favell, Adrian 1998 Multicultural Race Relations in Britain : Problems of Interpretation and Explanation, Christian Joppke ed. *Challenge to the Nation-State : Immigration in Western Europe and the United States*, Oxford : Oxford University Press : 319-49.

Feldblum, Miriam, 1998, Reconfiguring Citizenship in Western Europe, Chiristian Joppke ed. *Challenge to the Nation-State: Immigration in Western Europe and the United States*, Oxford: Oxford University Press: 231-270.

Freeman, Gary P. 1992 Migration Policy and Politics in the Receiving States, *International Migration Review*, 26(4): 1144-67.

Freeman, Gary P. 1995 Modes of Immigration Politics in Liberal Democratic States, *International Migration Review*, 29(4): 881-913.

Freeman, Gary P. 1998 The Decline of Sovereignty? Politics and Immigration Restriction in Liberal States, Christian Joppke ed. *Challenge to the Nation-State: Immigration in Western Europe and the United States*, Oxford: Oxford University Press: 86-108.

Fryer, P. [1984] 1991 *Staying Power* (5 th edition), London: Pluto Press.

福井憲彦 1996「国民国家の形成」『岩波講座現代社会学第24巻 民族・国家・エスニシティ』岩波書店: 87-102.

Fukuoka, Yasunori 1996 Beyond Assimilation and Dissimilation: Diverse Resolutions to Identity Crises among Younger Generation Koreans in Japan, *Saitama University Review*, 31(2): 13-30.

福岡安則・金明秀 1997『在日韓国人青年の生活と意識』東京大学出版会.

Gay, Pat and Ken Young 1988 *Community Relations Councils: Roles and Objectives*, London: Commission for Racial Equality.

Goodwin-Gill, Guy S. 1978 *International Law and the Movement of Persons between States*, Oxford: Clarendon Press.

Gordon, Paul and Anne Newnham 1985 *Passport to Benefits?: Racism in Social Security*, London: Child Poverty Action Group and The Runnymede Trust.

Gosewinkel, Dieter 2001 Citizenship, Historical Development of, Neil J. Smelser and Paul Baltes eds. *International Encyclopedia of the Social & Bahavioral Sciences*, New York: Pergamon: 1852-7.

Guardian 2002 BNP Wins Third Burnley Seat after Recount (3 May 2002; http://politics.guardian.co.uk/farright/story/0,11375,709298,00.html; 2004年12月1日閲覧).

Guardian 2004 BNP Wins First London Seat since 1993 (17 September 2004; http:/politics.guardian.co.uk/farright/story/0,11375,1306828,00.html; 2004年12月1日閲覧).

Guardian 2009 EU Elections: BNP's Nick Griffin Wins Seat in European Parliament (http://www.guardian.co.uk/politics/2009/jun/07/european-elections-manchester-liverpool; 2010 年 4 月 1 日閲覧).

Guardian 2010 Ethnic Minorities to Make Up 20% of UK Population by 2051 (13 July 2010; http://www.guardian.co.uk/uk/2010/jul/13/uk-population-growth-ethnic-minorities; 2011 年 9 月 1 日閲覧).

Gurowitz, Amy 1999 Mobilizing International Norms: Domestic Actors, Immigrants, and the Japanese State, *World Politics,* 51(3): 413-45.

Habermas, Jürgen 1992. Citizenship and National Identity: Some Reflections on the Future of Europe, *Praxis International,* 12(1): 1-19.

Habermas, Jürgen 1994 Struggles for Recognition in the Democratic Constitutional State, Amy Gutmann ed. *Multiculturalism: Examining the Politics of Recognition*, Princeton: Princeton University Press: 107-48.

Halsbury's Statutes of England and Wales 4 ed. Volume 31 1994 London: Butterworths.

Hammar, Tomas 1990 *Democracy and the Nation State: Aliens, Denizens and Citizens in a World International Migration*, Aldershot: Avebury. (= 1999 近藤敦監訳『永住市民と国民国家──定住外国人の政治参加』明石書店.)

Hanami, Tadashi 1998 Japanese Policies on the Rights and Benefits Granted to Foreign Workers, Residents, Refugees and Illegals, Myron Weiner and Tadashi Hanami eds. *Temporary Workers or Future Citizens?* , Basingstoke, Hampshire: Macmillan.

Hansen, Randall 2002 Globalization, Embedded Realism, and Path Dependence: The Other Immigrants to Europe, *Comparative Political Studies*, 35(3): 259-83.

橋本寿朗 1998「20 世紀システムの形成と動揺」東京大学社会科学研究所編『20 世紀システム 1 構想と形成』東京大学出版会.

林瑞枝 1995「ヨーロッパ統合のなかで外国人は──国家と EU のはざまで」西川長夫・宮島喬『ヨーロッパ統合と文化・民族問題──ポスト国民国家時代の可能性を問う』人文書院: 70-105.

Heater, Derek 1990 *Citizenship: the Civic Ideal in World History, Politics and Education*, London: Longman.

Heater, Derek 1999 *What is citizenship?* , Cambridge: Polity Press; Malden, MA:

Blackwell.（＝2002 田中俊郎・関根政美訳『市民権とは何か』岩波書店.）
Hill, Michael J. and Ruth M. Issacharoff 1971 *Community Action and Race Relations*, London and New York : Oxford University Press.
廣田全男 2000「外国人市政参加の法的検討」宮島喬編『外国人市民と政治参加』有信堂高文社 : 58-74.
廣田全男 2001「定住外国人の地方参政権――憲法解釈をめぐる議論を中心に」NIRA・シティズンシップ研究会編著『多文化社会の選択――「シティズンシップ」の視点から』日本経済評論社 : 159-70.
Hollifield, James Frank 1992 *Immigrants, Markets, and States : The Political Economy of Postwar Europe*, Cambridge, Massachusetts : Harvard University Press.
Hollifield, James Frank 2000 The Politics of International Migration : How Can We "Bring the State Back In"?, Caroline Brettell and James Frank Hollifield eds. *Migration Theory : Talking Across Disciplines*, London and New York : Routledge.
Home Office 2001 *Building Cohesive Communities : A Report of the Ministerial Group on Public Order and Community Cohesion*.
法務省 2002「難民認定制度に関する検討結果――中間報告」（2002 年 11 月 1 日； http : // www.moj.go.jp/NYUKAN/nyukan 13-04.pdf； 2004 年 3 月 22 日閲覧）.
法務省 2003「難民認定制度に関する検討結果――最終報告」（2003 年 12 月 24 日； http : // www.moj.go.jp/NYUKAN/nyukan 13-04.pdf； 2004 年 3 月 22 日閲覧）.
法務省 2004 a （http : //www.moj.go.jp/PRESS/040227-1/040227-1-1.html； 2004 年 3 月 22 日閲覧）.
法務省 2004 b （http : //www.moj.go.jp/NYUKAN/yukan 13.html； 2004 年 3 月 22 日閲覧）.
法務省 2004 c （http : //www.moj.go.jp/NYUKAN/nyukan 07.html； 2004 年 6 月 1 日閲覧）.
法務省出入国管理局 1999『在留外国人統計』入管協会.
法務省出入国管理局 2009「平成 20 年末現在における外国人登録者統計について」（http : //www.moj.go.jp/nyuukokukanri/kouhou/press_090710-1_090710-1.html； 2011 年 3 月 3 日閲覧）.
本間浩 1990『難民問題とは何か』岩波書店.
本間浩 2001「日本の難民制度――国際法の立場から」難民問題研究フォーラム『難民と人権――新世紀の視座』現代人文社 : 9-26.

参照文献

一條都子 1995「イギリスの解体？──マルチ・ナショナル国家イギリスと EU」西川長夫・宮島喬『ヨーロッパ統合と文化・民族問題──ポスト国民国家時代の可能性を問う』人文書院 : 234-51.

稲上毅 1992「域内市場統合と社会政策──ヨーロッパの『社会的空間』のゆくえ」『季刊社会保障研究』28(2) : 114-25.

Inglis, Christine 1996 *Multiculturalism : New Policy Responses to Diversity : MOST Policy Papers 4*, Paris : UNESCO.

石川えり 2002「日本の難民受け入れ──その経緯と展望」駒井洋監修・編著『講座グローバル化する日本と移民問題第 1 期 1 巻 国際化のなかの移民政策の課題』明石書店 : 207-51.

イシカワ・エウニセ・アケミ 2003「ブラジル出移民の現状と移民政策の形成過程──多様な海外コミュニティーとその支援への取り組み」駒井洋監・小井土彰宏編『移民政策の国際比較』明石書店.

伊藤るり 1991「＜新しい市民権＞と市民社会の変容──移民の政治参加とフランス国民国家」宮島喬・梶田孝道編『統合と分化のなかのヨーロッパ』有信堂高文社 : 85-103.

Iwasawa, Yuji 1998 *International Law, Human Rights and Japanese Law : The Impact of International Law on Japanese Law*, Oxford : Clarendon Press.

Jacobson, David 1996 *Rights across Borders : Immigration and the Decline of Citizenship*, Baltimore : The Johns Hopkins University Press.

Jenkins, Richard and John Solomos eds. [1987] 1989 *Racism and Equal Opportunity Policies in the 1980 s*, Cambridge : Cambridge University Press.

Joly, Danièle 1996 *Heaven or Hell? : Asylum Policies and Refugees in Europe*, London : Macmillan.

Joly, Danièle 2002 Temporary Protection and the Bosnian Crisis : a Cornerstone of the New Regime, Danièle Joly ed. *Global Changes in Asylum Regimes : Closing Doors*, Basingstoke : Palgrave Macmillan.

Joppke, Christian ed. 1998a *Challenge to the Nation-State : Immigration in Western Europe and the United States*, Oxford : Oxford University Press.

Joppke, Christain 1998b Why Liberal States Accept Unwanted Immigration, *World Politics,* 50(2) : 266-293.

Joppke, Christian 1999 *Immigration and the Nation-State : the United States, Ger-*

many, and Great Britain, Oxford: Oxford University Press.

Joppke, Christian 2001 The Evolution of Alien Rights in the United States, Germany, and the European Union, T. Alexander Aleinikoff and Douglas Klusmeyer eds. *Citizenship Today: Global Perspective and Practice*, Washington D.C.: Carnegie Endowment for International Peace: 36-62.

梶田孝道 1992「同化・統合・編入――フランスの移民への対応をめぐる論争」梶田孝道・伊豫谷登士翁編『外国人労働者――現状から理論へ』弘文堂 : 205-54.

梶田孝道 1996「国際社会学とは何か」梶田孝道編『国際社会学（第2版）』名古屋大学出版会 : 1-26.

梶田孝道 1999「乖離するナショナリズムとエスニシティ――『日系人』における法的資格と社会学的現実との間」青井和夫・高橋徹・庄司興吉編『市民性の変容と地域・社会問題――21世紀の市民社会と共同性：国際化と内面化』梓出版社 : 139-65.

梶田孝道 2001 a「国際人権レジームのナショナルな基礎――EU諸国の外国人の権利保護への政策転換はいかにして生じたのか」『国際政治』128 : 84-99.

梶田孝道 2001 b「現代日本の外国人労働者政策・再考――西欧諸国との比較を通じて」梶田孝道編『講座社会変動第7巻　国際化とアイデンティティ』ミネルヴァ書房 : 184-219.

梶田孝道・丹野清人・樋口直人 2005『顔の見えない定住化――日系ブラジル人と国家・市場・移民ネットワーク』名古屋大学出版会.

上林千恵子 2002「日本の企業と外国人労働者・研修生」梶田孝道・宮島喬編『国際社会1　国際化する日本社会』東京大学出版会 : 69-96.

柄谷利恵子 2003「英国の移民政策と庇護政策の交錯」小井土彰宏編『移民政策の国際比較』明石書房.

Kashiwazaki, Chikako 1998 Jus Sanguinis in Japan: The Origin of Citizenship in a Comparative Perspective, Shiru Ishwaran ed. *International Journal of Comparative Sociology,* 39 Leiden, Boston, Köln: Brill, 278-300

Kashiwazaki, Chikako 1998 Citizenship, State Membership and Nationhood: Association or Dissociation?, *Research in Political Sociology,* 8 : 81-101 JAI Press.

Kashiwazaki, Chikako 2000 Citizenship in Japan: Legal Practice and Contemporary Development, T. Alexander Aleinikoff and Douglas Klusmeyer eds. *From Migrants to Citizens: Membership in a Changing World*, Washington D.C.: Carnegie Endowment for International Peace: 434-71.

参照文献

柏崎千佳子 2010「日本のトランスナショナリズムの位相——＜多文化共生＞言説再考」渡戸一郎・井沢泰樹編著『多民族化社会・日本——＜多文化共生＞の社会的リアリティを問い直す』明石書店：237-55.

川瀬俊治 1994「『韓国併合』前後の土木工事と朝鮮人労働者——宇治川電気工事と生駒トンネル工事」小松裕・金英達・山脇啓造編『「韓国併合」前の在日朝鮮人』明石書店：235-77.

木畑洋一 1994「帝国の残像——コモンウェルスにかけた夢」山内昌之・増田一夫・村田雄二郎編『帝国とは何か』岩波書店：203-23.

金英達 1994「在日朝鮮人社会の形成と 1899 年勅令第 352 号について」小松裕・金英達・山脇啓造編『「韓国併合」前の在日朝鮮人』明石書店：15-35.

木村幹 2006「在日韓国・朝鮮人問題と外国人参政権——錯綜する理論的根拠とその原因」河原祐馬・植村和秀編『外国人参政権問題の国際比較』昭和堂：253-83.

高鮮徽 1998『20 世紀の滞日済州島人——その生活過程と意識』明石書店.

河野勝 2006『制度からガヴァナンスへ——社会科学における知の交差』東京大学出版会.

小井土彰宏 2000「アメリカの移民規制とアムネスティ——日本の出入国管理政策との連関の中で」駒井洋・渡戸一郎・山脇啓造編『超過滞在外国人と在留特別許可——岐路に立つ日本の出入国管理政策』明石書店：44-50.

小井土彰宏 2002「NAFTA 圏と国民国家のバウンダリー——経済統合の中での境界の再編成」梶田孝道・小倉充夫編『国際社会 3 国民国家はどう変わるか』東京大学出版会：167-94.

小井土彰宏編 2003『移民政策の国際比較』明石書店.

Komai, Hiroshi 2000 Immigrants in Japan, *Asian and Pacific Migration Journal*, 9(3): 311-26.

駒井洋・渡戸一郎・山脇敬造編 2000『超過滞在外国人と在留特別許可』明石書店.

小松裕・金英達・山脇啓造編 1994『「韓国併合」前の在日朝鮮人』明石書店.

近藤敦 1996『「外国人」の参政権——デニズンシップの比較研究』明石書店.

近藤敦 2001『外国人の人権と市民権』明石書店.

Kondo, Atsushi ed. 2001 *Citizenship in a Global World : Comparing Citizenship Rights for Aliens*, Basingstoke, Hampshire : Palgrave

Koopmans, Ruud, Paul Statham, Marco Guigni and Florence Passy 2005 *Contested Citizenship : Immigration and Cultural Diversity in Europe*, Minneapolis/London ;

University of Minnesota Press.

Koslowski, Ray 1998 European Union Migration Regimes, Established and Emergent, Christian Joppke ed. *Challenge to the Nation-State : Immigration in Western Europe and the United States*, Oxford : Oxford University Press.

Krasner, Stephen D. 1982 Structural Causes and Regime Consequences : Regimes and Intervening Variables, *International Organization,* 36(2) : 185-205.

Krasner, Stephen D. 1988 Sovereignty : An Institutional Perspective, *Comparative Political Studies,* 21(1) : 66-94.

Krasner, Stephen D. 1993 Westphalia and All That, Judith Goldstein and Robert Keohane eds. *Ideas and Foreign Policy*, Ithaca : Cornell University Press.

Krasner, Stephen D. 2001「グローバリゼーション論批判──主権国家概念の再検討」（河野勝訳）渡邉昭夫・土山實男編『グローバル・ガヴァナンス』東京大学出版会 : 45-68.

久保山亮 2003「ドイツの移民政策──移民国型政策へのシフト？」小井土彰宏編『講座グローバル化する日本と移民問題 3 移民政策の国際比較』明石書店 : 117-78.

Kushner, Tony 1996 The Spice of Life? : Ethnic Difference, Politics and Culture in Modern Britain, David Cesarani and Mary Fulbrook eds. *Citizenship, Nationality and Migration in Europe*, London and New York : Routledge.

Kymlicka, Will 1995. *Multicultural Citizenship : A Liberal Theory of Minority Rights*, Oxford : Oxford University Press.（＝1998 角田猛之・石山文彦・山崎康仕監訳『多文化時代の市民権──マイノリティの権利と自由主義』晃洋書房.）

許淑真 1990a「日本における労働移民禁止法の成立──勅令第三五二号をめぐって」布目潮渢博士記念論集刊行会編集委員会編『東アジアの法と社会──布目潮渢博士古稀記念論集』汲古書院 : 553-80.

許淑真 1990b「労働移民禁止法の施行をめぐって──大正13年の事例を中心に」『社会学雑誌』（神戸大学社会学研究会）: 102-19.

Layton-Henry, Zig 1985 Great Britain, Tomas Hammar ed. *European Immigration Policy*, Cambridge : Cambridge University Press : 89-126.

Layton-Henry, Zig 1990 The Challenge of Political Rights, Zig Layton-Henry ed. *The Political Rights of Migrant Workers in Western Europe*, London : Sage Publications : 1-26.

Layton-Henry, Zig 1992 *The Politics of Immigration : Immigration, 'Race' and 'Race'*

Relations in Post-war Britain, Oxford: Blackwell.

Leach, Robert and Janie Percy-Smith 2001 *Local Governance in Britain*, Basingstoke: Palgrave.

Luhmann, Niklas 1972 *Rechtssoziologie*, Reinbeck bei Hamburg: Rowohlt Taschenbuch Verlag. (=1977 村上淳一・六本佳平訳『法社会学』岩波書店.)

Macdonald, Ian 1987 *Immigration Law and Practice in the United Kingdom* (2nd ed.), London: Butterworths.

松岡真理恵 2001「地域の政治問題と化す外国人集住の現状と地域での取り組みの限界——愛知県豊田市保見団地の事例から考える」梶田孝道編『国際移民の新動向と外国人政策の課題——各国における現状と取り組み』(法務省東京入国管理局報告書): 215-237.

Marshall, Thomas Humphrey, [1950] 1992, Citizenship and Social Class, in T.H. Marshall and Tom Bottomore, *Citizenship and Social Class*, London: Pluto Press. (=1994 岩崎信彦・中村健吾訳「シティズンシップと社会的階級」『シティズンシップと社会的階級——近現代を総括するマニフェスト』法律文化社); in Thomas Humphrey Marshall, 1963, *Sociology at the Crossroads and Other Essays*, London: Heineman. (=1998 岡田藤太郎・森定玲子訳,『社会学・社会福祉論集——『市民資格と社会的階級』他』相川書房.)

Martin, David ed. 1988 *The New Asylum Seekers: Refugee Law in the 1980s*, Dordrecht: Martinus Nijhoff.

Martin, Philip L. 2004 Germany: Managing Migration in the Twenty-First Century, Wayne A. Cornelius, Takeyuki Tsuda, Philip L. Martin and James F. Hollifield eds. *Controlling Immigration: A Global Perspective* (2nd edition), Stanford: Stanford University Press: 221-53.

Massey, Douglas S. 1987 *Return to Aztlan: The Social Processes of International Migration from Western Mexico*, Berkeley and Los Angeles: University of California Press.

McBride, Michael J. 1999 Migrants and Asylum Seekers: Policy Responses in the United States to Immigrants and Refugees from Central America and the Caribbean, *International Migration*, 37(1): 289-317.

McLeod, Mike 1996 *Managing Change: The Black Voluntary Sector in the West Midlands*, Coventry: University of Warwick.

McLeod, Mike, David Owen and Chris Khamis 2001 *Black and Minority Ethnic Voluntary and Community Organisation*, London : Policy Studies Institute.

Meehan, Elizabeth 1993 *Citizenship and the European Community*, London : Sage.

法務省 2002「難民認定制度に関する検討結果——中間報告」(2002年11月1日) (http://www.moj.go.jp/NYUKAN/nyukan13-04.pdf; 2004年3月22日閲覧).

法務省 2003「難民認定制度に関する検討結果——最終報告」(2003年12月24日) (http://www.moj.go.jp/NYUKAN/nyukan13-12.pdf; 2004年3月22日閲覧).

宮島喬 1991「『国境なきヨーロッパ』と移民労働者——EC統合下の問題のゆくえ」宮島喬・梶田孝道編『統合と分化のなかのヨーロッパ』有信堂高文社.

宮島喬編 2000『外国人市民と政治参加』有信堂高文社.

Money, Jeannette 1999 *Fences and Neighbors : The Political Geography of Immigration Control*, New York : Cornell University Press.

モーリス＝スズキ, テッサ 2002『批判的想像力のために——グローバル化時代の日本』平凡社.

Mukae, Ryuji 2001 *Japan's Refugee Policy : To Be of the World*, Fucecchio, Italy : European Press Academic Publishing.

中野秀一郎 1993「インドシナ難民」中野秀一郎・今津孝次郎編『エスニシティの社会学——日本社会の民族構成』世界思想社.

難波満 2003「出入国管理及び難民認定法61条の2第2項(いわゆる60日条項)の難民条約適合性と同項ただし書の『やむを得ない事情』の意義」『国際人権』14: 135-7.

難民問題研究フォーラム 2001『難民と人権——新世紀の視座』現代人文社.

西山康雄・西山八重子編著 2008『イギリスのガバナンス型まちづくり——社会的企業による都市再生』学芸出版社.

布川弘 1989「内地雑居と外国人労働者排除の法制度——神戸沖仲仕組合の成立を中心として」『市場史研究』6: 37-52.

OECD 1995 *Trends in International Migration : Annual Report 1994 SOPEMI*, Paris : OECD.

OECD 1997 *Trends in International Migration : Annual Report 1996 SOPEMI*, Paris : OECD.

OECD 2001 *Trends in International Migration : Annual Report 2001 SOPEMI*, Paris : OECD.

OECD 2008 *International Migration Outlook: SOPEMI 2011*, Paris: OECD Publishing.（http://dx.doi.org/10.1787/migr_outlook-2011-en）

OECD 2011 *International Migration Outlook: SOPEMI 2011*, Paris: OECD Publishing.（http://dx.doi.org/10.1787/migr_outlook-2011-en）

小熊英二 1995『単一民族神話の起源――「日本人」の自画像の系譜』新曜社.

小倉充夫 2002「国際社会学序説――現代世界と社会学の課題」小倉充夫・加納弘勝編『講座社会学16 国際社会』東京大学出版会：1-30.

大原晋・高橋宗瑠 2001「連合王国の難民認定手続き」難民問題研究フォーラム編『難民と人権――新世紀の視座』現代人文社：75-90.

岡村美保子 2003「短報 重国籍――我が国の法制と各国の動向」『レファレンス』634（国立国会図書館 2003年11月）(http://www.ndl.go.jp/jp/data/publication/refer/200311_634/063403.pdf；2010年4月6日閲覧).

Oldham Independent Review 2001 *Report 2001*.

大沼保昭 1993『新版 単一民族社会の神話を超えて――在日韓国・朝鮮人と出入国管理体制』東信堂.

大澤真幸 2000「責任論――自由な社会の倫理的根拠として」『論座』1月号：158-99.

大澤真幸 2002『文明の内なる衝突――テロ後の世界を考える』（NHKブックス）日本放送協会.

太田晴雄 2002「教育達成における日本語と母語――日本語至上主義の批判的検討」宮島喬・加納弘勝編『国際社会2 変容する日本社会と文化』東京大学出版会： 93-118.

Owen, David 1996 Size, Structure and Growth of the Ethnic Minority Populations, David Coleman and John Salt eds. *Ethnicity in the 1991 Census: Volume 1 Demographic Characteristics of the Ethnic Minority Population*, London: HMSO: 80-123.

Owen, David, Anne Green, Jane Pither and Malcolm Maguire 2000 *Minority Ethnic Participation and Achievements in Education, Training and the Labour Market*, Department for Education and Employment Research Report 225, Nottingham: DfEE.

Peach, Ceri 1990 Estimating the Growth of the Bangladeshi Population of Great Britain, *New Community,* 16(4): 481-91.

Poggi, Gianfranco 1978 *The Devolopment of the Modern State: A Sociological Introduction*, Stanford: Stanford University Press.

Portes, Alejandro 1995 Economic Sociology and the Sociology of Immigration : A Conceptual Overview, Alejandro Portes ed. *The Economic Sociology of Immigration : Essays on Networks, Ethnicity, and Entrepreneur*, New York : Russell Sage Foundation : 1-41.

Portes, Alejandro 1996 Transnational Communities : Their Emergence and Significance in the Contemporary World-System, R. P. Korzeniewidcz and W. C. Smith eds. *Latin America in the World Economy*, Westport, Conn. : Greenwood.

Rex, John 1997 The Concept of a Multicultural Society, Montserrat Guibernau and John Rex eds. *The Ethnicity Reader : Nationalism, Multiculturalism and Migration*, Cambridge : Polity Press. (Reprinted from : 1985 *The Concept of a Multi-Cultural Society, Occasional Papers, No.2*, Centre for Research in Ethnic Relations, University of Warwick, Coventry, UK.)

Rex, John and Beatrice Drury eds. 1994 *Ethnic Mobilisation in a Multi-Cultural Europe*, Aldershot : Avebury.

Rex, John and Yunas Samad 1996 Multi-Culturalism and Political Integration in Birmingham and Bradford, *Innovation,* 9(1) : 11-31.

Robinson, Vaughan 2003 Dispersal Policies in the UK, Vaughan Robinson, Roger Andersson, and Sako Musterd eds. *Spreading The 'Burden'? : A Review of Policies to Disperse Asylum Seekers and Refugees*, Bristol : Polity Press : 103-48.

労働省職業安定局 1991『外国人労働者問題の動向と視点——外国人労働者が労働面等に及ぼす影響等に関する研究会報告書』労務行政事務所.

Ruggie, John Gerard 1998 *Constructing the World Polity : Essays on International Institutionalization*, New York : Routledge.

Runnymede Trust Commission on the Future of Multi-Ethnic Britain 2000 *The Future of Multi-Ethnic Britain*, London : Profile Books.

佐久間孝正 1993『イギリスの多文化・多民族教育——アジア系外国人の生活・文化・宗教』国土社.

佐久間孝正 2011『在日コリアンと在英アイリッシュ——オールドカマーと市民としての権利』東京大学出版会.

参議院「議案情報」(http://www.sangiin.go.jp/japanese/joho1/kousei/gian/177/gian.htm ; 2011年8月26日取得).

佐野哲 2002「外国人研修・技能実習制度の構造と機能」駒井洋編『講座グローバル化

する日本と移民問題1 国際化のための移民政策の課題』明石書店:91-129.
Sassen, Saskia 1991 *The Global City : New York, London, Tokyo*, Princeton, N.J. : Princeton University Press.
Sassen, Saskia 1993 Economic Internationalization : The New Migration in Japan and the United States, *International Migration,* 13(1) : 73-102.
Sassen, Saskia 1996 *Losing Control : Sovereignty in an Age of Globalization*, New York : Colombia University Press. (=1999 伊豫谷登士翁訳,『グローバリゼーションの時代──国家主権のゆくえ』平凡社.)
Sassen, Saskia 1998 The *de facto* Transnationalizing of Immigration Policy, Christian Joppke ed. *Challenge to the Nation-State : Immigration in Western Europe and the United States*, Oxford : Oxford University Press : 49-85.
Schnapper, Dominique 1994 *La communauté des citoyens : sur l'idee moderne de nation*, Paris : Gallimard.
盛山和夫 1995『制度論の構図』創文社.
盛山和夫 2001「規範はいかに語られうるか──自明世界の亀裂と学知」『アスティオン』56 : 43-64.
Sellek, Yoko 2001 *Migrant Labour in Japan*, Basingstoke, Hampshire : Palgrave.
関根政美 2000『多文化主義社会の到来』朝日新聞社.
Shafir, Gershon ed. 1998 *The Citizenship Debate : A Reader*, Minneapolis : University of Minnesota Press.
下平好博 1999「外国人労働者──労働市場モデルと定着化」稲上毅・川喜多喬編『講座社会学6 労働』東京大学出版会:233-71.
塩原良和 2005『ネオ・リベラリズムの時代の多文化主義』三元社.
衆議院「議案」(http://www.shugiin.go.jp/index.nsf/html/index_gian.htm ; 2011年8月26日取得).
Solomos, John 1989 *From Equal Opportunity to Anti-Racism : Racial Inequality and the Limits of Reform*, (Policy Paper in Ethnic Relations No. 17) Coventry : Centre for Research in Ethnic Relations, University of Warwick.
Solomos, John [1989] 1993 *Race and Racism in Britain*, Basingstoke : Macmillan.
総務省 2009「在外投票について」(http://www.soumu.go.jp/senkyo/hoho.html ; 2011年7月29日取得).
Soysal, Yasemin Nuhoğlu 1994 *Limits of Citizenship : Migrants and Postnational Mem-*

bership in Europe, Chicago: University of Chicago Press.

菅原尚子 2003「ゆらぐ英国の多文化主義――『ブラッドフォード暴動』(2001年7月)が提起したもの」渡戸一郎・広田康生・田嶋淳子編『都市的世界／コミュニティ／エスニシティ――ポストメトロポリス期の都市エスノグラフィ集』明石書店 : 145-166.

徐龍達編著 1992『定住外国人の地方参政権――開かれた日本社会をめざして』日本評論社.

徐龍達編著 1995『共生社会への地方参政権』日本評論社.

鈴木江理子 2009『日本で働く非正規滞在者――彼らは「好ましくない外国人労働者」なのか？』明石書店.

Takeda, Isami 1998 Japan's Responses to Refugees and Political Asylum Seekers, Myron Weiner and Tadashi Hanami eds. *Temporary Workers or Future Citizens？*, Basingstoke, Hampshire: Macmillan: 431-51.

竹中康之 1992「ヨーロッパ統合と社会保障――『社会保障の連携化』に焦点をあてて」『季刊社会保障研究』28(2):143-52.

竹中康之 1995「人の自由移動――出入国，居住の権利を中心にして」金丸輝男編『ECからEUへ――欧州統合の現在』創元社 : 206-11.

Tambini, Damian 2001 Post-national Citizenship, *Ethnic and Racial Studies,* 24 (2) : 195-217.

Tannahill, J. A. 1958 *European Volunteer Workers in Britain*, Manchester: Manchester University Press.

丹野清人・川本浩之 2000「日系人労働者の定住化の進展と外国人問題の課題の広がり――デカセギの定住・定着化が引き起こす日本滞在中の具体的なトラブル」梶田孝道編『人の国際移動と現代国家――移民環境の激変と各国の外国人政策の変化』(法務省入国管理局委託研究報告書):170-82.

樽本英樹 1996「エスニック・デュアリズムの存続と変容――1970年代英国におけるエスニック階層変動」『社会学評論』47(2):32-45.

樽本英樹 1997a「英国都市部における移民の住宅階層」『都市問題』1997年1月号:79-88.

樽本英樹 1997b「英国におけるエスニック・デュアリズムと市民権」『北海道大学文学部紀要』45(3):273-296.

樽本英樹 2000「社会学的市民権論の性能と課題――比較移民政策論と戦後英国の経験

から」『年報社会学論集』13：1-13.

樽本英樹 2001a「国際移民時代における市民権の問題」『社会学評論』51(4)：4-19.

樽本英樹 2001b「ポストナショナル市民権は可能か——『アイデンティティの先験的選択』からの批判的検討」梶田孝道編『講座社会変動第7巻 国際化とアイデンティティ』ミネルヴァ書房：94-120.

樽本英樹 2002「『人種暴動』の国際社会学・序説」『現代社会学研究』15：83-96.

樽本英樹 2007「国際移民と市民権の社会理論——ナショナルな枠と国際環境の視角から」『社会学評論』57(4)：708-26.

樽本英樹 2009a『よくわかる国際社会学』ミネルヴァ書房.

樽本英樹 2009b「理論的アクチュアリティの探究——国際社会学から社会学一般へ」『現代社会学理論研究』3：3-15.

Tarumoto, Hideki 2002 The "Challenge to the Citizenship" Debate Reconsidered from Japanese Experiences (Session 3 Migration and Citizenship, Research Committee on Sociology of Migration, RC 31, XV ISA World Congress of Sociology, Brisbane, Australia, July 7-13, 2002).

Tarumoto, Hideki 2003 The Japanese Model of Immigration and Citizenship? : The "Challenge to the Citizenship" Debate Reconsidered『北海道大学文学研究科紀要』110：129-58.

Tarumoto, Hideki 2004a Is State Sovereignty Declining? : An Exploration from Asylum Policy in Japan, *International Journal on Multicultural Societies,* 6(2)：133-51.

Tarumoto, Hideki 2004b Multiculturalism in Japan : Citizenship Policy for Immigrants, John Rex and Gurharpal Singh eds. *Governance in Multicultural Societies*, Aldershot : Avebury : 214-26.

Tarumoto, Hideki 2004c Towards a Theory of Multicultural Societies, 北海道大学大学院文学研究科社会システム科学講座編『現代社会の社会学的地平——小林甫教授退官記念論文集』：84-96.

Tarumoto, Hideki 2005 Un nouveau modèle de politique d'immigration et de citoyenneté? : approche comparative à partir de l'expérience japonaise, *Migration Société*, Vol. 17, n° 102：305-37 (Traduit de l'anglais par Catherine Wihtol de Wenden).

Tarumoto, Hideki 2010 Towards a New Migration Management : Care Immigration Policy in Japan (International Workshop : 'Disciplining Global Movements : Migration Management and its Discontents', University of Osnabrück, Osnabrück, Germany, November 13 2010).

Taylor, Charles 1994 The Politics of Recognition, Amy Gutmann ed. *Multiculturalism : Examining the Politics of Recognition*, Princeton : Princeton University Press : 25-73.

Thomas, Huw 2000 *Race and Planning : The UK Experience*, London : UCL Press.

Thomas, Huw and Vijay Krishnarayan 1994 *Race Equality and Planning : Policies and Procedures*, Aldershot : Avebury.

Tocqueville, Alexis de 1952 *L'ancien regime et la revolution*, OEuvres completes t.2 vol.1, Gallimard. (＝1998 小山勉訳『旧体制と大革命』筑摩書房.)

土岐日名子 2001「国境を超えるNGOの活動」難民問題研究フォーラム編『難民と人権——新世紀の視座』現代人文社 : 60-72.

戸谷哲郎 2003『金融ビッグバンの政治経済学』東洋経済新報社.

都築くるみ 1997「共生」駒井洋他編『新来・定住外国人がわかる事典』明石書店 : 154-7.

都築くるみ 1998「エスニック・コミュニティの形成と『共生』——豊田市H団地の近年の展開から」『日本都市社会学会年報』16 : 89-102.

国連難民高等弁務官事務所（UNHCR）編、本間浩監修 1987『難民に関する国際条約集』UNHCR駐日事務所.

Virdee, Satnam 1995 *Racial Violence and Harassment*, London : Policy Studies Institute.

Weber, Max [1981] 1998 Citizenship in Ancient and Medieval Cities, Gershon Shafir ed. *The Citizenship Debate : A Reader*, Minneapolis : University of Minnesota Press : 43-9.

若松邦弘 1995「イギリスにおける人種関係政策の展開と現状」『国際政治　エスニシティとEU』110 : 23-38.

Walzer, Michael 1983 *Spheres of Justice : A Defence of Pluralism and Equality*, New York : Basic Books. (＝1999 山口晃訳『正義の領分——多元性と平等の擁護』而立書房).

渡戸一郎 2007「社会の構成員としての外国人とシティズンシップ」渡戸一郎・鈴木江理子・A.P.F.S.『在留特別許可と日本の移民政策——「移民選別」時代の到来』明石書店 : 25-35.

渡戸一郎 2010「外国人政策から移民政策へ——新たな社会ビジョンとしての『多民族化社会・日本』」渡戸一郎・井沢泰樹編著『多民族化社会・日本——＜多文化共生＞の社会的リアリティを問い直す』明石書店：257-76．

Weiner, Michael 2000 Japan in the Age of Migration, Mike Douglass and Glenda S. Roberts eds. *Japan and Global Migration: Foreign Workers and the Advent of a Multicultural Society*, London: Routledge: 52-69.

Weiner, Myron and Tadashi Hanami eds. 1998 *Temporary Workers or Future Citizens?*, Basingstoke, Hampshire: Macmillan.

Yamanaka, Keiko 1993 New Immigration Policy and Unskilled Foreign Workers in Japan, *Pacific Affairs*, 66(1): 72-90.

Yamanaka, Keiko 1994 Commentary: Theory versus Reality in Japanese Immigration Policy, Wayne A. Cornelius, Philip L. Martin and James F. Hollifield eds. *Controlling Immigration: A Global Perspective*, Stanford, CA: Stanford University Press: 411-4.

山脇啓造 1994a『近代日本と外国人労働者——1980年代後半と1920年代前半における中国人・朝鮮人労働者問題』明石書店．

山脇啓造 1994b「『韓国併合』以前の日本における朝鮮人労働者の移入問題」小松裕・金英達・山脇啓造編『「韓国併合」前の在日朝鮮人』明石書店：81-129．

山脇啓造 1996「もう一つの開国——明治日本と外国人」伊豫谷登士翁・杉原達編『講座外国人定住問題第1巻 日本社会と移民』明石書店：55-89．

Yamawaki, Keizo 2000 Foreign Workers in Japan: A Historical Perspective, Mike Douglass and Glenda S. Roberts eds. *Japan and Global Migration: Foreign Workers and the Advent of a Multicultural Society*, London: Routledge: 38-51.

山脇啓造 2001「戦後日本の外国人政策と在日コリアンの社会運動」梶田孝道編『講座社会変動第7巻 国際化とアイデンティティ』ミネルヴァ書房：286-318．

吉原直樹 2000「地域住民組織における共同性と公共性——町内会を中心として」『社会学評論』50（4）：572-85．

吉原直樹 2008「ローカル・ガヴァナンスと『開かれた都市空間』」『社会学年報』37：17-29．

Young, Iris Marion 1990 *Justice and the Politics of Difference*, Princeton, N.J.: Princeton University Press.

Zolberg, Aristide R. 2000 Introduction (for Part Four: Ethnic Republics?: Citizenship in Israel and Japan), T. Alexander Aleinikoff and Douglas Klusmeyer eds. *From Migrants to Citizens: Membership in a Changing World*, Washington D.C.: Carnegie Endowment for International Peace: 383-5.

あとがき

　本書の構想の端緒は，10年以上前にさかのぼる。文部省在外研究員（当時）の資格を得て2001年3月英国へ渡り，ウォーリック大学（University of Warwick）のエスニック関係研究センター（the Centre for Research in Ethnic Relations, CRER）に籍を置いた。研究センターへは，大学院博士課程の後半以降，毎年訪れ研究活動をさせていただいていたものの，長期の滞在はこれが初めてだった。初代センター長のジョン・レックス（John Rex）名誉教授が「おまえはいつ来るんだ。早く来い。」とおっしゃり始めてから，7年が経過していた。

　滞在を始めてしばらくして，モハンマド・アンワル（Muhammad Anwar）教授から月一度開かれていたセンターの研究セミナーで発表しないかと打診があった。ただし，条件があった。「われわれはヨーロッパの事はよく知っている。日本のことを話してほしい。」正直言ってとまどった。私は英国の移民事情を研究するため英国へと渡ったのであり，恥ずかしながら当時日本のことをあまり知らなかったのである。入手可能な文献やデータをかき集め発表の準備をしたところ，セミナーには，アンワル教授をはじめレックス教授，センター長のダニエル・ジョリ（Danièle Joly）教授，ボブ・カーター（Bob Carter）講師，デヴィッド・オーウェン（David Owen）博士など研究所の蒼々たる面々だけではなく，クリストフ・ベルトシ（Christophe Bertossi），ムザンメル・クラシ（Muzammil Quraishi）といった若手の研究者や院生たち，研究所外からも日本に興味を持つ研究者が集った。その結果，私のつたない英語にもかかわらず，セミナーが盛り上がりを見せたのは驚きだった。そこで，「日本のことを知りたいという海外の研究者たちの関心に応えなければならない」という想いを強くした。

　ほぼ同じ時期，いつものように研究センターの資料室で文献収集や論文執筆

をしていると,たまたまステファン・カッスルズ(Stephen Castles)教授がお寄りになった。当時オックスフォード大学難民研究センターにセンター長として赴任したばかりで,学生向けの講演をするためウォーリック大学を訪問したのだった。私が日本からやってきた者で,授業であなたの本を教科書として使ったことがあると言うやいなや語り始めた。「池袋や新宿に外国人が集住しているそうだな。それは知っている。でも日本が全体として外国人や移民に関してどうなっているかがよくわからない。」このお話も,私にひらめきを与えてくれた。すなわち,日本の移民・外国人に関する研究をマクロな視点から行うことはできないか,できれば英国と比較することでそれを行えないかという着想を与えてくれたのである。

しかしその後,本書を完成させるまでには10年の歳月を要することになる。残念ながら,2011年9月をもってウォーリック大学エスニック関係研究センターは閉じてしまった。これを見届けたかのように,レックス教授は2011年12月に亡くなられてしまった。このような残念な出来事をうけて本書が出版されることに,偶然以上のものを感じてしまっている。

各章の元になった初発のアイデアは,以下の既発表論文に収められている。ただし,大幅に書き改めアイデアを発展させることで,本書が執筆された。各媒体の編集および出版に尽力してくださった方々に御礼申し上げたい。

序　章　樽本英樹　2001「国際移民時代における市民権の問題」『社会学評論』51 (4) : 4-19.

第1章・第2章　樽本英樹　2001「ポストナショナル市民権は可能か——『アイデンティティの先験的選択』からの批判的検討」梶田孝道編『講座社会変動第7巻　国際化とアイデンティティ』ミネルヴァ書房:94-120.

第3章　樽本英樹　1997「英国におけるエスニック・デュアリズムと市民権」『北海道大学文学部紀要』45 (3) : 273-296.

第4章　樽本英樹　2002「『人種暴動』の国際社会学・序説」『現代社会学研

究』15：83-96.

第5章 Tarumoto, Hideki 2007 Ethnic Equality Policy and Local Governance : A British Case,『北海道大学文学研究科紀要』122：157-79.

第6章 Tarumoto, Hideki 2003 The Japanese Model of Immigration and Citizenship? : The "Challenge to the Citizenship" Debate Reconsidered,『北海道大学文学研究科紀要』110：129-58.

第7章 Tarumoto, Hideki 2003 Multiculturalism in Japan : Citizenship Policy for Immigrants, *International Journal on Multicultural Societies*, 5（1）：88-103.（in John Rex and Gurharpal Singh eds. *Governance in Multicultural Societies,* Aldershot : Avebury : 214-26.）

第8章 Tarumoto, Hideki 2004 Is State Sovereignty Declining? : An Exploration of AsylumPolicy in Japan, *International Journal on Multicultural Societies,* 6（2）：133-51.

終 章 書き下ろし

執筆過程に入って以後10年ほどの間，様々なことがあった。研究上では国際学会での発表や論文投稿を自分に義務として課し，稚拙な自分の研究姿勢および研究内容を鍛え上げようとした。また，『よくわかる国際社会学』（ミネルヴァ書房）という著書を2009年に上梓する機会を得た。この執筆にまる3年が費やされることになった。

このような状況においても本書を書き進めることができたのは，多くの方々からご支援とご声援をいただいたおかげである。

出身校である東京大学文学部・大学院人文社会系大学院の先生方，先輩，同輩，後輩のみなさんには多くの学術的刺激をいただいた。特に，長らく指導教官を務めてくださった盛山和夫先生のご退職と同時期に出版にこぎつけることができたことで，学恩に謝することができたのではないかとうれしく思っている。勤務校である北海道大学大学院文学研究科および同研究科社会システム科学講座の先生方，事務の方々，学生諸君にも陰に陽に様々なご支援や刺激をい

ただいた。また，国際学会，国内学会などで様々な研究者の方々のご支援もいただいてきた。もちろん，その方々の優れた研究が本書の糧になっている。触れることができなかったものも多く反省しなければならないけれども，ぜひとも今後の課題とさせていただきたい。そして，『よくわかる国際社会学』に引き続き，ミネルヴァ書房のご厚意および同書房の涌井格さんのまさにプロフェッショナルと言える編集力が出版の後押しをしてくださった。感謝の意を表したい。

本書の完成までに以下のような少なからぬ研究助成をいただき研究を進めることができたことも，記しておかなくてはならない。文部科学省科学研究費補助金若手研究（B）（「国際移民の市民権に関する研究」2002-2004 年度），文部科学省科学研究費補助金基盤研究（C）（一般）（「国際移民による国家主権の衰退に関する社会学的研究」2005-2007 年度，「トランスナショナリズムと市民権制度の変容」2008-2010 年度，「市民権制度のポストナショナルな変容に関する国際比較研究」2011-2013 年度），三菱財団人文科学研究助成（「国際人権レジームの移民政策への効果に関する比較研究」2005 年度），北海道大学グローバル COE プログラム「境界研究の拠点形成：スラブ・ユーラシアと世界」。そして出版に関しては，北海道大学大学院文学研究科平成 23 年度一般図書出版助成を受けることができた。関係者の方々に御礼申し上げたい。

まったく順調とは言い難い執筆過程において，プライベートでも多くの方々に助けていただいた。まずは，小中高大院そして社会人時代と積み重なった友人たちの私心なき声援は私の宝である。名古屋の両親や家族は私を大学院まで進学させてくれただけでなく，すでに大学教員になった現在においても要所要所であたたかい心遣いをしてくれている。また，研究にめげそうになったとき，読書好きな萌子の笑顔がどれだけ励みになったかわからない。本書を通じて少しでも感謝の気持ちが伝わったらと思っている。

最後に，私の研究にはまったく無頓着な様子で独特の創作料理と風変わりな

あとがき

話題を次々に繰り出して本書の難産を和らげてくれた，むいなに本書をこっそり贈っておこう。

2012 年 1 月 25 日
　　札幌の研究室の窓から白銀のテニスコートを眺めながら

樽 本 英 樹

人名索引

あ 行

青木昌彦 127
明石純一 179
アリストテレス 29
石川えり 231
石原慎太郎 49, 183
伊藤るり 6
ウィリー, F. 128
ヴェーバー, M. 30
ウォルツァー, M. 60
大澤真幸 61, 119
緒方貞子 234

か 行

梶田孝道 58
柏崎千佳子 165
カッスルズ, S. 205, 213
カント, I. 33, 36
キムリッカ, W. 67, 206
キャントル, T. 117
クープマンズ, R. 212
クラズナー, S. 35, 56, 218
グリフィン, N. 14
ケリー, D. 14
皇帝コンスタンティヌス 29
コーネリアス, W. A. 11
ゴンザレス, E. 1, 2, 7

さ 行

サッセン, S. 11
サッチャー, M. 89, 130
サマド, Y. 191
ジェンキンス, R. 87
ジジェク, S. 119
下稲葉耕吉 235

シン, G. 118
スティーブン, L. 2, 8, 116
聖アウグスティヌス 30
ソイサル, Y. N. 11, 18, 37, 38, 63, 219

た 行

タウンゼント, J. 115
テイラー, C. 206
土岐日名子 234

な 行

野沢太三 237

は 行

バートラム, D. 170
ハイダー, J. 2
パウエル, E. 85
ハタスリー, R. 84
ハバーマス, J. 39, 67, 119, 207
ハマー, T. 18, 21, 37, 158
ハワード, M. 114
ビーコン, D. 14
ヒーター, D. 53
平松守 48
フェルドラム, M. 41
ブランケット, D. 117, 118
ブルーベイカー, W. R. 5, 6, 39, 40, 52, 55
ブロムラード, I. 41-43, 45
ヘーゲル, G. W. H. 33
ヘンリ7世 56
ボアソナード・ド・フォンタラビエ, G. E. 165
ボウバック, R. 36, 37
ボーダン, J. 32, 33
保坂展人 235
ボットモア, T. 5
ホッブズ, T. 32, 33

285

ホリフィールド, J. 40, 241, 256

　　　　　ま　行

マーシャル, T. H. 4, 8, 51-53, 75
マートン, R. 122
マクリーン, R. A. 171
マックロード, M. 141
マルクス, K. 33
メイジャー, M. 130
目黒依子 236
モーリス＝スズキ, T. 213
森山真弓 236
森喜朗 236

　　　　　や　行

ヤコブソン, D. 37, 38, 57, 58, 60, 219
ヤング, I. M. 67, 206
吉原直樹 21
ヨプケ, C. 34, 40-44

　　　　　ら　行

レックス, R. 191
ロールズ, J. 119
ローレンス, S. 131
ロック, J. 33

　　　　　わ　行

渡戸一郎 70

事項索引

あ 行

IMF 40
アイデンティティ 54, 61, 70, 126, 243
　　――への挑戦 61
　　集合的―― 57, 62
　　脱領域化―― 57, 58
アイデンティティの先験的選択 61-64, 70, 244
アイヌ文化 198
アフリカ統一機構 223
アフリカにおける難民問題の特殊な側面を統治するための条約（1969年） 223
アムネスティ 50, 182, 185, 186, 209
　　――・インターナショナル 234
アメリカ合衆国憲法 224
アメリカ独立戦争 30, 33
安全な第三国 96
ESL教育政策 12, 118
EMF 144, 149
異議申し立て制度 229, 233, 237, 238
一時的保護 222
一般永住 173, 202
移民（旅客輸送会社責任）法（1987年） 96
移民及び庇護法（1999年） 96
移民改革統制法（1986年） 182
移民管理 217
移民国 24
移民国家 250
移民市民権 257
　　――ゲーム 246, 248-254
移民ストック政策 76, 120
移民に関するアドホックグループ 92
移民フロー政策 76, 95, 120
移民法（1971年） 86, 89, 94
移民法（1988年） 93, 94
移民保護法 162

インドシナ難民 172, 227, 228, 231, 239
　　――国際会議 174
　　――対策連絡調整会議 229
ヴィエトナム難民対策連絡会議 229
ウェストファリア条約 56
失われた10年 182
埋め込まれたリベラリズム 40
英国海外領土法（2002年） 98
英国国籍（フォークランド）法（1982年） 95
英国国籍（香港）法（1990年） 95
英国国籍法（1948年） 80, 90, 245
英国国籍法（1981年） 89, 90, 245
英国国民党 14, 115
永住外国人への地方参政権付与 48
英連邦移民法（1962年） 82
英連邦移民法（1968年） 83
エスニック
　　――・ナショナリズム 120
　　――国家 250, 251
　　――な多様性 138, 203, 207
　　――な同質性 195, 199
　　――な日本人 200
　　――に同質的な日本 196
エスニック平等政策 132, 143, 252
エスニック・マイノリティ財団 132, 143
エスニック・マイノリティボランタリーセクター組織協議会（CENVO） 143, 144
エスニック文化 198
　　――権 67, 206
エスニック文化的な多様性 200, 206, 213
エリアン・ゴンザレス君事件 1, 7
欧州司法裁判所 226
オーストリア自由党の連合政権参加 2, 8
オールドカマー 164, 167-170, 187, 189, 198, 199, 201, 207, 212
オルダム 105, 107, 108, 131

か 行

外交関係に関するウィーン条約（1961年） 236
外国人外国旅券規則（1906年） 162
外国人規定（1920年） 78
外国人居留地 159
外国人研修生 177, 180, 200
外国人受給資格制限 173
外国人制限（改正）法（1919年） 78
外国人制限法（1914年） 78
外国人地方参政権 70, 210
——法案 17, 48, 186, 187, 210
外国人登録 202, 203
——証 173, 202
——制度 183, 202
——法 167, 169, 170, 173, 183, 202
——令（1947年） 168
外国人内地旅行允準条例（1894年） 159
外国人法（1905年） 78
格差的扱い 24
格差的排除 203
合衆国移民法（1917年） 163
合衆国モデル 66
GATT 40
ガバナンス 241, 242, 254, 258
神の国 30
カムデン行政区 132
仮滞在許可制度 238
韓国人外国旅券規則（1906年） 163
韓国併合（1910年） 160, 162, 164
間接的差別 88
寛容性 114, 115
官僚制の論理 235
帰化 183, 197
——モデル 16, 18, 20
議会主権 225, 226
起業文化 130
規制改革・民間開放推進3か年計画 186
偽装難民 221, 229

技能実習生 177
規範 113, 115, 122
——的アプローチ 256
旧英連邦 79
9.11同時多発テロ事件 97, 117
狂気の左翼 130
協定永住 169, 202
居住 20, 21, 38, 39, 61, 63, 65, 66, 69, 70, 188, 204, 243
居住原理（jus domicili） 70, 158
近代国民意識 53
グッド・プラクティス 145, 151
クレオール化 58
グローバル化（globalisation） 249, 250, 252, 253
グローバル制限主権 223
経済連携協定（Economic Partnership Agreement, EPA） 229, 247
契約 140-142, 144-146, 150
——戦略 140-142
——文化 141, 142
経路依存性（path dependency） 233, 249, 251, 254
ゲストワーカー 43, 44
血縁原理 59, 65, 70, 157, 182, 189, 190
血縁主義（jus sanguinis） 28, 63, 165-167, 189, 195, 196, 249, 251, 252, 254
憲法私案 165
憲法的主権 224
権利を基礎とした政治 11, 40
公共政策のジレンマ 145, 151
興行ビザ 174
公職選挙法改定（1998年） 188
公的領域 193, 194
後発国効果 215
合法出国管理 172
公民権運動 224
拷問等禁止条約 233
顧客政治（client politics） 248, 250, 252
国際移民による国民国家に対する挑戦 255

国際移民による市民権への挑戦　191, 216
国際結婚　183
国際人権　219
　――規約　219
　――レジーム　12, 172, 173, 189, 208, 210, 212, 214, 218-220, 228, 231, 233, 234, 239, 249, 254
国際人権規範（innternational human rights norms）　24, 208, 223, 233, 234, 249
国際政治レジーム　254, 255
国際的政治圧力（international political pressures）　227, 231, 238, 250
国際的な人権言説　57
国際難民レジーム　218, 220-223, 226, 227, 231, 233, 239
国際レジーム　218
国政参政権モデル　18
国籍・移民及び庇護法（2002年）　97, 126
国籍等に関するプロジェクトチーム　197
国籍法　167, 170, 196
国籍法（1899年）　164, 195
国籍法（1950年）　167, 195
国籍法改正（1984年）　173
国民健康サービス　102
国民国家　5, 55, 91, 95, 98, 101, 114, 120, 157, 167, 169, 182, 183, 186, 188-190, 201, 254
　――の理念・理想　6
　単一エスニックな――　214
国民国家に対する挑戦　3, 7, 8, 15, 27, 34, 35, 47, 60, 61, 69, 70, 241-243
「国民国家に対する挑戦」論争　47, 155, 156, 158
国民自決　219
国民戦線　115
国連インドシナ難民対策会議（1979年）　228
国連難民高等弁務官　234
　――事務所　220
55年体制　190
戸籍制度　166-168, 195, 254
国会期成同盟第2回大会　165

国家主権　35, 36, 60, 217-222, 224, 227, 239, 241, 248
　――衰退　218
国家正統性　222, 223, 226, 230
国家庇護支援サービス　97
子どもの権利　186
　――条約　233
好ましくない移民　217
コミュニティ関係委員会　85, 128
コミュニティ関係協議会　128
コミュニティ結合　126

　　　　　さ　行

在外投票　188
最近接安全地域ルール　222
再集権化　146, 151
済州島四・三事件　227
サイドドア　177, 178, 180, 182, 208
在日韓国人三世　181
在日コリアン　171
在日大韓民国居留民団　211
再入国許可制度　169
差異の政治　206
在留カード　183, 202
在留管理システム　169
在留管理制度　183, 202
在留資格　207-209
在留特別許可　2, 49, 50, 185, 186, 202, 209, 233, 238, 248
　――に係わるガイドライン　186
鎖国政策　159, 189
査証取得奨励措置（1993年）　179
査証相互免除（1989年）　180
査証免除停止（1992年）　179
サミット（先進国首脳会議）　210, 254
三国人　184
参政権付与　54
参政権モデル　17, 20
三幅対　119

サンフランシスコ平和条約　167, 253
残留孤児　174, 181
残留婦人　174, 181
ジェット機時代の庇護希望　221
シェンゲン協定　92
自己制限主権　224, 226
　　政治的——　225, 228
　　法的——　224, 225
自助　145, 146, 150
市場競争　146, 150
慈善　146
実質的市民権　88, 126, 127, 131, 134, 140, 144, 148
　　——政策　132, 142, 148, 149
　　——制度　128, 130, 131, 137, 142, 145, 146, 148, 150, 151
私的領域　193, 194
市民権（citizenship）　4, 241, 244
　　——制度　242
　　——の国民国家モデル　22, 34, 39, 57-59, 62, 116
　　——の授業　117
　　——の定義　4, 51, 157
　　——の深さ　60
　　——のポスト国民国家モデル　54, 63, 69, 71
　　新しい——　38, 41-47, 54, 71, 75, 242, 243, 245
　　新たな——　39, 75
　　形式的——　88, 126, 128
　　差異化した——　67, 206
　　部分的な——　52
　　法的地位としての——　52
　　ヨーロッパ連合——　93
市民権に対する挑戦　34, 36, 39, 41, 60, 69, 156, 244, 245
　　——論争　190
市民社会　33
自民党の一党優位体制　236
指紋押捺　169, 183, 202

——制度　202, 207, 208
指紋登録システム　168
社会契約的原則　6, 16-19, 55, 58, 59, 61, 101, 126
社会的時限爆弾　13
社会統合への不安　12, 14, 16, 18, 20
就学生　177, 180, 200
集権化　146, 149
重国籍の場合および重国籍の場合の兵役義務に関する条約（ストラスブール条約）　17
住民基本台帳　183, 202
自由民権運動　165
出生地原理（jus soli）　59, 65, 70, 157
出生地主義　43, 44, 165-167, 196, 249, 251, 252
出入国管理　167, 220
出入国管理及び難民認定法（1982年）　172, 202, 227, 231
出入国管理及び難民認定法（1989年）　49, 175, 189, 208, 209, 243
出入国管理及び難民認定法の改正案　237
出入国管理政策懇談会　237
出入国管理令（1952年）　168-170, 172, 227
準拠共同社会　5, 7, 12, 19, 22, 53, 75, 79, 80, 157-159, 169, 183, 185, 186, 189, 190, 198, 245, 250, 253
情緒的原則　6, 15, 17, 19, 55, 58, 59, 61, 101, 126
条約難民　231
女子差別撤廃条約　173, 196, 233
助成金戦略　138, 140
助成金交付　138, 139, 144-147, 150
ジレンマ　146
新英連邦　79
新英連邦・パキスタン（the New Commonwealth and Pakistan, the NCWP）　77
　　——系移民　78, 245, 253
人権　38, 39, 61, 63, 65, 66, 69, 204, 239
　　——規範　220
　　——保護　218

——モデル　18, 19
　　——ロジック　204
人権法（1998年）　98
人口的多文化主義　193, 194, 200, 212
信仰の領域化　56
人種関係（改正）法（2000年）　98
人種関係と移民に関する特別委員会　87
人種関係法（1965年）　84
人種関係法（1968年）　84, 85, 87
人種関係法（1976年）　87, 88, 128, 129, 148, 150
人種関係法（2000年）　114
人種差別　147, 251
　　——撤廃条約　233
人種ハラスメント　135, 136, 141, 142, 147
人種的平等　130
人種平等委員会　88, 114, 129, 135
人種平等のための運動　118
人種暴動　13, 14, 23, 82, 88, 102, 103, 105, 112-114, 117, 118, 121, 122, 125, 129, 131, 245
人種暴力　135
壬申戸籍　166
迅速手続き　96
臣民　199
　　——権　165, 169
スティーブン・ローレンス事件　2, 8, 116
西欧モデル　66
正義の領分　60
政策外注　140
政策帰結　256
政策下請け　151
政策出力　256
政策ジレンマ　150
性差別禁止法　87
政治犯不引渡しの原則　227
制度的差別　102
制度的人種差別　2, 116
制度的二重性　38, 219, 220, 222, 223, 226, 231, 239
制度的深さ　35

世界人権宣言（1948年）　219, 223
石油危機　34, 189, 221
絶対王政　31
1990年体制　182, 189, 231
1952年体制　167, 169, 171, 189, 201
1982年体制　171-173, 196, 202, 203, 210, 227
選挙誘因（elective incentive）　248, 250-252
先進諸国レジーム　254
想像の共同体　21

た　行

第一到達国家ルール　222, 225
第三国定住　238
第三次出入国管理計画　186
第二言語としての英語　→ESL教育政策
第二次「日韓協約」（1905年）　162
大日本帝国憲法　164
第四次出入国管理政策懇談会　236
第六次雇用対策基本計画　175
台湾併合（1895年）　162
多元社会　193, 194
多元主義　203
太政官布告（1871年）　166
太政官布告第103号（1873年）　164
多文化化してきた市民権　247
多文化ガバナンスモデル　131, 134, 136-138, 145, 150, 151
多文化共生　213
　　——推進プラン（2006年）　213
多文化市民権　23, 67, 75, 101, 118, 123, 204-206, 245-247, 253
多文化社会　192-194, 200, 217
　　——のガバナンス　191, 200, 207
多文化主義　66-69, 191, 193, 194, 205, 206, 212, 214, 217
　　うわべの——　213
　　規範的——　193, 194, 212, 213
　　コーポレイト——　194
　　事実上の——　121

シンボリック―― 194
政治的―― 193, 194, 200, 212
地域分権―― 194
分断的―― 194
分離・独立主義―― 194
リベラル―― 194
連邦制―― 194
多文化モデル 15, 66, 67, 69, 75, 116, 122, 125
多文化ロジック 208
　　内在的―― 205, 208-212, 247
多様性 114, 115, 193
多様性・東ロンドン 143
単一民族社会 192, 195
単一ヨーロッパ議定書 92
単純労働 176, 200
　　――者 176
　　――力 180, 200, 209
単独官僚的主権 218, 229, 231, 233, 234, 238, 239
知識労働 175, 200
　　――者 175, 177, 208
「血の河」演説 85
地方参政権モデル 18
地方自治法及び地方自治助成金（社会的ニーズ）法（1966年） 128
中国帰国者 174
中国人密航事件 1, 7
中国瀋陽の日本総領事館 236
中世都市国家 30, 31
超過滞在者 175, 185, 199, 200, 202, 209, 231
朝鮮戦争 227
朝鮮総連 187
勅令第137号「帝国内に居住する清国臣民に関する件」（1894年） 159, 161
勅令第342号「条約若は慣行に依り居住の自由を有せざる外国人の居住及営業等に関する件」 160
勅令第352号（1899年） 161, 162
通学分散政策 13, 118

通達 168
ディアスポラ 43, 58
帝国 12, 79, 80, 84, 85, 91, 95, 98, 101, 114, 120, 121, 159, 164, 167, 169, 189, 198, 201, 245, 250, 251, 253, 255
　　――植民地関係 214
　　――臣民 201
　　――の「遺産」 215
デニズン 21, 37
デニズンシップ 37, 158, 186, 204, 205, 243
天安門事件 235
ドイツ基本法 224, 225, 239
同化 203
　　――社会 193
東京サミット 228
同質性 193
透明性 236, 238, 239
特別永住者 182, 198, 202
　　――証明書 183, 202
特別代表権 67, 206
都市国家 30
都市の空気は自由にする 31
都知事選（2003年4月） 184
トランスナショナル市民権 37
トレビグループ 92

な　行

内地雑居 161, 162, 164
内務・厚生両次官通牒「朝鮮労務者内地移住に関する件」 163
内務省 225, 250
　　――のコミュニティ結束検討チーム 117
内務省令第1号「外国人入国に関する件」（1918年） 162, 163
内務省令第31号「外国人ノ旅行等ニ関スル臨時措置令」（1941年） 163
内務省令第32号「宿泊届其の他の件」 160
内務省令第6号「外国人ノ入国滞在及退去ニ関スル件」（1939年） 163

内務大臣訓令第728号　161
ナショナリズム　115
　シビック・──　120
　リベラル・──　120
ナショナル市民権　34, 43, 44, 47, 156, 157, 189, 209, 242, 243
ナショナルな市民権　204
──制度　24, 27
南部アメリカ型社会　193
難民　172, 217, 218, 221, 222, 224, 228, 234, 235, 237
難民議定書　174, 239
難民審査参与員　238
難民政策　218, 223, 224, 226, 229, 231, 234, 236, 239
難民認定　229
難民の地位に関する覚書（難民議定書）（1967年）　172, 210, 220, 228
難民の地位に関する条約（難民条約）（1951年）　172-174, 210, 220, 221, 228, 229, 239
難民の定義　220
難民問題特別委員会　218
難民問題に関する専門部会　236
難民レジーム　228
二重国籍モデル　20
20世紀システム　241, 242
日英通商航海条約（1894年）　160
日米首脳会談（1979年）　228
日韓条約（1965年）　169, 202
日系人　177, 180
日清修好条規（1871年）　159
日清戦争　159
日清通商航海条約（1896年）　160
日朝修好条約（江華島条約）（1876年）　160
日本国との平和条約に基づき日本の国籍を離脱した者等の出入国管理に関する特例法（入管特例法）（1991年）　182
ニューカマー　171, 173, 199, 212
入管法改正（1989年）　177, 178, 180-182

ネオナショナル市民権　41
ノン・ルフールマン原則　220-222, 229

は　行

バーンリー　14, 105, 108, 131
バウエリズム　85, 86
バウチャー制度　83, 86
白書『英連邦からの移民』　84
白書『人種差別』　87
白書『より公平に，より素早く，より厳しく』　96
バックドア　177-180, 208
パトリアリティ　86
パトリアル　86, 89
バブル経済　174, 182, 185, 200, 231
ハマー＝小井土＝樽本モデル（HKTモデル）　257
BME移民　126, 127, 129-131, 136, 137, 139, 142, 143, 148-151
BMEボランタリーセクター　141
庇護あさり　222
非合法移民　11, 43, 63, 221, 231, 248
非合法移民労働者　174
非合法滞在者　49, 50, 54, 70, 212
非合法滞在者集団出頭　2, 7, 209
非合法労働者　177, 208
庇護及び移民上訴法（1993年）　96
庇護及び移民法（1996年）　96
庇護申請手続きの調和化　222
庇護擁護的憲法　224, 225
非熟練労働　200
ヒスパニック移民　43
人の移動の自由化　93
人の自由な移動　92
平等政策　148, 150
平等な機会　130
複数のコミュニティを包摂するコミュニティ（a community of communities）　122, 246
父系血縁主義　164, 167
普遍的人権　11, 63-65, 70, 204, 209, 219, 243

不法残留者　179, 180
不法就労助長罪　176, 178, 179
不法滞在者取り締まりキャンペーン　238
プラザ合意　170
Black Minority Ethnic（BME）people　126
ブラッドフォード　105, 106, 110, 111, 131
フランス革命　30, 32, 33, 57
ブリクストン　105
ブレア労働党政権　2
ブレトンウッズ体制　40
文化的趣向　147, 151
文化的多様性　137, 138
分権化　146-148, 150, 151
文書を持たない移民　11, 35
ベスト・バリュー　145, 151
ベルリンの壁崩壊　222
包括的行動計画　174
封建制　30, 31
法務省入国管理局　2, 49, 185, 229, 237, 238
法律第126号　168
法律第52号「国境取締法」　163
ボートピープル　171, 172, 174, 189, 210, 227, 229, 231
ポーランド人再定住法　79
ポスト国民国家モデル　54, 61, 64, 70,
ポストナショナル・メンバーシップ　11, 18, 38, 43, 44, 63, 156, 158, 186, 189, 204
ポストナショナル市民権　23, 39, 41, 204, 243
　　――論　41
　　――論者　45
ボランタリー・ネットワーキング　144-146, 149-151
ボランタリー・ネットワーク団体　142
ボランタリー委員会　128
ボランタリー組織全国協議会（NCVO）　132, 143, 144
ポリス　28
香港法（1985年）　94
本質的論争性　50, 54, 70

国際移民問題の――　47, 50, 63

ま 行

マーストリヒト条約　93
マクファーソン報告書　116, 131
マクリーン訴訟　171
マンデート難民　231
民事甲第438号　168
民法人事編（1890年）　164, 166
明治19年式戸籍　166
明治31年式戸籍　166
明治維新　165
明治民法典　165, 195
明白な根拠のない申請　96
門戸開放　159, 189

や 行

要塞と市場　30
ヨーロッパ国籍条約　17
ヨーロッパ志願労働者　79
ヨーロッパ石炭鉄鋼共同体　92
ヨーロッパ難民レジーム　226
ヨーロッパ評議会　17
ヨーロッパ連合（EU）　222
ヨーロッパ連合レジーム　254

ら 行

リベラル国家（liberal states）　40, 249, 250
琉球文化　198
領域性　56, 57, 65, 66
ローカル・ガバナンス　144, 150
ローカル政府モデル　127, 130, 132, 134, 136-138, 144, 145, 150
ローマ条約　92
60日ルール　229, 235, 237, 238
ロサンゼルス暴動　123
ロンドン行政区　132
ロンドン自治体協会　132

わ 行

ワッツ暴動　84
ワルサム・フォレスト行政区　132

《著者紹介》

樽本英樹（たるもと・ひでき）

名古屋生まれ
1999年　東京大学大学院社会学研究科博士課程修了
現　在　北海道大学大学院文学研究科社会システム科学講座准教授
著　書　『講座・社会変動　国際化とアイデンティティ』（共著）ミネルヴァ書房，2001年
　　　　Governance in Multicultural Societies（共著）Avebury, 2004年
　　　　Globalization, Minorities and Civil Society（共著）Trans Pacific Press, 2008年
　　　　『よくわかる国際社会学』（単著）ミネルヴァ書房，2009年
　　　　『ナショナリズムとトランスナショナリズム』（共著）法政大学出版局，2009年
　　　　The New Asias（共著）Seoul National University, 2010年

MINERVA社会学叢書㊲
国際移民と市民権ガバナンス
――日英比較の国際社会学――

2012年3月31日　初版第1刷発行　　　〈検印省略〉

定価はカバーに
表示しています

著　者　樽　本　英　樹
発行者　杉　田　啓　三
印刷者　藤　森　英　夫

発行所　株式会社　ミネルヴァ書房
607-8494　京都市山科区日ノ岡堤谷町1
電話代表　（075）581-5191番
振替口座　01020-0-8076

©樽本英樹, 2012　　　　　　　亜細亜印刷・兼文堂

ISBN978-4-623-06256-0
Printed in Japan

MINERVA 社会学叢書（＊は在庫僅少）

①	労使関係の歴史社会学	山田信行 著
④	転　　　職	グラノヴェター著　渡辺 深 訳
＊⑤	公共圏とコミュニケーション	阿部 潔 著
＊⑥	階級・国家・世界システム	山田信行 著
⑦	社会学的創造力	金子 勇 著
⑧	現代高校生の計量社会学	尾嶋史章 編著
⑨	都市と消費の社会学	クラマー著　橋本和孝・堀田泉・高橋英博・善本裕子 訳
＊⑩	機会と結果の不平等	鹿又伸夫 著
⑭	ボランタリー活動の成立と展開	李　妍焱 著
＊⑮	民族関係における結合と分離	谷 富夫 編著
⑯	大集団のジレンマ	木村邦博 著
⑰	イギリス田園都市の社会学	西山八重子 著
⑱	社会運動と文化	野宮大志郎 編著
⑲	ネットワーク組織論	朴 容寛 著
㉑	連帯の条件	ヘクター著　小林淳一・木村邦博・平田 暢 訳
㉒	エスニシティ・人種・ナショナリティのゆくえ	ワラス著　水上徹男・渡戸一郎 訳
＊㉓	逸脱と医療化	コンラッド／シュナイダー著　進藤雄三 監訳　杉田 聡・近藤正英 訳
㉔	ポスト工業化と企業社会	稲上 毅 著
㉕	政治報道とシニシズム	カペラ／ジェイミソン著　平林紀子・山田一成 監訳
㉖	ルーマン 法と正義のパラドクス	トイブナー編　土方 透 監訳
㉗	HIV／AIDSをめぐる集合行為の社会学	本郷正武 著
＊㉘	キャリアの社会学	辻 勝次 編著
＊㉙	格差不安時代のコミュニティ社会学	金子 勇 著
㉚	再帰的近代の政治社会学	久保田滋・樋口直人・矢部拓也・高木竜輔 編著
㉛	個人と社会の相克	土場学・篠木幹子 編著
㉜	中高生の社会化とネットワーク	工藤保則 著
㉝	地域から生まれる公共性	田中重好 著
㉞	進路選択の過程と構造	中村高康 編著
㉟	トヨタ人事方式の戦後史	辻 勝次 著
㊱	コミュニケーションの政治社会学	山腰修三 著

─── ミネルヴァ書房 ───
http://www.minervashobo.co.jp/